历史的见证

——汇川文化遗产图释

何烨 杨鯍丹 赵永祥◎编著

中央民族大学出版社
China Minzu University Press

图书在版编目（CIP）数据

历史的见证：汇川文化遗产图释 / 何烨，杨毓丹，赵永祥编著. --北京：中央民族大学出版社，2019.6

ISBN 978-7-5660-1681-2

Ⅰ.①历… Ⅱ.①何… ②杨… ③赵… Ⅲ.①文化遗产－遵义－图解 Ⅳ.①K297.33-64

中国版本图书馆CIP数据核字（2019）第109327号

历史的见证——汇川文化遗产图释

编　　者　何　烨　杨毓丹　赵永祥
责任编辑　舒　松
装帧设计　舒刚卫
出 版 者　中央民族大学出版社
　　　　　北京市海淀区中关村南大街 27 号　　邮编：100081
　　　　　电话：68472815（发行部）　传真：68933757（发行部）
　　　　　　　　68932218（总编室）　　　　68932447（办公室）
发 行 者　全国各地新华书店
印 刷 厂　北京建宏印刷有限公司
开　　本　787×1092（毫米）　1/16　印张：25.25
字　　数　380 千字
版　　次　2019 年 6 月第 1 版　2019 年 6 月第 1 次印刷
书　　号　ISBN 978-7-5660-1681-2
定　　价　158.00 元

遵义市文体旅游局
遵义市汇川区文体旅游局
遵义市文物保护与研究所
贵州圣艺园林古建设计工程有限公司
主办

《历史的见证——汇川文化遗产图释》

编写委员会

顾　　问：姜世甫　程晓秋　周国栋　刘红梅　李世军　黄晓霞
曾　征　杨　岚

编委会主任：谢国蕾

编委会副主任：韦　祎

编委会执行主任：何　烨

编委会成员：李国盛　王　静　张德宣　李　钊　徐　刚　王松涛

测　　绘：何　烨　赵永祥

摄　　影：何　烨　杨毓丹　赵永祥　王松涛

编　　辑：何　烨　杨毓丹

校　　核：杨毓丹

目　录

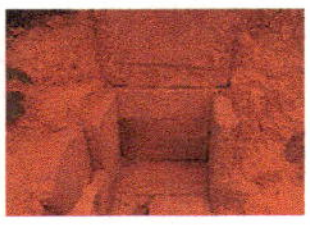

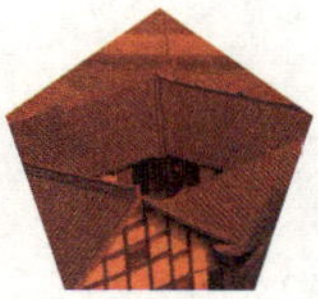

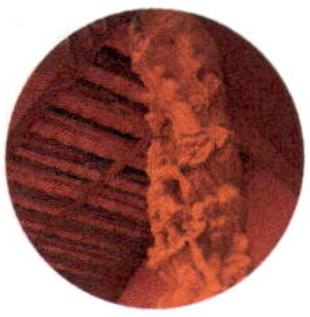

概述

汇川区隶属贵州省遵义市的中心城区，原地域分属红花岗区和遵义县。汇川区原为遵义经济技术开发区，1996年作为县级机构独立运行，2003年12月26日经国务院批复同意设立县级行政区，2004年6月18日正式成立汇川区，下辖6镇、3个街道办事处，2016年因遵义县撤销设立播州区，将原遵义县的山盆镇、芝麻镇、沙湾镇、毛石镇、松林镇划归遵义市汇川区管辖，现汇川区下辖8个镇、6个街道办事处。

汇川区位于贵州省遵义市中心城区北部，是遵义市的经济、政治、文化中心。区内文化遗产资源丰富，由物质文化遗产和非物质文化遗产两部分构成，不仅有古人类文化遗址——风帽山古人类文化遗址，世界文化遗产——海龙屯，多处贵州省文物保护单位、市级文物保护单位等。还有国家级非物质文化遗产——遵义廖元和堂化风丹制作技艺，多个省级、市级非物质文化遗产。

汇川区现正处于城市化加速进程和大规模的城乡建设高潮，在城乡建设和文物调查中新发现了大量的不可移动文物，另有许多文物因人为或自然原因遭到损毁甚至消失。为全面准确地掌握我区不可移动文物、可移动文物、非物质文化遗产的保存现状和环境状况，2007年至2017年，汇川区连续开展了第三次全国不可移动文物普查、第一次可移动文物普查、非物质文化遗产普查。汇川区不可移动文物类型主要包括古遗址、古墓葬、古建筑、石刻、近现代重要史迹及代表性建筑、其他等，共六类；可移动文物采集六十余条；非物质文化遗产主要包括民间文学、传统技艺、传统医药等。通过普查基本摸清了汇川区的文化遗产资源，对研究汇川区历史文化起到了强有力的佐证。

第一章 物质文化遗产

第一节 物质文化遗产

一、古遗址

1. 风帽山古人类文化遗址

风帽山古人类文化遗址位于遵义市汇川区董公寺街道办事处建国村的风帽山，地处东经106° 55′ 33.6″，北纬27° 44′ 51.7″，海拔956米。遗址洞厦东山西向，由一个洞厦和三个洞穴组成。洞厦深11米，宽19.7米，高1.5米至9米之间。岩腔里低外高，左洞穴宽1.3米、高5.22米，右一洞穴和二洞穴均处悬岩之上，距地面分别是4米和7.5米。除洞厦外，其余三个洞互为相通，最深处呈立井式下通。洞厦其堆积物从上至下共有四层：第一层为褐色亚砂土，含有石灰角砾、哺乳动物化石和石制品等，厚80厘米；第二层为杏黄色亚砂土，同第一层的包含物相同，其剖面厚为75厘米；第三层为碳酸钙胶结而成“盖板”，厚10厘米；第四层为棕红色亚黏土，未发现包含物，厚约10厘米。

地表采集有哺乳动物化石6件，除1件肢骨关节残段和1件肋骨残段不能鉴定种属，其余可鉴定的有属于更新世我国南方大熊猫——剑齿象动物群成员的豹、鼢鼠。发掘石制品刮削器、尖刃器、砍砸器、石锥器等石制品62件，其中：锤击石片23件，锤击石核2件，砸击石核3件，砸击石片7件，砸击石锤1件，刮削器18件，尖刃器6件，石锥1件，砍砸器1件；石器原料主要为燧石，其次为细粉砂岩和石英等。

风帽山旧石器时代文化遗址全景

从所采集的动物化石及地层堆积的岩性推测，风帽山堆积的地质时代属晚更新世后期，即考古时代的旧石器晚期。风帽山旧石器古人类遗址，迄今是遵义市区范围首次发现的旧石器文化遗址，与桐梓岩灰洞旧石器时代文化遗址和马鞍山旧石器时代文化遗址相隔70余公里，属同一时期文化遗址类别。由此证实风帽山文化遗址同是“桐梓人”的另一居住地，对人类进化史和探索我国旧石器时代文化，提供了又一个极为宝贵的新证据。

2003年12月5日，遵义市人民政府公布风帽山旧石器时代文化遗址为市级文物保护单位。

—— 相关链接1：桐梓岩灰洞旧石器时代文化遗址

岩灰洞位于桐梓县城西北约26公里的九坝乡白盐井村柴山岗南麓，是著名的“桐梓人”发现地。此洞系发育于二叠纪厚层灰岩的岩溶洞穴（即喀斯特溶洞）。洞前临九坝河，洞口距河面约32米，洞向南偏西18°。洞高约3米，宽2米左右，呈“之”字形，东北走向。1971年冬和1972年冬，中国科学院古脊椎动物与古人类研究所先后两次对此洞进行发掘，出土了哺乳动物化石、人类化石、石器、炭屑和烧骨等遗物。经研究，这个遗址大约属于更新世中期，相当于旧石器时代中期的古人阶段。

岩灰洞遗址是继贵州省观音洞遗址后发现的又一重要旧石器时代文化遗址，此洞的人类化石在贵州省尚属首次发现；炭屑、烧骨若为人工火形成，则是目前我国华南地区用火痕迹最早的证据。由此，不但进一步证实了我们的祖先早在数十万年前就生息繁衍在贵州高原上，而且也为研究人类进化史、探索我国旧石器时代文化，提供了极为宝贵的新证据。

1982年2月，贵州省人民政府公布岩灰洞旧石器时代文化遗址为重点文物保护单位。①

——相关链接2：桐梓马鞍山旧石器时代文化遗址

马鞍山洞旧石器时代文化遗址，位于桐梓县城南2公里的马鞍山北坡。马鞍山约发育于三叠纪，因地壳颤抖下降运动形成一马鞍状，“马鞍”下出现一个天然洞厦。洞厦坐南朝北。下距天门河岸约500米，与岸北魁岩隔河相峙。遗址即位于洞厦前部。

1980年，贵州省博物馆在遗址内发现大量文化堆积，试掘出土石器半成品石片两块。

1981年4月，中国科学院古脊椎动物与古人类研究所和重庆市自然博物馆亦对该洞进行试掘。在两个探方中，已知含有文化遗物的厚约1米余，分七个层位。

马鞍山洞遗址出土的石器，其形体一般较小，器形有刮削器、砍砸器和少量尖状器，锤击法做成。依同层位出土的动物化石作铀子系测定，其年代为距今18000±1000年，属旧石器时代晚期文化遗物。

马鞍山洞遗址是黔北地区第一次发现的旧石器时代晚期遗址，所出土的文化遗物具有一定的特点，对研究贵州原始社会的形成和发展具有重要意义，引起了科学工作者的关注和重视。中国科学院古脊椎动物与古人类研究所计划将对该遗址做进一步发掘和深

① 遵义地区文物管理委员会、遵义地区文化局编:《遵义地区文物志》，1984年，第43-44页。

入研究。[①]

2. 青蛇囤（金狮营寨遗址）

青蛇囤位于遵义市汇川区团泽镇洪江村与红花岗区新蒲镇交界处的仁江河畔，又名金狮营寨，地处东经107° 04′ 52.9″，北纬27° 45′ 19.1″，海拔1045.2米。是明万历末代土司杨应龙固守海龙屯东大门最重要的军事要塞。其遗址距清乘桥上游约三公里，其地山势巍峨。《遵义府志・古迹》载有郑珍《四囤记》[②]，对其山川地理形态做了详尽的记述。囤顶有白壁巨崖两峰，呈东西走向，当地人习惯称为“大白石”“小白石”。因相背而立，当地人又俗称“掉脸山”。意思即“兄弟不和，伤感情，翻了脸……”

据《续遵义府志》记载：“金狮营寨，在东八甲，距城四十五里，山形若狮耸立，高巨无匹，横张天半，回头睥睨，土人亦呼掉脸山，咸丰己未，缘跨顶脊尻筑寨，鳞旬十余里，堞高一丈四尺，下瞰洪江，经绕其足清乘桥，跨倚踵际为东，通大道固城乡扼险要寨也。里人张思敬常驻兵于此，以遏贼冲。纳五营于内，以壮声威。有左弼营、右弼营、磐安营、龙凤营、苟家营等，名遥与玉屏山寨为掎角，东通一带居民皆聚于此，往来贼匪常次其富皆莫能上。白号贼偷破几危，为玉屏山寨晏大才尽力争斗，因得不陷。案此寨当即古青蛇囤也。”[③]

明神宗万历二十八年（1600），平播战争爆发，统领明军东路三万大军的是总兵官陈璘，在攻占青蛇、长坎、玛瑙、保子四囤时，也感慨其囤之险。官兵攻占其囤后将其毁掉。

清咸同年间，黔北大地上的农民起义风起云涌，遵义县东乡里人张思敬在掉脸山上的青蛇囤遗址上重修“金狮寨”，并以遥遥相望的玉屏山寨互为

---

① 遵义地区文物管理委员会、遵义地区文化局编：《遵义地区文物志》，1984年，第44页。

② 谭其骧主编：《清人文集地理类汇编》，第二册，杭州：浙江人民出版社，1990年，第254—255页。

③ （民国）周恭寿、赵恺、杨恩元纂：《续遵义府志》，民国二十五年刻本，第25页。

青蛇囤全景

青蛇囤残存城墙局部

青蛇囤拱券门

掎角，以五营团练常驻以壮声威！有左弼营、右弼营、磐安营、龙凤营、苟家营，附近一带的居民皆聚居在山上，为东通大道上联接郡城的扼险要寨。山下，起义军时时经此往还，但对人多势重的金狮寨也奈何不得。后来，白子军采取了偷袭的方式，有几次已经是非常危险，所幸，互为掎角的玉屏寨晏姓寨主尽力争斗出援手，金狮寨才得已不陷。

青蛇囤上现存古营盘5处。现存断石残垣基本上保存着当年的形制。残存城墙规整严实，保存完好，用块石依山势而砌筑，主要分布在山岔村民小组与金狮村民小组的金狮山上。城墙西面、南面均设有观察口多处，内有营房地4处。营中南面有拱券门一道，门通高3米，宽2.4米，通道长3.4米。西面山堡顶有一炮台遗址。西南为彭家营，古称龙凤营，城墙现存224米，保存较好。沿着山势，城墙依山而建，互成掎角，既相互独立，又相互呼应，组成了相对完整的军事防御体系。在“大白石”山脚下，有一片开阔的营地，据说，为当年囤上总部所在，两峰之间的低凹处有水井，可供营区生活饮用。

从大白石和小白石相连接的山口北面，有一处称作“绵坳”的关口，其城门已不存在，保存完好的城墙依山向两侧延伸。其西面当地人称为“大营盘”，而北门较为完整。“大营盘”内残留有人工凿成的石穴以供蓄水，整体布局严密。

由于年代久远，且历经战争动乱，受人为破坏和自然侵浊的原因，遗址残破。

—— 相关链接：青蛇囤之战

《明史·陈璘》载："四囤险绝、而青蛇尤甚，"与官兵相持半月之久，陈璘考虑到杨氏苗军以囤为守，布局严密，囤囤相近，互相雄峙，若同日并攻四囤，兵力显然不足，若力攻一囤，则其他三囤会来支援……于是分兵，经过三昼夜攻坚战，先将长坎、玛瑙、保子三囤攻陷，然后集中兵力，全力攻打"四面斗绝"的青蛇囤。万历二十八年四月十三日，一更时分，陈璘悬赏不怕死的勇兵，悄悄地附葛攀崖，将火炮秘密地送上了青蛇囤山背，然后重兵合围三面，前后夹击。十四日午后，铳炮齐发，呐喊声四起，苗兵仓皇迎战，不利，入囤固守，"矢石交下，将士冒死上"【（清）张廷玉:《明史》卷188，列传第七十六】，死伤无数。半夜时分，苗兵向囤后冲杀，被伏兵杀退回囤。十五日连战十阵，官兵充分发挥了先进武器的优势，以百子铳、火箭、火砖、喷筒等器械，先破囤后，随即前路斩入，四面涌进，青蛇囤陷落。守囤苗兵当场被斩杀一千九百多人。这是一场人数悬殊的战斗。至此，官兵打通了进入海龙屯的东大门。

战后，平播总督李化龙在《平播疏》中这样表彰陈璘的"赫赫战功"："长坎、玛瑙、青蛇三囤，自昔以为陡绝，陈璘以为除恶务尽，竟以一鼓升其巅，杀戳数千，臭闻十里。至今湄潭、白泥（余庆）间，四牌、七牌之苗，遂无遗种。"① 官兵撤离青蛇囤时，将囤上的建筑全部烧毁，城门及城墙多段被夷为平地。

3. 东皋寨遗址

东皋寨遗址位于贵州省遵义市汇川区团泽镇团泽居委会，距团泽镇政府所在地2公里，地处东经107° 05′ 47.7″，北纬27° 48′ 36.9″，海拔1251米。该寨建于清咸丰十年（1860），由贡士张思敬修建，用于防止贼匪。据《续遵义府志》记载：东皋寨 在东隅里八甲。距城五十里，一名东清寨，居山顶形势巢巇，因岩石曲折为垣，周围五里堞高一丈五尺有水可供汲饮，咸丰十

① （明）李化龙著:《平播全书（点校本）》，北京：大众文艺出版社，2008年，第173页。

东皋寨内外城墙（东向西）

东皋寨内城墙（东向西）

东皋寨远景

年张思敬建，下临团泽口场，为洪江要寨。①

东皋寨形状为马鞍状，用石块依山势砌筑，主要分布在东皋寨和木杨窝两个山峰，东、西两个营口位于两山山坳间，北山腰有营口，现残存城墙1638米，残高2.5～4米、厚0.5～1.5米，占地面积约1.3万平方米，最高点海拔1251米。东皋寨与团泽镇内金狮营为同一时期建造，对研究当地历史具有重要的价值。该营寨是研究贵州囤堡发展的新的实物资料。

残存城墙存在垮塌、缺损等情况，遗址主要受自然侵蚀及当地居民进行的生产生活活动影响。

4. 上寺遗址

上寺遗址位于贵州省遵义市汇川区板桥镇柏杨村，地处东经106°57′32.3″，北纬28°00′37.0″，海拔1179.8米。上寺原名永丰庵，始建于明万历年间，坐南向北，占地面积1188平方米。《遵义府志·寺观》载有“距三

① （民国）周恭寿、赵恺、杨恩元纂：《续遵义府志》，民国二十五年刻本，第25页。

里许有永丰庵，又名上寺”[①]。

上寺原由山门、上殿、中殿和戏楼组成，歇山式木瓦结构建筑，其建筑的石栏雕刻、木刻透雕等技艺十分精湛。[②]遗址现仅存柱础七个，每个均有精美的石刻雕花，中殿天井用青石板砌成，长16米，宽7.3米。

上寺主要木构建筑于1959年到2000年间损坏坍塌，现仅存基址及柱础，当地居民在原中殿遗址处建有烤烟房。遗址周边进行的生产生活活动对遗址存在一定的影响。

上寺遗址建筑构件：柱础（一）

上寺遗址建筑构件：柱础（二）

① （清）郑珍、莫友芝纂：《遵义府志》（上册），遵义市志编纂委员会办公室，1986年，第262页。

② 遵义市汇川区板桥镇志编纂委员会编著：《遵义市汇川区板桥镇志》，2012年，第458页。

上寺遗址全景

——相关链接1：上寺、中寺与下寺

中寺原名“云龙庵”,《遵义府志》载:“云龙庵在城北八十里永安山，又名中寺。距三里许有永丰庵，又名上寺，并明万历年中建。”通过了解乡民，中寺之“中”，本来的意义是中间的意义，在它以东不远处有一座上寺永丰庵，以南有一座下寺白云庵，它处在中间，形成鼎足之势。传说三寺是同一时间、同一善士修建的，由于善士离世早，经费成了问题，下寺与上寺的规模相比中寺小得多。①

——相关链接2：寺庙

寺是佛教道场，下设院、庵、堂。中国第一个官办佛寺是洛阳的白马寺。在此前，寺是政府机关名称，如大理寺、鸿卢寺、太常寺等，寺的意思相当于现在的厅、所之类。政府的高级宾馆也称寺。汉明帝派使从印度请回法师经卷后，这些法师都是天子宾客，就建寺安置。这时寺还是宾馆的意思。由于僧侣是住寺的，后来僧侣住的固定道场就都被称为寺了。寺好比是大学的建制，里面的人事也是和现代大学差不多。有校长总务训导等职务，只是名字叫方丈、监院、维那等。下设各院，相当于大学的学院。分科教育。寺下的院也是的。

庙多是道教的道场，中国本土一直对供奉祖先神鬼圣人的专门建筑称庙。如太庙、家庙、土地庙、山神庙、孔庙、药王庙等。道教也就沿用了这一称谓。有的道教道场也称观。

寺庙是对寺和庙的泛称。②

---

① 船夫博客:《中寺之美》，http://blog.sina.com.cn/zgzytyf。

② 百度知道:《庙宇和寺庙的区别在哪》，https://zhidao.baidu.com/question/223218839.html。

水牛城营盘遗址远景

水牛城营盘遗址东侧城墙局部

水牛城城门

水牛城南侧城门

水牛城营盘遗址西侧城墙局部

5. 水牛城营盘遗址

水牛城营盘遗址位于贵州省遵义市汇川区板桥镇板桥社区尧湾组水牛城山上，东距板桥政府所在地1公里，地处东经106° 54′ 12.5″，北纬27° 58′ 04.2″，海拔1205.3米。

水牛城始建筑于明代，清代扩建，是播州杨氏土司外围重要的军事城堡之一。其地形“孤耸云表，四望数十里了如指掌”，与娄山关配合使用，具有较强的军事防御能力。明万历二十八年（1600）平播战争綦江路军主将刘綎率军攻克娄山关后，连破水牛城并驻军水牛城内。清杨隆喜判乱，武生杨国华率邓步高等对水牛城扩建筑寨，“寨分上、中、下，

八神庙遗址全景

八神庙上殿基座遗址

可容数百家"[①]，主要用于防贼匪之用。水牛城遗址保存状况较差，现残存城墙约1800米，依山而建，宽0.8米，高3.5米～4米；拱券门一道，高2.8米，通道深2.2米。城墙坍塌50%。

水牛城遗址残存主要原因有两方面：一是自然因素，即长期的风雨侵蚀造成墙体垮塌、植物生长造成墙体和城门鼓彭、雷电对墙体造成损害；二是人为破坏因素，如平播战争对原有建筑造成破坏、农耕劳作对遗址造成破坏等。

① （民国）周恭寿、赵恺、杨恩元纂：《续遵义府志》，民国二十五年刻本，第41页。

6. 中寺遗址

中寺遗址位于贵州省遵义市汇川区板桥镇中寺村谭家湾组，地处东经106° 56′ 37.4″，北纬28° 00′ 04.9″，海拔1167.8米。

中寺遗址距中寺村委会50米，坐西朝东偏南10°。中寺又名“云龙庵”，遗址占地面积2480.45平方米，由山门、钟楼、鼓楼、下殿、中殿、上殿遗址组成。《遵义市汇川区板桥镇志》记载寺前石栏和清道光碑刻有“永三甲云龙庵，建自明朝，明清两代曾数次维修”[①]。

中寺建筑规模宏大，石刻、木刻雕花十分精美。1982年11月遵义县文化馆将后殿的精美石刻等部分搬迁到遵义皇坟嘴集中保存。自1983年起至2000年间钟楼、鼓楼，下、中、上殿及山门因年久失修而木构建筑逐步坍塌。现遗址上仅存柱础27个，每个雕刻多种造像艺术独具特色。2015年当地村民在原有遗址上集资建有寺庙。

中寺遗址远景

中寺遗址石阶

中寺上殿遗址局部

—— 相关链接：

《续遵义府志》载：中寺在城北永三甲，明末建。道光中，寺僧积资重修，拓规大启，上下殿嶙崇高起，两廊钟楼嵑嶭矗，上殿前雕双石狮，东西蹲踞。时岁尽，石工归憩，寺僧恶其技弗良，日夜将左狮精意椎琢。石工返，诧为神巧，舍左狮不敢

① 遵义市汇川区板桥镇志编纂委员会编著：《遵义市汇川区板桥镇志》，2012年，第222页。

中寺遗址残存柱础

中寺中殿遗址局部

中寺遗址全景

新黔村营盘遗址远景

施技。至今妍丑各一。僧又凿一石盘，作鱼跳龙门山状，精巧殊绝，龙吻开张，窋窋衔珠，见者比之离朱再世。迫发匪号相继扰，沙弥恐其损汙，舁藏室中，因以宝存。寺居山顶，墭埮而夷，松榭环作，埤垣多十寻以上者。

新黔村营盘遗址城墙局部

太安关

7. 新黔村营盘遗址

新黔村营盘遗址位于贵州省遵义市汇川区高坪街道办事处新黔村幸福组，又称寨上。地处东经106° 53′ 41.6″，北纬27° 46′ 40.6″，海拔1016米。

始建于清同治元年（1862），为抵抗太平天国起义军由清政府组织乡人修建。山寨由寨上、大坪、小坪三大营组成，营内开阔平缓，占地面积6.67万平方

太安关匾额

太安关通道

米。原有太安关、大坪城门、小营门、小坪城门，现仅太安关保存较完整，城门坐西向东，面阔1.3米，残高4.1米，深3.5米，关上匾额保存较好，正中写有“太安關”，落款建于同治元年。

外围墙约3000多米，多处损坏，高约4米～5米；内城墙长约750米，高约1.5米～2米。遗址是清政府抵御太平军的军事设施。

除太安关保存较完整外，其余城门及城墙多处损毁，遗址内现为耕地。

——相关链接：清代山城防御

咸同起义（1851–1874），是贵州地方一场声势浩大的农民起义，是太平天国起义（1851–1864）的重要组成部分，是1840年鸦片战争之后，清朝社会矛盾激化到一定程度而出现的反抗运动。由于社会的动荡不安，各地百姓多避居寨堡、岩洞中，以确保生命财产的安全，甚至形成自己的武装，据守险要以拒敌寇。官府则结合地方武力，进一步增强山城的防御设施，作为抗御敌力的据点，成为大城市的前锋或后卫。这一时期贵州山地突然涌现了大量山顶营盘或洞中避难所，根据第三次文物普查的数据，山顶营盘在贵州达近千处之多。仍以前面民国《续遵义府志》所列寨堡为例，该书共载有390处寨堡，除部分岩洞以及少量居于平地的寨堡外，多为山城。约200处明确为咸同前后所筑。同书“禹门寨”后案语称“军兴以还，四乡莫不兴寨堡，仅遵义一县所录者，得一百七十所，藉以保全我老弱妇孺生命名节者，何暇数万万。…… 又以四邑所载，正安得三十四寨，桐梓得三十五寨，绥阳的百零三寨，仁怀得七十三寨。查其形势，皆据险要者十之七八”。合之凡415寨，十之七八为山寨。咸同寨堡的修筑，倡其事者有团首、团绅、里绅、寨首、团民、保正、生员、乡人、文生、武生等，以团民、乡人为主，部分则明确系“乡人集众修筑”，是一种民间行为。这些寨堡实际上就是小型山城，营建在村寨周边险峻的山顶，保护一定区域民众的生命财产安全，它们出现的时间一致，在营建过程中可能存在技术与理念的交流。

大量的山地营垒，它们是分散的、各自独立的，又合而成为一个整体，是将山地防御的理念、城堡修建的成功经验与贵州山地生态密切结合的建筑奇观。诚如杨玉珠所言“高崖巨壑，较十雉之垣、五尺之堑，则真金汤也”。如此众多的山地营盘，其分布范围之广、影响之大，展示了在特殊情况下山地居民的求生本能与智慧。在斯科特看来，19世纪中叶，中国西南规模空前的起义高潮，导致数百万人向更高的山地寻求庇护所，展示了一种“逃避统治的艺术”。值得注意的是，贵州境内明清时期行使国家意志的府、州、县的城池基本修筑在依山傍水的平畴之上，山巅的寨堡多是地方土司或乡民所为，代表着地方的势力，这种格局反映出地方势力与外来力量间并不和谐的关系。①

8. 先天观遗址

先天观遗址位于贵州省遵义市汇川区高坪街道办事处双狮村紫霞山顶东侧，地处东经106° 53′ 11.7″，北纬27° 48′ 48.7″，海拔1218.9米。占地面积1200平方米，于民国二十九年（1940年）失火损毁，只残留基石。基石保存完好，从基石垒砌形状看当时建筑为四合天井，现遗址内还保存有明代

① 李飞：《清代山城防御：以贵州凤冈玛瑙山遗址为中心》，载《西华师范大学学报》（哲学社会科学版），2017年第4期，第26-29页。

东面青砖。

据《遵义军民府志》记载：紫霞山在颠仙前为上阳子，涵蟾子修炼处。又据《明史》《遵义府志》考证，明正德十四年（1519）播州杨氏二十六世土司杨斌因政治失意，出家修道，自号颠仙，在紫霞山建“先天观”，并于观中立载《紫霞石室碑记》① 一通。现遗址内基石保护较好，原碑无存，遗址内散落有砖瓦碎片。

东面山脚建有报恩寺，由东向西通组公路可直达山脚，东北面山脚缓坡地带为省级文物保护单位——高坪杨氏墓群。

现状：由于在遗址周围开垦种植，对遗址基石造成一定的损坏。地处紫霞山山顶东侧，西北面为紫霞山的主脊，为娄山山脉中段支脉动中低山地段。属中亚热带湿润季风气候区，年降雨量1100毫升左右，植被多为灌木林。

先天观遗址基址局部

先天观遗址远景

——相关链接1：紫霞山

紫霞山位于汇川区高坪街道办事处所在地西侧1公里坝子边缘。海拔1286米，为周围近十里内最高峰。此山四周陡坡峭壁，唯山前有一宽约10米的山脊与一低山佃子坪相连。紫霞山山顶平缓，山顶三峰由南、北、东三个方位成“品”字排列。山顶面积约1.5平方公里。其山沿山顶边缘修筑长约5000米，高1.5米～3米的石质边墙环绕。山前与佃子坪相连接处，有三道长约400米的城墙与边墙相连防卫。山顶水源充足。《续遵义府志》

① 遵义市汇川区高坪镇编：《遵义市汇川区高坪镇志》，北京：方志出版社，2012年，第539—541页。

载为清咸同年间山寨。但从清康熙年间陈瑄编纂的《遵义军民府志》收录的程春翔和程崇秋游紫霞山饮酒吟诗的“战垒尚留前代迹”① 等诗句，可以看出，其山顶战斗工事遗存应为明代建筑。根据其地理位置与海龙屯军事城堡之距离及附近众多土司文物留存分析，紫霞山山寨应为海龙屯之外围军事防御设施。

其山后绝壁“舍身岩”半腰之凹陷“约可卧人”处为明代颠仙修炼遗存。根据成书于明万历年间的《遵义军民府志》载：紫霞山在颠仙前为上阳子，涵蟾子修炼处。由此得知紫霞山在明正德年间前便以道教圣地而闻名于播州。

据《明史》《遵义府志》考证，颠仙，为播州杨氏二十六世土司杨斌。杨斌自名道凝，又名洞清，字全之，号颠仙，又号神霄散吏。于明正德二年（1507）袭昭勇将军，授四川按察使，播州宣慰司宣慰使。其因“狡横不受节制，贿取战功，挟求为流官”②，于正德三年（1508）被革职。由于政治上失意，杨斌便在晚年托意神仙，与道教仙师白飞霞游历于播州山水名胜。并四处留诗题言于石壁，今县境内共青湖东侧鹤鸣洞摩崖即为杨斌所为。正德十四年（1519）杨斌在城北30里高坪紫霞山建道教官宇“先天观”，并于观中立载先天观修建原由及介绍杨斌自我概况的《紫霞石室碑记》一通。

其碑由乡闱进士，云贵两省解元，金陵邹志学撰文；赐进士第、光禄大夫、柱国、少师、兼太子太、吏部尚书、华盖殿大学士、经筵讲官、重修国史会典新都杨延和篆额；嗣汉四十八代天师、浩授致虚冲静承先宏道大真人，掌天下道教事湛然张彦羽页书丹。

—— 相关链接2：附录《紫霞山室碑记》

嗣唐太师守播、四十七代云霄紫霞石室碑记篆书额。

丙子乡闱进士，云贵两省解元、金陵邹志学撰文。

赐进士第、光禄大夫、柱国、少师、兼太子太师、吏部尚书、华盖殿大学士、经筵讲官、重修国史会典新都杨延和篆额。

嗣汉四十八代天师、诰授致冲静承先宏道大真人、掌天下道教事湛然张彦羽页书丹。

---

① （清）郑珍、莫友芝纂：《遵义府志》（点校本），1986年，第1466页。

② 杨文铁主编：《古播遗踪1》，遵义市文化局，2002年，第101页。

神霄散吏有颠仙者，依紫霞洞天建大宫宇，榜曰“先天观”，以为崇奉所。其山去播南三十里地名高坪之北乃涵蟾子炼丹之地也。其南下三里许为千岁峰，河流拥前，诸山森立，磐迤峻异，极一方之形胜焉。仙翁尝命童子执香导引，振衣长步。时或岚销雾敛，景明物熙，乃抚掌而歌曰：“水冷冷兮山苍苍，云随鹤杖兮风吹我裳，浮生展转兮春梦悠扬，千万斯年兮任流光。”已而顾谓童子曰：“夫始终者，万物之大归；生化者，性命之区域。是故斲心荡性，泛而不切者，乌在其为儒？含生执有，泥而不达者，乌在其为仙？神而明之，存乎其人。此良，可为寿宅也。若宜凿石为室，即予冲举后，收簪裳藏焉，童子其成之。”寻拂衣归。崇奉所傍有屋数椽，日与神霄诸弟子讲《周易》，论心性。凡先天后天之蕴，无极太极之精，与乎内圣外王之学，无不发扬殆尽。尝曰：“昔在帝王御世，圣贤垂训，仙师度人，未尝不以人道为先者。盖人之有生，以有此心；心之活灵，以有此理。天理一息不存，则人心随之而失；人心既失，则身无管摄，而人道绝矣。虽欲长生久住，竟亦何所为哉！故曰，未修仙道，先修人道，人道既修，则天道不远矣。然人道之大，惟孝与忠，千绪万端，皆由此出；尽其道而往，则庶乎仙阶可臻矣。旌阳许祖净明秘旨，率是道焉。”又曰：“太上《五千言》，其旨不过清净无为而已；在儒家则定静之学焉。释氏金刚要领，其功在降伏其心。失所谓心，即儒学之人心也。夫所谓降伏，即入学谨独而精一也。同宗异派，大抵如此。异学者流，顾以炉火、醮祭，符咒、邪枉私已惑人者争尚竞逐，悲夫！诚三教之罪人也！小子勉旃！小子勉旃！”由是而观，仙翁之自修与其所以教人，皆本之于儒，以开其端；参之于道，以神其用。其凝定修养之学，又勿忘勿助之心耳。据仙翁系古夜郎诸侯国之裔，一元道人冢子也。名道凝。嗣派居五也。一名洞清，字全之，颠仙其所号焉。方母氏太夫人之娠也，老媪马真者，梦一童子从七曲帝君侧，乘白鹿入寝，诘朝而仙翁诞。既长，服官政，动以旌阳诸公为法，人多德之。在值世运多故。乃以权变自处，而不失经常之道。其循良之绩，战阵之功，宠赉之深，出处之正，较之流辈绝无而仅有者也。甫弱冠，太玄欧阳先生授以清微雷法，凡呼召风雨，役使鬼神，立有奇应。后云山道人授以五雷法，青霞真人授以灵宝法，四十八代天师授以正一法，凡入坛行持，辄有异感。大概济人利物之功居多，匪旁出祈 ，漠无意于斯世也。先是尝梦一老师谓曰，子宜学道，以赎往憾，则寿可延矣。乃朗吟曰：“写遍丁香叶，到处不求知，若问吾姓名，八卦柱九枝。”遂失所在。盖南极星云。丁丑冬十一月癸丑，夜方静坐，忽闻异香入室，氤氲经时乃散。寻梦，感旌阳许祖授以净明忠孝至道。时亦神游玉京，累感高真授以内外二丹之旨。戊寅春，始从飞霞白仙师游。仙师知为伟器，相与半载，乃以神霄心印传焉。补上清大洞回车毕道经箓、太清三境金阙法师、天机上相净明法主、洞玄明道辅圣真君，嗣神霄玉府心印雷吏玉蟾白真君宗派。间亦旁通儒释之典，博览百家技艺，著有《玄教大成》《道法双明玉书》《神霄清啸》《玉府琼章》诸书，盖会万法而集大成，犹儒门之有考亭也。然大要则凝神定性，以合大道自然之虚；外则明教演法，以祛俗流妄诞之弊，此则垂世立训之本意也，固非以养生为端门焉。夫卫身而自私者，玄门之标榜也；久延而归空者，仙室之门户也。仙翁则异是焉。殆烛其机而行之以诚，洞其微而守之以正与（欤）？可谓有道士也已。呜呼！七曲之精，其降临也；南极之星，其寿征也；后天而凋，三光不毁，道气永存也。维彼石室，抑示人以理之真也。皇明正德十有四年岁在己卯菊月吉旦。颠仙立石。

—— 相关链接3：道观

道观是道士修炼的地方。道观要保持清静、整洁和庄严。修道的方法众多，就是求“清静无为”“离境坐忘”安静自然为本。道教宫庙称“观”而不称“寺”或者“庙”，与道教夜观天象的传统或许有最为直接的关联。道教为什么重视天文学，主要原因是受先秦道家遗风之影响，对天体极为崇拜与敬畏；同时，道教从道家“天人合一”“身国同治”的思维模式出发，认为了解天象有助于求道证道，得道成仙。所以称为“观”，取观星望月之意，所以常建于山顶。

总之，道家出于对科学的探索与星占的宗教政治诉求和延年益寿需要，仰观天文、俯察地理，从而形成了夜观星象的传统。

道观的建筑原则与平面布局也都同于宫殿建筑，只是规模较小，并且在装饰及室内摆设上带有各自的宗教色彩。观内建有对称的钟楼和鼓楼。①

① 百度百科：《道观》，https://baike.baidu.com/item/%E9%81%93%E8%A7%82/569034?fr=aladdin。

紫霞山营盘遗址远景

紫霞山营盘遗址城墙局部

9. 紫霞山营盘遗址

紫霞山营盘遗址位于贵州省遵义市汇川区高坪街道办事处双狮村，距镇政府所在地2公里，地处东经106° 53′ 16.0″，北纬27° 49′ 00.3″，海拔1137米。东面山脚为高坪杨氏墓群和报恩寺，南面连接先天观，西南面连接大白岩山寨，地处娄山山脉中段支脉中低山地段。属中亚热带湿润季风气候区，年降雨量1100毫升，植物以阔叶和针叶林为主。东面1000米处210国道南北穿过，村级通组公路至紫霞山山脚。

山寨遗址整个面积约2万平方米，分为二大营区：一为珍珠伞山顶、二为紫霞山顶。今存城墙1000余米，城墙高1.5米～3米不等；现二大营门已毁。紫霞山山寨遗存最早为明代建筑，为海龙屯之外围军事防御设施。紫霞山山顶东侧山峰为古州道教宫宇“先天观”遗址[①]，遗址基石保存完好，在明正德年间前便以道教圣地而闻名于播州。明正德十四年（1519）杨斌在紫霞山建道教宫宇“先天观”，并于观中立载先天观修建原由及介绍杨斌自我概况的《紫霞石室碑记》[②] 一通。清同治二年（1863）又进行修建营盘，清

① 遵义市汇川高坪镇编：《遵义市汇川区高坪镇志》，北京：方志出版社，2012年，第524页。

② 遵义市汇川高坪镇编：《遵义市汇川区高坪镇志》，北京：方志出版社，2012年，第539—541页。

政府为抵抗太平天国由武解元、赵万春组织修建。紫霞山营盘遗址是清政府的军事设施，为研究黔北营盘的形制特点提供了丰富的实物依据。

现状：由于受战争破坏，现存遗址城墙不完整，寨门已毁，加上年久失修，长年风雨侵蚀及遗址内进行的农业生产活动，对城墙存在一定的影响。

养鸡池保护标志碑

10. 养鸡池遗址

养鸡池遗址城墙局部

养鸡池遗址城门遗址

养鸡池遗址位于贵州省遵义市汇川区高坪街道办事处海龙屯村水淹村民组村，世界文化遗产海龙屯东南侧，坐落在喇叭河河谷旁的山顶上。地处东经106° 50′ 30.4″，北纬27° 48′ 37.2″，海拔1075.6米。始建于明代，与养马城相对峙，为杨氏土司的给养和军事防御之地，占地面积约1万平方米。现存城墙西、南、北三面保存比较完整，东面城墙遗存少，城墙高在2.5 ~ 4米之间，城门坍塌。该地形居高临下，与养马城互为掎角，扼守从遵义进入海龙屯通道的白沙河谷地带，与养马城共同形成海龙屯东南侧前沿军事防御区，是播州土司重要的外围军事城堡。

养鸡池其城门现已坍塌无存，西、南、北面城墙保存较完整，东侧城墙坍塌。养鸡池残损主要原因有两方面：一是自然因素，即长期的风雨侵蚀造成城门、城墙部份坍塌和损毁、植物根系生长造成石城墙开裂松动和开裂；二是人为破坏因素，如平播战争对城门和城墙造成损害、平播战争烧毁城内木结构建筑、农耕劳作造成遗址破坏、当地村民建造房屋和砌筑炉灶拆除石质建筑构件等。

2015年11月9日，遵义市人民政府公布养鸡池为遵义市第二批市级文物保护单位。

——相关链接：海龙屯军事防御体系布局研究

海龙屯遗址特征为东、南、北地势三面临崖、一面通幽，有非常典型的山地关城的特点。建筑风格采用就地取材、依山而建的石结构建筑。总体布局建前六关隘、后三关隘、三重城墙围护、辅之设哨台加以戒备军事防御设施，中设政治、军事建设设施，外围东南侧设养马城、养鸡池和养鹅池为第一道天然军事屏障，同时与养马城东侧的鸣庄、海龙屯东北侧的永安庄以及南侧的上庄及下庄等开成给养基地，延伸之外再设云门囤、青蛇囤、老君关、罗蒙关等数十个关囤囤兵驻守，总体形成了科学的具有军事防御、政治统治、生活给养功能完整的一个体系。现存各关隘城墙保持较为完好，其建筑基址从最近发掘清理表现其是一个相对较为完整的、庞大的建筑体系，这是中国同时期石结构不可比的，有其较高的历史价值、科学价值和艺术价值。

结合这种地貌形态多变的山体地貌和遗址分布状况看，海龙屯选址和建设，充分考虑了重要的使用功能，根据功能需求可分为九个相对独立的区域，即东外城前沿防御区、东外城防御区、内城东部防御区、内城北部环囤防御区、内城南部环囤防御区、内城中部建筑集中区、内城西部防御区、西外城防御区、西外围前沿防御区。

11. 养鹅池遗址

养鹅池遗址位于贵州省遵义市汇川区高坪街道办事处海龙屯村桂花村民小组，地处东经106° 51′ 12.8″，北纬27° 47′ 47.7″，海拔937.2米。坐落在海龙屯村喇叭河谷边坡的缓坡平台处，北距海龙屯约6公里，位于海龙屯的东南面，西面麻窝山连接养鸡池大山，东面为河谷稻田，南面为王家大山，山下为小沟溪水。遗址总面积约1.2万平方米，始建于明代，是扼守播州宣慰府经白沙水进入海龙屯的军事要塞，也是海龙屯重要的外围军事设

养鹅池遗址全景

养鹅池保护标志碑

南城门

北侧城墙远景

门墩及城墙

施。养鹅池保存状况一般，现残存城墙50余米，墙高3 ~ 4米，南侧城门保存较好，城门高4.5米，面阔2.2米，进深1.5米。北侧城门基本损毁，仅存城门两侧基石。

养鹅池遗址残损主要原因：一是自然因素，即长期的风雨侵蚀造成城门、城墙部份坍塌和损毁、植物根系生长造成石城墙开裂松动和开裂；二是人为破坏因素，如平播战争对城门和城墙造成损害、平播战争烧毁城内木结构建筑、农耕劳作造成遗址破坏、当地村民建造房屋和砌筑炉灶拆除石质建筑构件、早年修建乡村公路拆掉南城门等。

2015年11月9日，遵义市人民政府公布养鸡池为遵义市第二批市级文物保护单位。

12. 养马城遗址

养马城遗址位于贵州省遵义市汇川区高坪街道办事处大桥村养马村民组境内一山头上，地处东经106° 50′ 29″ ~ 106° 50′ 51″，北纬27° 48′ 49″ ~ 27° 49′ 23″，海拔1101米 ~ 1156米之间。遗址占地面积1.2平方公里，东南西面临河谷悬崖，北面一条小径稍平入城，西隔200多米深的白沙河谷与海龙屯遥相呼应，是播州杨氏土司牧马之地和主要的军事后勤给养地之一。地处娄山山脉东支段的一座大山上，养马城东、南、西面临河谷悬崖，城内有10余户，其余为稻田和耕作土，围墙外西北面为松杉林区。属中亚热带湿润季风气候区，适宜农作物生长。

养马城西300米河谷下为鸣海公路，西对峙养鸡池，西北与海龙屯对峙，据《方舆纪要》称：养马城在府北五十里，杨氏据播所筑;《贵州通志》称：养马城在遵义县北三十余里，唐末，杨氏建为牧马地，可容马数万也。[①]

唐僖宗乾符四年（877），杨端选择“养马城”一置高地筑城养马，以供战用，明万历年间，杨氏第二十七代土司三十世孙杨应龙与明王朝矛盾加

① 遵义市汇川高坪镇编:《遵义市汇川区高坪镇志》，北京：方志出版社，2012年，第551页。

剧，在重建海龙屯之同时，组织工匠对养马城进行重修，并在东北面新筑门和平安寨上筑“城中城”约1200余平方米，大规模整修“衙门”建筑，以加紧对军马的训养和对养马城的守卫。

刘綎入娄山关，囤白石口，贼党攻围，挺击败之，追至养马城，与南川，永宁诸路之师会，连破龙爪，海云诸险囤，压海龙屯而矣。[①] 明万历二十八年（1600），明王朝令四川总督李化龙集十五省二十四万官军，兵分八路进兵围剿海龙屯，王月永、刘綎率兵从重庆出发，取道綦江，破九盘，攻娄山，直破养马城，与南川、永宁、乌江等军会师，待李化龙计谋攻海龙屯之策。五月十八日，明军云集海龙屯下，层层围困，轮翻迭攻，于六月五日攻克土城，彻底摧毁了杨氏军队。养马城木结构建筑现已不复存在，但城墙、关隘、踏步保持完好。

2012年，贵州省文物考古研究所对养马城遗址进行了初步调查，2014年5—10月，贵州省文物考古研究所与重庆市文化遗产研究院联合对养马城遗址进行了全面调查和试掘。[②]

养马城现存有关隘城门六座，城墙一周共6500米，牧马瞭望哨两座，衙门（朝门）建筑两座，训养城围墙（城中墙）一周共520余米，训养殿一座。各城门修建于险峻的关隘之上，匾额均已脱落或风化，无法辨认其当时的真实关名，一周城墙基本完好，宽3米~6米，高3米~6.5米，当地人称为东门、小东门、西门、月儿城门、田家城门和张家城门，城门与城墙将各关口相互连接。

养马城城门和城墙的建筑结构和建筑工艺非常特殊，城墙建筑方式和工艺与海龙屯的宋城墙大体相似，城门的建筑形式和建筑工艺与海龙屯区别较大，月儿城门建筑工艺属闸门式的券拱顶城门，进深3.79米，门洞宽1.95米，面阔高4.55米，门洞高2.85米，门券石7块，推考为明代重建。其余五个城门均采用规则条石叠重而建，属叠涩顶式建筑，推考为唐未宋初的建

---

① 魏光普等总主编：《点击中国——历史上的今天》，南宁：广西人民出版社，2006年，第1127页。

② 贵州省文物考古研究所等：《贵州遵义市养马城遗址调查与试掘简报》，载《考古》2015年第11期。

筑，其进深在3.15米～6.15米之间，门洞宽在1.05米～6.15米之间，门洞高在1.95米～2.85米之间不等。

养马城东北侧的平安寨山顶有一城中城，墙高3.5米～5.0米，宽在3米～4.5米，面积1200余米，内有台阶基石，主要用于对已经训养可战用的马匹候用，其建有管理用房200余平方米，位于西面建衙门一座，下有14级台阶，宽6.59米，按九五之分两段，两面建筑基石为6.85米×7.35米见方，与海龙屯相望，是养马城的主要进出口。

过去村民们在日耕劳作之时，常常在田间地头和扁榻山等地翻挖出青花碎瓷片、碎瓦当、滴水瓦、筒瓦等，说明该建筑规模较为庞大，还有待于进一步发掘和研究，对研究播州土司文化有较高的价值。2003年12月3日，遵义市人民政府公布为市级文保单位。省考古专家刘思元曾到养马城进行初略考察研究，认为该建筑群先建于海龙屯之前。

养马城保护标志碑

张家城门

西门

月儿门

东门

小东门[①]

田家湾门

东南侧城墙局部

衙门遗址

① 图片来源:《考古》2015年第11期,《贵州遵义市养马城遗址调查与试掘简报》。

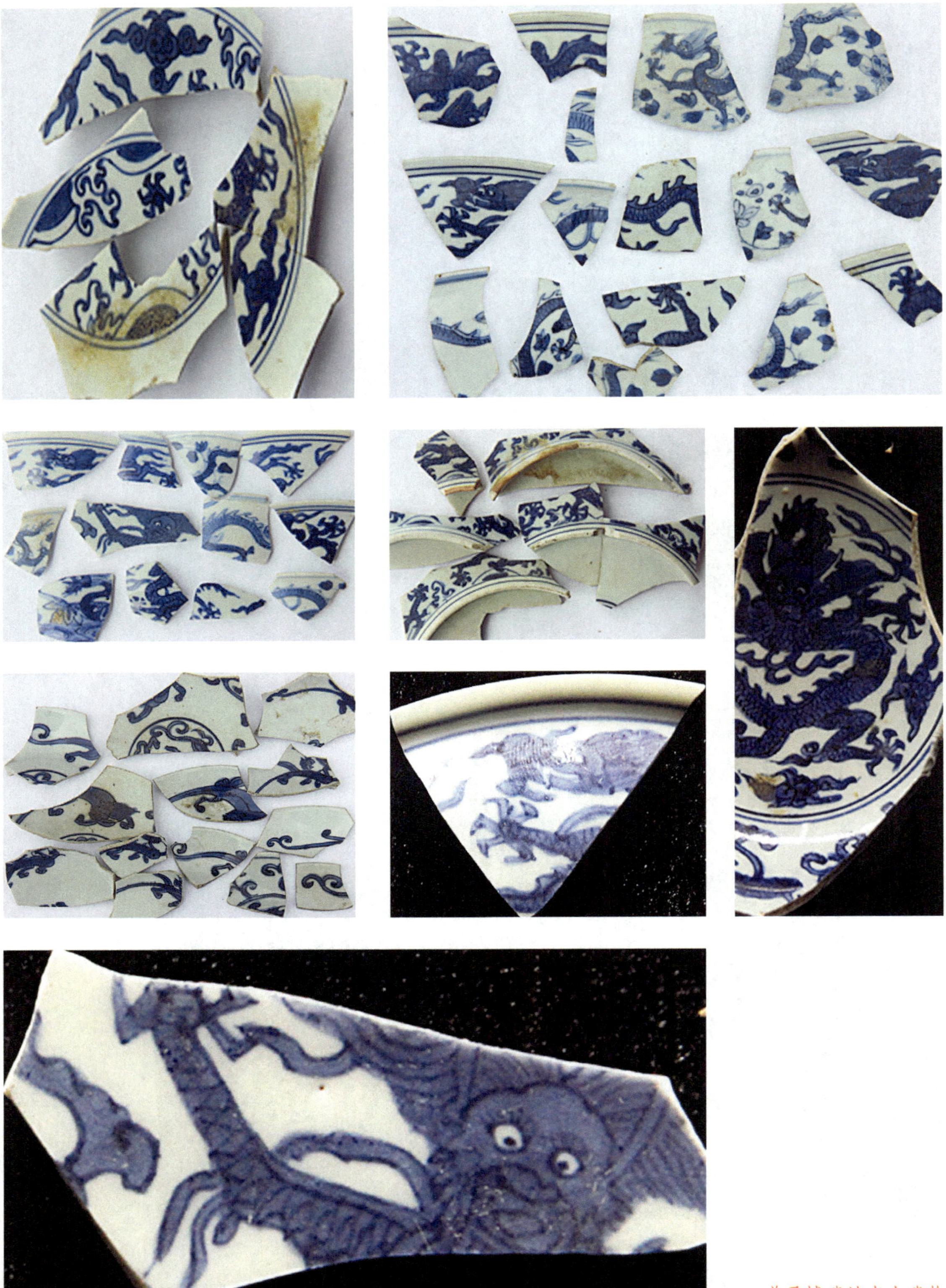

养马城遗址出土遗物

13. 打眼岩遗址

打眼岩遗址远景

打眼岩岩壁小孔

打眼岩遗址位于遵义市汇川区高坪街道办事处海龙屯村双龙村民组内白沙河西岸岩壁上，地处东经106° 50′ 08.3″，北纬27° 48′ 41.7″，海拔943.8米。南经白沙河距播州慰府12余公里，北白沙河进入海龙屯1.5公里，西侧山上为养鹅池，东南侧为养马城，是播州宣慰府进入海龙屯的重要关隘。

打眼岩岩壁高约60米，遗址保存状况一般，现存在白沙河道西侧岩壁上有方形小孔32个，边长在0.15米至0.25米之间不等，深0.15米至0.20米不等。

打眼岩遗址由于平播战争中对原有建筑造成破坏，后来由于长期的风雨侵蚀造岩体风化，加之河道河水冲刷造成遗址残损。

14. 营盘山营盘遗址

营盘山营盘遗址位于贵州省遵义市汇川区高坪街道办事处双狮村逸夫小学背后的小山顶上，地处东经106° 45′ 54.8″，北纬27° 50′ 59.5″，海拔928米。营盘所处的山顶较平，现为耕地，其间有几座坟墓。营盘遗址现存长约15米的石围墙，墙高约2米，基座宽约3米。围墙系用石砌成，残存面积约100平方米。其时代应为清代中晚期。

15. 观音山宋明遗址

观音山宋明遗址位于贵州省遵义市汇川区高坪街道办事处鸣庄村沙合组，小地名风香坪。地处东经106° 53′ 35.2″，北纬27° 49′ 54.1″，海拔955米。遗址分布在一个小山坡的南侧，地势较为平坦，现为农业用地。其

观音山宋明遗址全景

遗址地层堆积

地层堆积可分为七层：第一层，耕土层，土质较为坚硬，黄褐色土，厚度在0.15米左右；第二层，黄褐色土，比耕土层的色泽略浅，土质较为坚硬，包含物少；第三层，黄色黏土，土质松软，包含物极少；第四层，灰褐色土，土质较为坚硬，包含物有植物根茎和少量炭屑；第五层，黄色黏土，土质松软，包含物极少；第六层，灰褐色土，土质较为坚硬，包含物较多，有瓷片、红烧土颗粒、炭屑等。本层是该遗址的主要文化层堆积，其距地表的深度约1米左右，本层文化层的厚度在0.5米左右；第七层为生土层。该遗址的分布面积约2000平方米，遗址的总体保存情况较好。

16. 高岩寺宋明遗址

高岩寺宋明遗址位于贵州省遵义市汇川区高坪街道办事处大桥村街上组，小地名高岩寺。地处东经106° 52′ 53.6″，北纬27° 51′ 11.4″，海拔929米。遗址处于现代居民区的周围，为农业耕种用地。文物调查时在地面采集到大量宋明时期的陶、瓷片和瓦片。以酱釉瓷片居多，另有少量青花瓷片。器形主要有碗、罐之类。部分青花瓷片有开片（冰裂纹），碗内、碗底多不施釉，鸡心底，部分还留有跳刀痕。通过从地表采集到的遗物判断，此

高岩寺宋明遗址全景

处应为一处宋明时期的居住遗址。通过勘探，其文化层的堆积深度在1米左右。遗址的保存情况较好，面积在1万平方米左右。

17. 新桥宋明遗址

新桥宋明遗址位于贵州省遵义市汇川区高坪街道办事处新桥变电站南侧约50米处，地处东经106° 44′ 24.3″，北纬27° 49′ 38.7″，海拔927米。文物调查时在该区域内发现大量宋明时期的遗物，主要有陶瓷片和瓦片。从剖面上看，该遗址的文化层距地表的深度在0.6米～1.4米间，厚度在0.5米左右。文化层土色发黑，土质坚硬，里面的包含物主要是瓷片和瓦片。地表也采集到大量瓷片。该遗址的分布面积在4000平方米左右，现均为农耕用地。

18. 鸣庄

鸣庄位于贵州省遵义市汇川区高坪街道办事处鸣庄村桅杆组，原为古播州杨氏庄园之一，北纬27° 49′ 51″，东经106° 53′ 2.3″、海拔831.9米。经调查，以前管理该庄园的建筑设施已不存在。现在为当地村民耕田，大约有2000多亩，周边为丘陵山地，田畴多为现代农业示范区，高坪河穿庄园而过，210国道从侧面通过，交通便利，距高坪镇政府所在地约2公里。

周边为丘陵山地，高坪河穿庄园而过，属中亚热带湿润季风气候区，适宜农作物生长。

庄园周边居住有800多户4000多村民，田畴多为现代农业示范区。西南面2公里山上有省保单位杨氏墓群。

现状：整个庄田仍为今用，为当地的重要农田保护区。

鸣庄全景

永安庄全景

19. 永安庄

永安庄位于贵州省遵义市汇川区泗渡镇观坝村，地处北纬27° 57′ 8.1″，东经106° 55′ 58.5″，海拔979米。永安庄是世袭播州宣慰使的杨氏家族所建，毁于明末平播之役，有部分残留石器，是杨氏家族所建庄园中唯一留有遗物的庄园。

永安庄残存南城墙局部

宋代至元二十一年（1248）闰五月，设永安驿。永安驿在永安山下，是遵义至重庆府的必经之地。

明代洪武六年（1373），一度废止的永安驿又重新恢复。驿站仍建在永安庄，设驿丞，备快马传送官方文书，这是遵义县境最早的邮政通信机构。

永安庄残存北城墙局部

永乐五年（1407），播州宣慰司僧纲司设在永安

永安庄残存古井

永安庄残存院落台阶

永安庄残存柱础

永安庄出土建筑构件

永安庄出土滴水瓦

永安庄出土筒瓦

庄，这是最早的宗教事务机关。

正统年间，四川布政史（又称方伯）冯延富解甲来到杉松坝定居，造5架水车开田耕地。

万历二十八年（1600），明朝廷命李化龙调集八路官军共24万人进剿杨应龙。杨应龙率兵在风门垭与明军王芬激战，获大胜。大将王芬被乱箭射死，明兵死亡2000余人。据《明史·刘綎传》载："直抵娄山，夺其关，追至永安庄。綎老将持重，虑贼冲突，联诸营。一据永安庄，为前营。"

万历二十九年（1601），明朝廷废播州，设遵义军民府，由四川管辖。

明代成化十二年（1476）十月十五日四川都察院右副御使张瓒写的诗歌《宿永安驿》中。他在诗歌引言中这样写道："宿永安驿，俗称泗渡水。是日过楼山，抵晚，杨宣慰又率属来接。道上有言。"[①]"有言"即他写的诗歌："两山对峙树交加，一经潜通百路赊，蓊郁不知天色暄，马蹄薄驿日西斜"。[②]

现状：大部分为村民住房，有少量残留的基址。历代战争加不合理利用以及人们生产生活活动造成损毁。

鹿囤山营盘遗址全景

20. 鹿囤山营盘遗址

鹿囤山营盘遗址位于贵州省遵义市汇川区毛石镇台上村鹿囤山，地处北纬27° 50′ 38.8″，东经106° 45′ 33.5″，海拔1247.5米。

鹿囤山营盘遗址残存寨墙

① 遵义市汇川区泗渡镇志编：《遵义市汇川区泗渡镇志》，2012年，第469页。

② 遵义市汇川区泗渡镇志编：《遵义市汇川区泗渡镇志》，2012年，第469页。

遗址分布面积2800平方米，修建于清同治初年，为抵抗太平天国军而修的军事营盘。遗址由寨门、寨墙、房屋遗迹组成。现残存部分寨墙总长约220米，高0.5米～1.2米不等，有房屋遗迹。

现状：残存城墙一段220余米，房屋遗址破坏达70%。由于年久失修及近年来当地居民在遗址处进行的生产生活活动、植被生长对遗址造成损毁。

21. 大顶寨营盘遗址

大顶寨营盘遗址位于贵州省遵义市汇川区毛石镇台上村大顶寨，地处北纬27° 49′ 06.9″，东经106° 45′ 08.9″，海拔1255.4米，分布面积3800平方米。为清同治初年修建的军事营盘。《续遵义府志·城池》大顶寨：在北隅同治初年寨主罗万洪建，被黄号军攻破。遗址由寨门、寨墙组成。遗址东北存一寨门，宽2.5米，高2米。残墙高1米～2米，总长约200米。

现状：遗址内寨门、寨墙已基本坍塌，遗址总体破坏达80%。遗址受战争及当地居民生产生活活动影响而导致寨门、寨墙坍塌严重。

大顶寨营盘遗址全景

大顶寨营盘遗址残存寨墙局部

川盐仁岸入黔盐道——毛石段

22. 川盐仁岸入黔盐道——毛石段

川盐仁岸入黔盐道位于贵州省遵义市汇川区毛石镇毛石村关上村民组，地处北纬27° 50′ 38.5″，东经106° 43′ 30.9″，海拔1159.7米。盐道所处地段在毛石镇政府所在地西北2.5公里至4公里的位置。盐道宽30厘米～80厘米不等，由青石块砌成，原由遵义至茅台的古盐道之一，现仅存关上至木方约两公里长，完好保存的约有600米。至今还是当地农民的交通小道。此古盐道为川盐由仁怀上岸后向东经喜头进入汇川区芝麻镇，经毛石镇到遵义，是一条重要的古盐道之一。

现状：现存盐道基本保存完好，铺砌方式用石块规整或随意铺砌，古道随山路走势而建，局部因乡村公路改道或扩建需要而进行了改造和拆除。

—— 相关链接：川盐入黔四大盐岸

贵州不产盐，其所食之盐全靠周边川、滇、粤等省供应。由于地理环境及盐的质地等原因，川盐入黔便成为明代以来至近代贵州食盐来源的主要方式。

清乾隆元年（1736），四川巡抚黄廷桂将川盐入黔的水道分为永（宁）、仁（怀）、綦（江）、涪（陵）四大口岸。凡入黔之盐均由自流井和五通桥盐场运往长江各口岸的入口处，再沿“四岸”水道转运至贵州各地。

仁岸盐道，以四川泸州市合江县城为起点，复兴 — 丙滩场 — 胡市镇，主线是合江 — 顺江场 — 兴隆场 — 三合树 — 茅台土城 — 鸭溪 — 刀把水 — 遵义、贵阳等地，逆赤水河而上，水运止于茅台，再转陆运至贵阳、黔西、安顺等地。仁岸主要依靠赤水河逆水而上，该河段滩多水险，实行水陆结合，采用不同船型分段运输的方式。清乾隆十年（1745），贵州总督张广泗开凿赤水河道，为仁岸运销川盐创造了条件。

永岸盐道，自贡、乐山的井盐运到叙永转 — 普市 — 赤水河 — 金银运，主线是叙永县 — 毕节县 — 兔场 — 南毗 — 水程（山 — 城）— 鸡冠营 — 代马 — 普安厅。可分为二条主要分线，其一是经过叙永的雪山关到大定的瓢儿井再到大方、织金、普定、安顺、永宁镇、镇宁；其二是叙永、威宁、水城、兴义、盘县。该段黔西盐道，主要采用人力背运和马帮运输的方式。

綦岸盐道，自重庆綦江上运至贵州桐梓县属 —— 盖石洞的松坎起岸，主线是綦江县运抵三溪 —— 越水镇 — 牛口石 — 松坎 — 新栈 — 中 — 枧坝 — 绥阳县 — 遵义县 — 羊崖关冈 — 崖坑场 — 瓮安县 — 平越县 — 都匀县。有三条主要分线，其一是运至正安县、湄潭县、瓮安县和荔波县；其二是运至桐梓、遵义、息烽、定番、平越、都匀、独山；其三是运至广顺、罗斛等地。以綦江水运为主，上岸后通过人力背运、马帮运输分销。

涪岸盐道，以重庆涪陵为起点，溯乌江经彭水至酉阳的龚滩，由龚滩经贵州沿河、思南进入 — 小溪场 — 边滩黔境腹地。主线是涪陵县 — 羊角碛 — 江口镇 — 彭水县 — 龚滩 — 新滩 — 潮底场 — 思南府 — 葛内沿河县 — 塘头场 — 石阡府 — 龙家沟 — 思州府渡 — 龙溪口 — 镇远府。主要支线有两条，其一为龚滩转运至思南、沿河、秀山县城、

鹿囤山水枧遗址远景

松桃及铜仁城区；其二为从彭水县运至正安、务川。以乌江水运为主，上岸后采用人力背运和马帮运输方式分销。①

鹿囤山水枧遗址残存局部

23. 鹿囤山水枧遗址

鹿囤山水枧遗址位于贵州省遵义市汇川区毛石镇台上村鹿囤山半腰，地处北纬

① 程龙刚、邓军:《川盐古道的路线分布、历史作用及遗产构成——基于2014-2015年的实地考察》，载《扬州大学学报》（人文社会科学版）2016年第4期，第67-74页。

27° 50′ 12.6″，东经106° 45′ 31.6″，海拔1030.7米。水枧顺山而下，由多块枧石组成，每块枧宽9厘米，深8厘米，石头宽30厘米，长1米～2米不等，为当地人生产生活用水设施。现水枧已放弃不用，多处被埋或歪散。这种水利设施，在汇川区并不多见。

现状：水枧因缺乏管理和保养修缮，多处因泥石流掩埋和受植被生长破坏，导致被埋或歪散；当地居民修建上山道路，对水枧也造成部分破坏。

24. 义民祠遗址

义民祠遗址位于贵州省遵义市汇川区毛石镇毛石村毛石镇医院处，地处北纬27° 49′ 29.9″，东经106° 44′ 03.7″，海拔889.6米。义民祠，修建于清咸丰七年（1857），为纪念在镇压农民起义中牺牲的民团团员而建，由正殿、两厢、下厅组成，占地面积约800平方米。中华人民共和国成立后被拆除，在原址上修建的木构瓦房，现为毛石镇医院用房。现遗址内存象雕花柱础一对。

现状：因遗址处修建有毛石镇医院，遗址格局已被完全破坏。

义民祠遗址（现为毛石镇医院用房）

义民祠遗址残存象雕花柱础

义民祠遗址残存柱础

—— 相关链接：祠堂

祠堂是家族祭祀祖先或先贤的场所。祠堂有多种用途。主要用于祭祀祖先，此外作为各房子孙平时有办理婚、丧、寿、喜等事的场所。另外，族亲们有时为了商议族内的重要事务，也利用祠堂作为聚会场所。

在中国古代儒家伦理里中，家族观念相当深刻，往往一个村落就生活着一个姓氏一个家族或者几个家族，多建立自己的家庙祭祀祖先。“祠堂”这个名称最早出现于汉代，当时祠堂均建于墓所，曰墓祠；南宋朱熹《家礼》立祠堂之制，从此称家庙为祠堂。当时修建祠堂有等级之限，民间不得立祠。到明代嘉靖“许民间皆联宗立庙”，后来倒是做过皇帝或封侯过的姓氏才可称“家庙”，其余称宗祠。①

25. 向家寨营盘遗址

向家寨营盘遗址位于贵州省遵义市汇川区毛石镇毛石村向家寨，地处北纬27° 48′ 09.1″，东经106° 42′ 13.7″，海拔1241.8米。修建于清咸丰年间，为抵制农民起义军而建。后被攻破，营盘被毁，该遗址分布面积大，约2.48万平方米，现存部分残墙，灌木丛生，现遗址内大部分面积已经退耕还林。《续遵义府志·城池》董家营向家寨：在北

向家寨营盘遗址

① 百度百科“祠堂”词条[EB]/[OL]，https://baike.baidu.com/item/%E7%A5%A0%E5%A0%82/1076220?fr=aladdin，2018-08-29

隅里，同治初年被黄号攻破。该遗址为研究当地历史文化提供了重要实物。

现状：由于早年战争破坏及自然环境影响，现遗址残存石寨门及局部城墙，平整地带被退耕还林还草恢复生态。

26. 小关古道遗址

小关古道遗址位于贵州省遵义市汇川区沙湾镇八一村小关组，地处北纬27° 52′ 20.2″，东经106° 45′ 30.4″，海拔1127.2米。古道从宋代起就称为马路，系通桐梓至四川的必经之道。现古道小关段长400米左右，宽1.2米～1.8米不等，用不规整石块砌成。同时，1935年，中国工农红军长征到达遵义，为配合部队统一指挥，当时的红三军团其中一支队通过古道，经山盆铁索桥过河北上。

现状：现古道遗址残存小关段，古道受年久失修及自然风化、植被生长等破坏。

——相关链接：川黔驿道（正线）桐梓县大河段

川黔驿道，自重庆路古渝站开始，经播州而渡乌江，达于贵州（今贵阳）。其中桐梓县大河段位于遵义市桐梓县大河镇石牛村街上组至夜郎组。北起街上组，南至祖师观，

小关古道遗址残存路段（一）

小关古道遗址残存路段（二）

依山势而建，青石砌筑。现存路段长约2.3千米，最宽处2.9米。驿道东侧的祖师观存有清光绪十年（1884）和清光绪十七年（1891）的石碑两通。

27. 海云囤

海云囤位于贵州省遵义市汇川区沙湾镇马门沟最高峰山顶上，又名大岗寨，是明朝万历年间播州土司军事城堡之一。海云囤所在的山峰大岗寨海拔1350米，山势陡峭，三面临渊，囤顶视野开阔。囤堡呈不规则圆形，占地面积约120亩。城墙绕山顶而建，分为内外两层，开采囤上的石礅石块垒砌，无灰砂黏合痕迹。现存城墙全长约2000米，墙高2.8米～3米，厚1.6米，墙顶宽平可通行。囤内木构建筑毁于平播战争中，建筑遗址上，现发现七级石砌垂带踏道、石磨、石碓等粮食加工工具。寨上有一张巨大石桌，用手摸则摇动，三十个人都抬不起。囤上水源为一小泉，挖坑即浸满清水，可供饮用。

海云囤北侧为娄山关、仙人山，西面白尼寺，西南侧为毛石镇望军山、大石墩，南侧有白云台等高海拔山峰。俯视囤周，众山拱伏，可以看见南侧播州土司军事城堡海龙屯，两囤各据一山，相互应援保障，“囤囤相连，互相雄峙”（《平播全书·克破五爪等囤五报捷音疏》），“海龙屯周围，尚有龙爪、望军、海云等囤，养马、养鸡等城，皆海龙羽翼，必先埽除方可成功”（《平播全书·叙功疏》）作为海龙屯的“子囤”，与养马城、养鸡池、龙爪囤等组成拦阻阵地。

海云囤全景

海云囤残存城墙局部

寨顶西北侧有巨大溶洞，名为“老虎洞”，洞内宽敞。传说此洞可能曾为猛虎窠穴，或者得名于播州苗军中的“黑老虎兵”，是战时藏兵聚民的理想场所。

2015年11月9日，遵义市人民政府公布海云囤为遵义市第二批市级文物保护单位。

保存现状：海云囤所处地势偏僻险要，人迹罕至，现存城墙保存较好。

28. 龙爪囤

龙爪囤位于贵州省遵义市汇川区沙湾镇沙湾村麻石、习早两村民组境内，龙爪囤距海龙屯距离约5公里，距海云囤5公里，位于海龙屯与海云囤正中偏右。龙爪囤由反背寨、马山寨、寨上寨、洋窝寨、大佬山寨5座囤堡组成，五座囤寨高低错落，分别修建在附近山顶上，平面分布如龙之五爪，故名“龙爪”。五囤彼此相距约500米～1000米，均占据有利地形，分布于山顶上，占地面积分别在10亩～30亩之间，山头的相对高差30米～250米。城堡用巨石垒成，城墙高约3.2米、厚1.8米，建有多个城门和瞭望射击孔。史料记载，当年龙爪囤囤外围建有“栅十数层”（《平播全书·叙功疏》）。

龙爪囤与海云囤、养马城、养鸡池等组成播州军事防御体系的第二道防线，为中间拦阻阵地，[①] 若海云囤失守，来犯之敌必须经过五个龙爪控制的

龙爪囤城门

龙爪囤城门通道

① 王兴骥、周必素等著：《海龙屯与播州土司综合研究》，社会科学文献出版社，2014年，第277页。

沟谷要道，五爪囤兵齐攻，恰似瓮中捉鳖。若五爪关再失守，可在五爪最高峰的寨上寨焚烧烟火，向海龙屯总部发号示警。

在龙爪五囤范围内，今称为“习早”村民组，当地村民又称为“蓄草池”，电子地图则标为“雪草池”，其地理方位紧邻马门，可能是为马门沟和养马城中战马储备草料的地方，将“蓄草”讹为“习早”，因此得名。

2015年11月9日，遵义市人民政府公布海云囤为遵义市第二批市级文物保护单位。

龙爪囤城墙

龙爪囤城墙局部

29. 雷镇寺遗址

雷镇寺遗址位于贵州省遵义市汇川区山盆镇剑坝村田坎组雷镇寺，地处北纬28° 00′ 27.0″，东经106° 38′ 08.9″，海拔952.7米。遗址位于一山顶，残碑上有“光绪

雷镇寺遗址房屋基址

雷镇寺遗址台阶

雷镇寺遗址残存石构件

戊寅年……”字样，遗址内残存三层墙体，内层面积约150平方米，二层250平方米，三层350平方米，一层残高1.6米，长20米，二层高1.8米，长22米，三层长12米，残墙多为大石砌成，还有化钱炉碑帽。

现状：“文化大革命”时期时因人为破坏，建筑被毁，仅剩墙体，发现有残碑一通。现受植被生长等破坏。

30. 云台寺遗址

云台寺遗址位于贵州省遵义市汇川区山盆镇雨台村严教组，地处北纬27° 54′ 32.3″，东经106° 36′ 57.9″，海拔916.5米。始建于清朝中叶，鼎盛时建有上、中、下三殿，另有戏楼，戏楼前建五层宝塔形字库，塔为六边形，底层边长1.78米，高1.61米，整座塔身高6.7米，山门为三层石碑坊。1966年，下殿拆去建雨台小学校舍，中殿拆去修公社会场，上殿被卖给严教生产队修保管室。1994年，由当地群众筹资、献料、投工，在原上殿处修建小庙，内塑神像18尊。现存石碑坊山门和五层宝塔形字库，造形美观，雕刻精细，所刻文字由清末秀才祝兰亭撰书，笔势刚劲有力，颇见功底。遗址

云台寺遗址

云台寺遗址山门

云台寺遗址残存建筑石构件

云台寺遗址宝塔

山门、塔完好，其他墙础完好。

现状：“文化大革命”时庙宇损毁，现存主要建筑为石碑坊山门及五层宝塔形字库。遗址内现为耕地，受生产生活活动及植被生长破坏。

31. 骑龙桥遗址

骑龙桥遗址石牛

骑龙桥遗址位于贵州省遵义市汇川区松林镇松林居委会骑龙组骑龙山，北纬27°44′30.6″，东经106°43′15.3″，海拔955.6米。遗址占地面积60平方米，原为石桥，南北向而建，石桥跨于湘江右支洛江骑龙山下，河面宽7米，由于石桥常被洪水冲跨，当地人造两石牛在桥两侧辟邪。现桥已不存，桥南有台阶通往河边，现仅存部分桥基、墩石和当年辟邪石牛一尊，石牛立于小河南面，头向小河，为青石质，体长57厘米，总长73厘米，宽33厘米，头高55厘米。

现状：现桥体已不存，仅存部分桥基、墩石和石牛一尊，遗址受河水侵蚀及植被生长破坏。

32. 川盐仁岸入黔盐道——芝麻段

川盐仁岸入黔盐道位于贵州省遵义市汇川区芝麻镇观音村卢家坝组，地处北纬27°53′38.1″，东经106°35′58.1″，海拔663.5米。观音寺河东岸，保留完整的约50米，宽1.2米～1.8米，均为条石镶砌，该为川黔盐道，仁怀喜头镇米江岩过芝麻观音寺通山盆沙儿树段，盐道沿江从老街绕河进入遵义县境，其他大部分盐道已损毁，仅该处保留较为完整。

现状：川黔盐道芝麻段，大部分盐道已损毁，仅有50米保留较为完整。遗址因生产生活活动及年久失修而损毁。

川黔盐道芝麻段

——相关链接:“川盐綦岸”入黔

贵州自古以来不产食盐，所需之盐，均由四川、云南等省输入。但由于地理环境及盐的质地等原因，其大部分食盐是从四川自流井和五通桥运入。

南宋以来的播州，政治经济得到空前发展，历史上曾有“盛世播州”之说。政治的安定和经济的发展使人口增长较快，所需食盐较大。由于古代交通不便，陆路运输运量小而成本较高，故川盐入黔历来以水道运输为主。从四川进入贵州的古道从自流井和五通桥经綦江（今重庆市辖管）至松坎（今贵州省桐梓县辖管）上岸再运至播州。进入播州有三条古道：第一条由綦江岸进入绥阳进入播州，此线称为“东线”；第二条松坎至桐梓经娄山关到板桥进入播州，此线称为“中线”；第三条为松坎至桐梓经楠木厂、米粮经海龙屯进入播州，这条线相对平缓，此线称为“西线”。

二、古墓葬

1. 唐象明、杜凤鸣合葬墓

唐象明、杜凤鸣合葬墓位于贵州省遵义市汇川区洗马路汇川小区三阁公园内，俗称“长奶”夫人墓，为同茔合葬墓。墓葬于康熙十九年（1680）修建，坐东向西，呈鱼尾状，石砌封土墙，墓顶填泥土，墓长6米，宽5.2米。墓前设有二层拜台：第一拜台下有石碑一通，字迹完全风化，拜台靠前摆放三脚香炉一个；第二拜台墓前有墓碑一通，为唐象明、杜凤鸣合葬墓碑，碑正反皆刻有内容，正面刻有墓主姓名、生平等内容，墓北有此碑复制碑，墓南是“遵义、湘、川唐氏远祖封典”碑。墓前左右两侧立有华表，阴刻对联

唐象明、杜凤鸣合葬墓全景

墓前墓碑

唐氏远祖封典碑

墓北侧华表

墓北侧华表

两副，分别是“官溏茔府二水交流瑞气祥元托起纯阳阁，书香门第三百余载满江星斗辉映洗马滩 第十代嗣孙尔鍙书”“二百四十余年不忝衣冠皆由光德，祖孙父子相继衹此忠孝仰荅天恩光绪廿九年仲秋云南巡抚钦差大臣唐炯书作”。

唐一元，字象明，原名再春，一元为其道号，重庆府涪州人（今重庆涪陵）。据《遵义府志》记载：明朝末年，张献忠军攻陷重庆，唐象明（唐一元）为避战乱随父逃难至遵义。唐一元十三岁时割股救父，以孝闻名；其“平生抚孤，助婚葬，赈饥寒；出金帛，为人赎身；还田土，不索偿”① 等众多义举，掌遵义全县教坛，去世后追认为真人。唐一元之妻杜凤鸣，四川隆昌人，为避战乱，逃难至遵义。传说杜凤鸣的乳房奇长，能把乳房甩到背后，喂养背负的婴儿唐廉，人称杜凤鸣为长奶夫人。长奶夫人熟读经史，悉心教子，唐廉聪明过人，三四岁时即能背诵母亲口授的《论语》和《孝经》。杜凤鸣死后，与其丈夫唐一元合葬于会川衙东（今三阁公园内）。

2. 苟春辉墓

苟春辉墓位于贵州省遵义市汇川区团泽镇四合村。修建于清光绪二十六年（1900），该墓为封土墓，坐西向东，墓长7米，宽5.8米，高1.5米。墓

苟春辉墓墓碑

苟春辉墓侧旗杆石

① （清）郑珍、莫友芝纂：《遵义府志》（上册），遵义市志编纂委员会办公室，1986年，第1107页。

前有墓碑一通，碑高1.27米，宽0.78米，厚0.21米，碑面阴刻“皇清待赠武威将军苟公讳春辉老府君之墓”。墓左右两侧5米处各有一方旗杆石。

《续遵义府志》载苟春辉为清咸丰二年（1582）壬子科武举人。

3. 王兴邦墓

王兴邦墓位于贵州省遵义市汇川区团泽镇卜台村，距团泽镇政府5.5公里。墓建于清光绪三十一年（1905），为石砌封土墓，坐西北向东南。墓长6.5

王兴邦墓

墓碑“十戒”

墓碑局部

米，宽4.2米，呈扇形；墓前有仿木结构庑殿顶石质牌坊，四柱三间，两侧有抱鼓石，通高2.62米，与墓同高；碑正脊有龙头鸱吻，四柱上横额均有花草浮雕。柱间有三碑，正中为主碑，两侧附碑阴刻王兴邦生平及其训导后世子孙的“十戒”“十愿”等内容。根据碑文记载墓主人曾被授为“登仕郎”①。

4. 张鹏程合葬墓

张鹏程合葬位于贵州省遵义市汇川区团泽镇大坎村，是当地张姓迁入该地的始祖墓，距团泽镇5.5公里。该墓坐南向北，长17.3米，宽14.5米，墓高5.2米，是一座由青石板材扣合而成的双室合葬墓，墓室之上覆盖封土。两室结构基本相同，均可分为墓门、墓室，墓室长2.2米，宽1.1米。从墓形制上看为明墓，墓前有碑两通，为张氏后人立，碑面阴刻“始祖唐怀远将军张鹏程 罗氏之墓”，东碑为乾隆年间所立，字迹已严重风化；西碑为1995年张氏后人所立。

张鹏程合葬墓封土

墓碑

① 登仕郎：文散官名，清正九品均授为登仕郎。

干田坝墓地左侧墓室

5. 干田坝墓地

干田坝墓地位于遵义市汇川区上海路街道办事处航宇小区，墓坐东南向西北，占地面积230平方米。墓室为青石砌成，通宽6.25米，为同茔易穴合墓。两室相隔1.32米，无通道，由甬道、墓门、墓室组成。甬道高2.3米，宽1.7米，长1.78米，无雕饰，上盖出檐石两层。墓门为仿木结构六抹头格扇门，长2.2米，宽0.97米，厚0.15米，裙板饰线刻卷云纹。墓室高0.7米，长3.37米，宽1.5米，壁无雕饰。现封土前部破坏，墓室内无棺床等。墓室规格、结构、用料及营造特点与高坪杨氏古墓相似。《遵义地区文物志》载，20世纪80年代有村民居住于墓室内，因集体开荒发现墓室。

6. 苏王氏墓

苏王氏墓位于贵州省遵义市汇川区板桥镇中寺村。该墓葬于清咸丰十一年（1861），坐西向北偏东10°，墓冢周围以条石垒砌呈鱼尾形，墓长10.1米，宽6.3米，封土高1.6米。

墓前有仿木结构庑殿顶五层屋面石碑，分上、中、下三层，通高4.25米，宽7.6米。碑正脊有龙头鸥吻。上层中间匾额刻有“毓秀钟云”，两侧石柱所刻对联字迹已无法辨认。中层横额刻有“百世流芳”，两侧石柱刻有对联“莹台巩固，梱范昭彰”。下层为六柱五门，仿八字门状；正中四柱三门，中层两柱阴刻对联“风木千秋永感，云礽万古长昭”，侧两柱阴刻对联“瑞草奇花荣墓外，明山秀水曜台中”，中三门为过门，其上横梁从西南至东北阳刻有二十四孝中的八孝图案，分别是“孟宗哭竹”“王祥卧冰”“丁兰刻

苏王氏墓

墓内“犀牛望月”浮雕

墓碑外侧八字门雕刻

墓内“野鹿衔花”浮雕

水”“黄香温席”“戏采娱新”“寿昌寻母”“孝泉留名”“剡子寻鹿”；外侧八字门石柱阴刻对联“荡荡坤维钟俊秀，巍巍艮势肇文明”，东北、西南侧门分别阳刻“渔樵”“耕读”图案，最外侧有抱鼓石各一个，雕刻有葡萄花纹和宝剑飘带。中三门内墓厅，宽5.2米，进深1.3米，高1.5米；墓厅两侧墓墙上分别刻“犀牛望月”和“野鹿衔花”的浮雕图案，旁柱上阴刻对联“升阶思淑德，睹圹缅芳型”；厅后壁由三块碑组成，中间阴刻“清仙逝苏母王老太君之墓”，东北侧刻有墓志，西南侧刻有孝名及墓葬建造时间。内壁有四柱，刻有对联两副，分别为“水聚山环宗吉穴，风清月朗映佳城”“兆卜牛眠钟地脉，斯封马鬣蔚人文”。该墓雕刻艺术精湛，保存完好，对研究黔北古墓葬石刻艺术提供重要的实物证据。

7. 杨国寿合葬墓

杨国寿会葬墓位于贵州省遵义市汇川区板桥镇柏杨村。墓葬于清咸丰元年（1851）修建，坐北向南，占地面积30.63平方米，是石砌封土墓。墓前有仿木结构庑殿顶三层屋面石碑，通高5.5米，宽4.9米。碑第一层：仿木结构四柱三间；正中主碑外有一镂空仿重檐式牌坊雕刻，顶上牌匾上刻“逍遥境”，左右额枋上分别刻有“蓬莱”“阆苑”，牌坊下侧石柱刻有对联两副，分别为“轩幽频引鹤，地静自蟠龙”“窀穸垂明镜，云烟绕画屏”；牌坊两侧石柱刻有对联“怙恃极恩勤千秋宛在，瞻依绵泽万载如新”；右侧石碑为墓主人生平，左侧石碑为其孝子名及建墓日期；左右石碑侧柱有对联“山聚山环其祥长发，钟灵毓秀厥后克昌”；最外侧有边柱及抱鼓，呈八字形，柱上有对联

墓碑局部

杨国寿合葬墓全景

"慷慨端方留宇宙，幽闲贞静拟长恒"。碑第二层：二柱一间，左右两侧有抱鼓，正中石碑刻有"佳城永固""子山午向"，石碑两侧柱上对联为"气厚恩弥厚，形高地亦高"；上、下两层额枋上均有雕花。该墓雕刻艺术精湛，保存完好，对研究黔北古墓葬石刻艺术提供重要的实物依据。

8. 李绵松墓

李绵松墓位于贵州省遵义市汇川区板桥镇柏杨村。建于清同治二年（1863）。坐东南向西北，长8米，宽3.1米，墓高2.23米，是石砌圆形封土墓。墓前连有石碑一通，高1.9米，宽0.7米，正中阴刻"故显考李公讳绵松号鹤龄老大人之墓"，左右为其堂侄撰写的墓志及赠言。李绵松，号鹤龄，遵义板桥镇中寺河沙溪学堂人。绵松聪明好学，精心钻研学问，琴棋书画，样样皆优。清道光年间中翰林学士，道光帝诰封其母罗老太君为孺人。[①] 任过龙里知县，因政绩后升为学道，官居四品。咸丰年间，因社会动荡辞官回乡，"乃以功名似浮云，故居家养亲，谋学问之奥乐"。其为中寺杰出的文化名人。

李绵松墓

① 遵义市汇川区板桥镇志编纂委员会编著：《遵义市汇川区板桥镇志》，2012年，第580页。

9. 冯元恁墓

冯元恁墓位于贵州省遵义市汇川区板桥镇长田村。该墓葬于清光绪十七年（1891）修建，坐西北向东南，墓冢周围以条石垒砌，墓长8米，宽5米，高1.6米，墓前建有牌坊形墓碑，通高3.73米，宽5.4米，为五门六柱三楼结构，分三层。上层主楼正脊镶嵌罗汉一尊和飞鱼一对，中间刻“百世其昌”及花卉图案，两侧牌楼分别刻“乾山”“巽向”。下层左右两侧有呈八字形对称影壁，分别刻有“富贵呈祥”“野鹿衔枝”图案，最外侧为雕花抱柱鼓石；中间竖有三墓碑，正中墓碑阴刻“皇清仙逝显考冯公讳元恁谥刚直老府君之墓”及墓志，右侧为其妻赵氏墓碑、左侧为其妻刘氏墓碑，碑额上有二龙抢宝雕花，两侧脊上有鸱吻。下层六柱中二柱刻有花卉图案，外两侧四柱刻有对联“山清钟俊杰，水秀发贞祥”“吉卜牛眠穴，长垂马鬣封”。该墓为清朝冯姓人家到此地后修建的始祖墓葬，雕刻艺术精湛，保存完好，为研究黔北古墓葬石刻艺术提供了重要的实物证据。

冯元恁墓

墓碑局部

墓冢一侧

10. 姚存寅墓

姚存寅墓位于贵州省遵义市汇川区泗渡镇观坝村。墓葬于清光绪二十五年（1899）修建，坐东向西，占地面积50.17平方米，为石砌封土墓，墓前

姚存寅墓

墓冢一侧

墓碑横额局部浮雕

墓碑八字影壁雕刻

有牌坊形墓碑。整个墓碑高4.8米，宽5.8米，分二层。上层主楼正脊顶部，有一弥勒佛石像及鸱吻，中间刻“姚氏佳城”，两侧石柱刻对联“遍寻青草冢，还在白云乡”。下层正脊上装饰人物、花卉图案雕刻，横额有额仿上皆为高浮雕人物造像群，浮雕内容极其丰富；下侧墓碑正中阴刻“显考姚公讳存寅老大人墓”及生平，两侧石柱刻对联“千里集龙蟠砂分穴合，九泉封马鬣水秀山明”呈八字形；外侧八字影壁对称排列人物雕刻抱鼓石，基座石砌，稍高出路面，两立柱镌刻对联“天文资擢秀，地脉宝钟灵”。此墓葬雕刻艺术精湛，保存较好，为研究黔北古墓葬石刻艺术提供了重要的实物史料。该墓葬石刻工艺有较高的保存价值。

刘景昌墓

11. 刘景昌墓

刘景昌墓位于贵州省遵义市汇川区泗渡镇泗渡居委会。墓长7.8米，宽5米，占地面积为39平方米，坐南向北。墓前端为石头垒砌，有墓碑一通，碑面正中阴刻“皇清勅授文林郎显考讳景昌字敬业刘公老大人墓”，两侧分别刻墓主生庚、死庚及刘氏字辈。

12. 陈氏墓群

陈氏墓群位于贵州省遵义市汇川区泗渡镇泗渡居委会。从明朝天顺元年至清朝宣统年间的各类大小墓葬近百多座，整个墓群依山而建，墓坐向均为

陈氏墓群远景

陈氏墓群——陈瑄墓

陈氏墓群——婆媳合葬墓

陈氏墓群——陈冀学夫妻合葬墓

陈氏墓群——明处士陈仲允墓

西北向东南，面积1平方公里左右，其中完整的清代墓均为石砌封土墓，清咸丰年间统一整修；存有华表的墓葬有3座。陈氏墓群中最早的墓为明处士陈仲允墓，距今500多年历史；墓群中合葬墓较多，其中较有特点的为婆媳（也为姑侄）合葬墓。该墓群同属一个家族，陈氏家族重视教育，整个墓群中墓主人有四位太学生、两位廪生、七位庠生及重游泮水一位。该墓群墓碑众多且分布年代较长，对研究汇川区的人文历史具有较高的史料价值。

13. 冯延富墓

冯延富墓位于贵州省遵义市汇川区泗渡镇松杉村。墓坐东向西，为石砌封土墓，墓宽6米，长8米，高1.8米，占地面积64平方米。该墓是泗渡镇松杉村冯氏从江西到四川任职后迁徙到该地的鼻祖，墓碑刻正中刻有“四川方伯讳延富冯公之墓”，右侧刻“祖籍江西吉安府卢陵县，职任四川方伯布政使司，继而入黔之北地名杉松坝落籍，迄今二十余代，族旺丁繁，墓碑由于久年字迹风化不明，故重换以得后嗣鉴焉”。原碑因字迹风化严重于1992年重立此碑，墓碑记载冯延富职任四川方伯（经查证“方伯”明朝时布政使司的另一称谓）布政使司及入松杉20余代等内容。据冯氏族谱记载，该墓主是水车技术引入汇川的第一人，本地名五把车，就是墓主在此地打造五把水车而得名。为当时汇川的农业防渗灌溉做出了巨大贡献。

冯延富墓墓碑

冯延富墓冢一侧

冯氏合葬墓

14. 冯氏合葬墓

冯氏合葬墓位于贵州省遵义市汇川区泗渡镇松杉村。墓坐东向西，为封土墓。五兄弟墓前宽14米，长12.7米，封土高3.2米，五个墓室东西并列，为冯氏家族从四川迁入该地的第三代：冯温、冯良、冯恭、冯俭、冯让。合葬墓一般为夫妇合葬较多，五兄弟合葬在遵义市汇川区还是首次发现，这对研究黔北地区的丧葬制度有一定的历史价值。

—— 相关链接："五大函"

冯氏德文祖下有五子。单名温、良、恭、俭、让。后五兄弟合葬后园坝，墓称“五大函”，位于德文、德徵祖墓东南侧50米处，墓取甲山庚向，封土厚厚覆盖形似山丘，长满青草。

“五大函”封土厚约20米，系选用大石板取南北向建造，墓中五室并列，棺椁分放，即兄弟五人各居一室。其中，因“良”祖为官外出未归，族人以其灵牌葬之。另据史书记载，古播州原为巴蜀旧壤，素有石棺石椁墓葬习俗。山区产石，巨石筑墓万年不腐，蛇虫蚂蚁、穿山甲不会毁坏亲人尸体，沿袭成俗。“五大函”墓正属巴蜀风格，具有浓郁的地方特色。①

姚文魁、刘将军合葬墓

15. 姚文魁、刘将军合葬墓

姚文魁、刘将军合葬墓位于贵州省遵义市汇川区泗渡镇观坝村。墓坐东北向西南，为石砌封土墓，长5.1米，宽4.4米，墓高3.3米。墓前石碑与墓冢相连，由三块碑连接组成，正中碑刻有墓主人入播及墓葬修缮的相关文字，右侧刻有“始祖姚文魁墓”，左侧刻有“刘老将军之墓”，为1990年重建；墓西北、东南两侧立碑4通，分别记载不同年代修建姚氏祖祠的情况。该墓是汇川区境内发现的唯一的一处两姓合葬墓，对研究当时的民风、民俗有一定的历史价值。

姚文魁墓碑

刘将军墓碑

16. 钟彦清合葬墓

钟彦清合葬墓位于贵州省遵义市汇川区泗渡镇泗渡居委会。墓葬于清光绪三十三年（1907）修建，墓坐南向北，为封土墓。此墓为钟彦清与其妻杨氏的合葬墓，墓宽5.6米，长7.5米，高1.9米，墓前有平躺石碑一通，碑高2米，宽0.95米，已断裂成两截。碑面

① 冯氏族谱编纂委员会：《冯氏族谱（二世祖·德文公支系）》，2004年，第54页。

钟彦清合葬墓

钟彦清合葬墓碑

阴刻墓主人名讳，据墓碑记载钟彦清为皇清例赠修职郎，曾捐助修建毛家山寨防土匪。

17. 李纯墓

李纯墓位于贵州省遵义市汇川区高坪街道办事处新黔村。此墓是当地李氏家族从清嘉庆年间迁徙到该地的始祖墓。墓葬于清嘉庆十年（1805）修建，墓坐南向北，占地面积144.6平方米。墓葬由墓碑、石墙、封土、石砌拜台组成。墓前石碑断裂，墓冢外围有石墙一圈，围墙正前方有石碑一通，高1.55米，长0.38米，宽0.36米。

碑身四侧皆刻有文字，分别记述了墓主人身份及立碑时间、后世子孙。碑正面刻有“皇清敕赠显考李公讳纯字天一大人墓”，立碑时间“嘉庆十年岁次乙丑月届仲冬二十九日敬”及后裔取名字辈；碑身东侧刻孝男等名字；碑身西侧刻孙辈名字；碑身南侧刻“敬志、考命乾隆丁巳年三月初十子时，

李纯墓全景

李纯墓碑

墓石围墙局部

生于贵州遵义府首县大里五甲地名冉村两合口大屋基迁居本里一甲地名石窝头，享年67岁，卒于嘉庆癸亥年八月初六日子时正寝”①；石围墙正面由三块石板与四根立柱镶嵌，立柱上刻有对联“岭上梅花香百里，墓前秋月照三更”。此墓是高坪镇境内发现的较高规格的民间墓葬。

18. 何成墓

何成墓位于贵州省遵义市汇川区高坪街道办事处大桥村。墓呈椭圆形，坐北向南，为石垒封土墓，长9米，宽8.5米，封土高2.5米。墓原石碑被毁，于1983年立石碑一通，碑顶刻“永言孝思”，正中刻“明故将军始祖何公讳成老天从之墓”，右侧记述何成祖籍为江西吉安府泰和县及议定后辈排行，左侧为立碑时间。据《遵义市汇川区高坪镇志》记载，何成是平播领照

① 遵义市汇川高坪镇编:《遵义市汇川区高坪镇志》，北京：方志出版社，2012年，第537页。

何成墓

何成墓碑

为业的将士，在平播战争中是千把总，后定居于高坪。① 此墓对研究平播战争有一定的价值。

19. 赵汝谦墓

赵汝谦墓位于贵州省遵义市汇川区高坪街道办事处永胜村。墓坐西北向东南，为封土墓，墓高1.8米，长和宽均为5米。墓前3米处竖有青石质四棱碑，碑身通高2.04米，宽0.4米，厚0.3米。碑帽为莲花八角攒尖顶，分为三层，最上层为半椭圆花心、下二层由八角莲花瓣组成；碑身正面中刻碑文："皇清敕赠文林郎讳赵汝谦赵公府君之墓"，两侧为对联"马鬣牛眠成吉穴，山清水秀绕佳城"；西南侧文字记载墓主人后人孝男赵之玉原任巴东知县、孙岁进士赵仕恂及其下五代子孙曾任官职名；东北侧文字为立碑时间"清嘉庆二十五年岁次庚辰清和月榖旦"及墓主人玄孙至来孙之名；碑背面为墓主人孙辈看坟田事略及祖训；文字均为阴刻楷书。

碑前中轴线形两侧5米处各立一通华表，柱体为不等边八边形。华表间

① 遵义市汇川高坪镇编:《遵义市汇川区高坪镇志》，北京：方志出版社，2012年，第535页。

赵汝谦墓

赵汝谦墓碑

距8米，华表高4米，石料为青石质，其上阴刻两副对联：“翼子诒孙天水渊源繇播北，经文纬武地灵荟萃冠黔南”“睹两叶科名积厚流光绵燕翼，听五花冠诰地灵人杰荷龙章”，祭拜人“辛亥恩科兴人侯选衙府嗣孙万春顿首拜题”“光绪乙酉仲夏乙未举人侯选知县姻晚生何贞享顿首拜题”和竖立华表时间，字体为阴刻楷书，该墓为研究有关称谓习俗提供了实物依据，华表上文字对研究书法具有一定的价值。

赵汝谦墓华表

20. 李振南夫妇墓

李振南夫妇墓位于贵州省遵义市汇川区高坪街道办事处双狮村。李振南夫妻墓墓冢南北并列，均为坐东向西。李振南墓长4米，宽2米，高约1.3米，其妻墓长3.75米，宽1.8米，高1.2米，两墓前均竖石碑各一通，两碑碑顶部为官帽碑帽，刻有双龙、双鱼、莲花图案，均为龟驮碑。

李振南夫妇墓

李振南墓碑

李振南妻墓碑

李振南墓：碑身通高2.27米，宽0.74米，厚0.18米，其中碑额高0.63米、碑座高0.4米；碑额正中刻“皇清”二字；碑三面刻字，中刻“诰授中宪大夫李公讳振南老大人之墓”，两侧记述墓主人出生、死亡及立碑时间。李振南妻墓：碑身通高2.38米，碑额正中刻“皇清”二字；碑三面刻字，中刻“诰封恭人显妣李母濮大恭人之墓”，碑左右两侧同样记述墓主人出生、死亡及立碑时间。

据《续遵义府志》及《贵州通志》记载，李振南，字麟洲，遵义人，同治七年戊辰（1868）科进士，翰林院编修，官至河南道监察御史。[①]“善文词，所著诗文集藏于家，未梓。”

21. 狮子湾明墓

狮子湾明墓位于贵州省遵义市汇川区高坪街道办事处新黔村新村组大洞坡。墓坐南向北，离崇遵高速公路约500米，距办事处所在地4公里，当地人俗称皇坟。地处黔北向黔中丘陵过渡地带，墓葬于丘陵山湾中，墓后山

---

① （民国）周恭寿、赵恺、杨恩元纂：《民国续遵义府志（二）》，民国二十五年刻本，第27页。

狮子湾明墓远景

狮子湾明墓局部

残存石狮

为大洞坡，东面为水竹坡，西面为柏杨岗，墓四周均为耕地。为三室并列墓葬，墓室长5.8米，进深5米，墓室前为雕刻房屋顶状，早年墓室被盗，原有华表被毁，墓前封土无存，墓室石门被损坏。墓道前有高大的石狮子一对，端坐于须弥座上，石狮子高1.64米，其中一尊石狮倒塌。墓道两侧原有小型石狮子四对，已被毁，现存一个，立于墓前田壁处。

明万历二十八年（1600）前，高坪一直为播州土司经营场所，根据该墓的形制、规模，推测极有可能为播州土司墓葬。2003年12月5日狮子湾明墓被批准为贵州省遵义市级文物保护单位。

保护范围：以墓为中心。东抵狮子田，西抵李家坟，南抵槽土，北抵两天窝松林堡小路。

建设控制地带：东抵任元情大田，西抵马桑堡，南抵煤洞湾松林，北抵两天窝松林。

高坪杨氏墓群全景（航拍）

22. 高坪杨氏墓群

高坪杨氏墓群位于贵州省遵义市汇川区高坪街道办事处珍珠山，为南宋至明代墓葬。1972年春，贵州省博物馆考古队清理发掘了这批古墓，从出土的残碑、墓志铭、修墓题记等文字材料，证实这4座墓葬分别是播州杨氏土官十五世杨文、二十一世杨升、二十二世杨纲、二十四世杨爱及其妻妾子女之墓。1982年墓葬群被列为贵州省重点文物保护单位。这批古墓中，杨文墓建造于南宋末年，其余3座系明朝正统五年（1440）至正德十三年（1517）间的墓葬。几座墓均系规模巨大的夫妇合坟，每个封土堆中少则两个墓室，

高坪杨氏墓群保护标志碑

杨文墓

多至4室并列，石室上覆封土。建墓所用巨大的青石板材，加工平整，打磨光滑，榫卯扣合为墓室，结构相当坚固。造墓石板，小者千斤，大者重达8吨。在墓门、墓壁、墓顶等部位，分别雕刻圆日、卷云纹、盆景花卉、球纹格眼及几何图案。

（1）杨文墓

杨文墓位于贵州省遵义市高坪街道办事处鸣庄村衙院地瓜堡山腰。墓系白砂石砌成，三室并列。方向北偏东30°。中室为杨文墓室；东室发现《田氏圹志铭》，应是杨文妻田氏墓室；每室间以隔墙，共占地42平方米。东、中两室较西室大，结构、尺寸全同，长4.4米，宽1.6米，高2.85米。墓门有门额、门槛、门扉。门扉高1.8米，宽0.72米，厚0.08米，上下刻障水板，中刻腰华板，两端门枢直置门臼中，开合自如。墓门外横置二至四块封门石。东室墓门外清理出《杨文神道碑》的下半截被作为封门石利用，东、西室墓门外有八字护墙。中、东室之间有一长达11米的台阶。墓顶前部为平顶天井，后为斜坡天井。东西两壁均设前后壁龛，与墓顶前后部分对称。两龛均无雕饰。后壁正中龛上线刻莲弧纹。墓底为巨石铺垫，上置棺床，长3.2米，宽1.32至1.6米。西室结构与中室基本无异。长2.8米，宽1.15米，高2.12米，室内发现有小孩遗骨数节，可能是杨文某子的墓室。

杨文墓早年被破坏，残存殉葬品仅东室出土《田氏圹志铭》，以及墓门外封门石中发现的《杨文神道碑》残碑各一方。左室出土金花片一件。

杨文，字全斌，播州杨氏十五世，生年无考，卒于南宋咸淳元年（1265），绍定时袭播州沿边安抚使，是时正值元兵进逼川鄂一带，杨文先后七次派兵援蜀。由于播军骁勇善战，战功卓著，屡获南宋朝廷的恩诏奖谕，由武功大夫加封咸灵侯，升任御前军，给五军统制印。后又转官至中亮大夫，和州防御史，封播川伯，食邑七百户。蒙古贵族统一中国后，为笼络播州杨氏，追封杨文为播国公，谥崇德。

1982年2月23日，经贵州省人民政府批准公布为省级文物保护单位。

自唐僖宗初期（874 — 875），山西太原人杨端奉诏率兵南征平息南诏反叛，稳定播州形势，成为播州统治者后，按照唐定羁縻州制，州官一职不由吏部委派，而是由世居首领补授，杨氏从此世袭播州统治达700年之久（至明万历年间止）。

杨文系杨粲之孙、杨价（音介）之子。杨文统治播州时期，在南宋理宗嘉熙至度宗登基前一年，即1237 — 1264年。从杨粲经杨价至杨文（1174 — 1264）这一历史时期，正是国内民族斗争最尖锐的时期，蒙古军入侵和全国兵民的反入侵战争，成为主要矛盾。杨氏三代在维护国家统一和民族利益的火热斗争中，立场坚定，气节凛然，曾谱写过抗击蒙古军的光辉历史篇章。杨文神道碑铭文内容中，除叙及先祖功业事迹外，更主要是叙述杨文继承父志，勇敢抗击蒙古军的情节，从文字中可以看出，杨文有胆有识，谋略超人，战略和战术思想表现非凡守土援川、牵制蒙古军，支撑着西南地区南宋江山一统。因此屡被朝廷褒奖和嘉勉，成为南宋的外藩重臣。

杨文神道碑为研究历史和补充文献记载不足，提供了重要的文物证据（碑存贵州省博物馆）。

（2）杨升墓

杨升墓位于贵州省遵义市汇川区高坪街道办事处鸣庄村衙院东侧山腰，距杨文墓约一百余米。该墓封土前部暴露出甬道、墓门，后部夷为耕地，三室并列，方向北偏东20°，室与室设隔墙相间，共占地51平方米。中室出土墓碑，篆书，残存“慰使杨公之墓”6个字，落款楷书，残文“日庚午良吉，孤哀子杨纲立”。三室结构、尺寸基本相同，均分为甬道、墓门、墓室三个部分。

中室甬道长1.45米，宽2.35米，高2.8米，东西两壁及墓顶墓底皆以巨石砌成，无雕刻装饰。甬道与墓室间设墓门，墓门外横陈条石三块。墓门门扉两扇均高2.8米，宽1.1米，厚0.15米。门扉上下贺枢分别装置在门臼之中，两面为长方框、方框、格眼毬纹和缠枝忍冬纹等浮雕。墓室长3.4米，宽2.1米，高2.45米。墓顶系一巨石封盖，中雕圆日，四周饰卷云纹浮雕。两侧壁及后壁正中均有盆景图案浮雕。墓底用一巨石铺垫，形成长3.1米，宽1.5米，厚0.15米的棺床。

该墓随葬器物散失殆尽。中左两室外出土杨升及其妻田氏《墓志铭》各一盒，均有篆书志盖和楷书志文各一方。底与盖相对叠合，用十字铁箍加封盛装在石盒中。

杨升（1377—1440），字孟高，号庸斋，播州杨氏二十二世，袭父杨铿怀远将军、播州宣慰使之职。

杨升领播期间，曾九次入朝。永乐十四年（1416），曾以“迎大驾于徐州”受到成祖召见。《大明一统志》谓杨升“莅政勤敏，边境绥宁”。

（3）杨纲墓

杨纲墓位于贵州省遵义市汇川区高坪镇鸣庄村衙院地瓜堡杨文墓南约50米处，封土呈椭圆形，两室并列，中有石墙相间，共占地39.5平方米。两室结构、尺寸、装饰雕刻雷同。

石室甬道长1.44米，宽2.3米，高2.8米。甬道、墓室间设墓门，门高2.8米，宽1.14米，厚0.14米。墓室长3.42米，宽1.92为，高2.4米。正中为棺床，长3.2米，宽1.72米，厚0.12米。墓门封闭方法、门扉、

杨升墓

杨纲墓

杨爱墓

杨升墓碑

墓室

杨爱墓壁盆景花窗浮雕

杨升墓盆景花窗浮雕

墓顶雕刻纹饰

杨爱墓墓门拓片

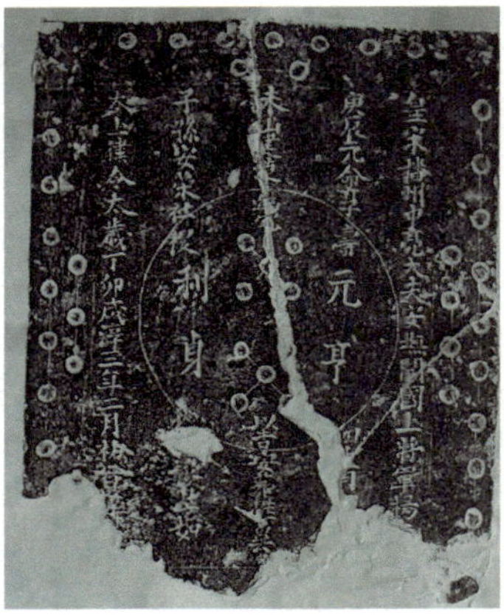
杨文墓石质镇墓券正面拓片

墓顶，以及东、西、南三壁结构和装饰雕刻，与杨升墓类似。

杨纲墓早年遭破坏，残存随葬品有：骑马陶俑7件，彩陶俑2件，牵马俑1件，带环铜锁1件，钥匙1件，带练铜筷1双，《杨纲墓志铭》一盒。

杨纲（1402—1449），字大纪，号政斋，播州杨氏二十三世，杨升仲子。杨升因长子正声早亡，按"立嗣以嫡"的家规，立嫡孙杨炯袭职。正统六年（1441），杨炯夭亡，于官无子，《杨纲墓志铭》称杨纲以季父身份袭怀远将军、播州宣慰使之职。

杨纲领播八载，曾三朝京师，英宗"锡赉有加"。正统六年（1441）麓川之役（麓川即今云南陇川、梁河、瑞丽等县）明王朝调四川、湖广、贵州等地官军会剿，杨纲奉命卒兵参与了此次征战。

（4）杨爱墓

杨爱墓位于贵州省遵义市汇川区高坪街道办事处鸣庄村衙院杨升墓西侧30余米，四室并列，墓向北偏西3°，占地约80平方米。各室结构、尺寸和装饰雕刻全同。墓外封土前部遭毁，甬道、墓门暴露于外，左室墓门无存。甬道长2.35米，宽2.37米，高2.64米。甬道与墓室间设墓门一座，两门扉高2.64米，宽1.16米，厚0.16米。墓室长2.58米，宽1.83米，高2.08米，棺床长3.4米，宽1.63米，厚0.15米。封门方法、墓门、墓顶、东西南三壁的结构和装饰雕刻，均同于杨升墓。杨爱墓被劫一空，仅左室出土《修墓题记》一方。

杨爱（1464—1517），为播州杨氏二十五世，杨辉嫡长子。成化十一年（1475），杨辉"患暗风病"，偏听其妾田氏巧说，欲以庶长子杨友（杨爱兄）袭职。安抚宋蹈、长官毛钊等人"俱称杨氏家法，立嗣以嫡，不肯保结"。杨辉只得奏请致仕，由杨爱袭职。

23. 贺世魁墓

贺世魁墓位于贵州省遵义市汇川区泗渡镇观坝村，墓建于清咸丰五年（1855），为石砌包裙雕花牌坊墓。墓坐东北向西南，长15米，宽5.7米。墓

贺世魁墓正面

贺世魁墓一侧

许正级夫妇墓

碑为四柱三门三层牌坊碑，墓碑高3.6米，顶部为莲花浮雕，中层为二龙戏珠浮雕；左右两侧呈八字形，雕有花草。碑正中阴刻“皇清例赠阃府显考讳世魁贺公之墓”，外柱、内柱各刻对联一副。

24. 许正级夫妇墓

许正级夫妇墓位于贵州省遵义市汇川区泗渡镇麻沟村群力组。墓总长10.05米，总宽6.3米，占地面积66.15平方米。许正级墓长8米，宽3.5米，封土高2米；墓碑高2.4米（含碑帽），长0.44米，宽0.44米；碑帽长0.75米，宽0.65米，高0.4米，文字位于南北两侧，北侧文字为“咸丰五年岁次乙卯年秋八月初三日癸巳”，南侧文字内容共四行，由左至右分别为“没于咸丰甲辰年二月二十四日岁时□年六月二十四日葬考生于乾隆乙巳年六月十九亥时遵义北永里六甲板桥场仙峰庄 行二其□考也　妣陈氏生昭三人入庠名献廷荣入庠名献忠 葬大溪里 甲祖考讳做师生 考伯叔五人伯正纯步绪统绂”。陈氏墓长8米，宽6.3米，封土高2米；墓碑高2.4米（含碑帽），长0.42米，宽0.3米，其中碑帽长0.75米，宽0.65米，文字位于南北两侧，北侧文字为“道光三十年庚戌岁五月上□日□午”。南侧文字内容共四行，由右至左为“妣生乾隆五十年六月二十四日子时贵州遵义府首县北永里五甲地名板桥场后湾仙峰庄享年六十门岁以八月十三日己时葬”。

25. 核桃湾古墓

核桃湾古墓位于贵州省遵义市汇川区泗渡镇麻沟村群力组。共发现石板墓葬1座，应为双室石板墓，因墓葬刚刚露头，长不详，宽2.2米，高1.1米，墓葬封土高0.3米。墓葬面积约10平方米。未发现墓碑及文字数据，根据墓葬形制推断该墓葬年代应为明代。

核桃湾古墓

26. 干沟湾墓群

干沟湾墓群位于贵州省遵义市汇川区泗渡镇麻沟村群力组。共发现石板墓葬6座，其中双室石板墓葬2座，单室石板墓葬4座。可见的墓葬保存情况较差，墓门已不存，构筑墓葬的石板风化也比较严重。单室墓葬高约1.5米，宽约1.06米，长约2.3米，石板厚0.2米。部分墓葬位于田坎下，墓葬顶部有泥土堆积，是否封土不详。墓葬总面积约25平方米。未发现墓碑及文字数据，根据墓葬形制推断该墓群年代应为明代。

干沟湾墓群

27. 群联古墓

群联古墓位于贵州省遵义市汇川区泗渡镇麻沟村群联组。共发现石板墓葬1座，应为四室石板墓，墓葬长不详，宽4.20米，高不详，墓葬封土高1.10米。墓葬面积约15平方米。未发现墓碑及文字，根据墓葬形制推断该墓葬年代应为明代。

群联古墓

28. 小湾古墓

小湾古墓位于贵州省遵义市汇川区泗渡镇麻沟村群联组。石板墓1座，为6室，6室石板墓总长7.5米，封土高1.7米，墓室宽1米，高0.8米。墓葬面积20平方米。未发现墓碑及文字，根据墓葬形制推断该墓葬年代应为明代。

29. 谭振举墓

谭振举墓位于贵州省遵义市汇川区泗渡镇麻沟村群联组，该墓封土大小已无法确认，唯墓前残存石碑二，也已部分埋入土中，右碑露出地面部分高0.85米（含碑帽），宽0.5米，为四棱形，碑帽高0.45米，长0.7米，宽0.65米。左碑高1.35米（含碑帽），宽0.7米，厚0.16米，碑帽高0.22米，长0.73米，宽0.25米。原碑上文字已风化不可见，根据近年墓主后人重立碑刻内容可知，墓主生于明代，万历时曾任思州太守，卒于清康熙年间。

谭振举墓

群联古墓

青龙嘴墓群

30. 青龙嘴墓群

青龙嘴墓群位于贵州省遵义市汇川区泗渡镇麻沟村群联组。共发现石板墓葬5座，其中四室石板墓葬1座，双室石板墓葬1座，单室石板墓葬3座。可见的墓葬保存情况较差，墓门多已不存，构筑墓葬的石板风化也比较严重。单室墓葬高约1.1米，宽约1.2米，长约2.1米，石板厚0.2米。部分墓葬位于田坎下，墓葬顶部有泥土堆积，是否封土不详。墓葬总面积约30平方米。未发现墓碑及文字，根据墓葬形制推断该墓群年代应为明代。

烂田湾元墓墓室

31. 烂田湾元墓

烂田湾元墓位于贵州省遵义市汇川区高坪街道办事处双狮村，小地名烂田湾（王念发家东侧约100米处）。2011年7月，在成功汽车用地板块进行平场面时共发现3座墓葬，省考古所对其中的一座进行了抢救性清理。出土生墓券两方，年代均为元代。该墓为

烂田湾元墓镇墓券

一座双石室墓。墓长2.2米，宽0.85米，高0.85米，墓向212°。调查时在该墓的正前方还发现同形制墓墓葬2座，推测也为元墓，总面积约100平方米。

32. 九房坡明墓

九房坡明墓位于贵州省遵义市汇川区高坪街道办事处双狮村，小地名九房坡。共发现明代墓葬2座，分别编号为M1和M2。其中M1为双石室墓，墓长2.3米，宽2.6米，残高1米，保存基本完好；M2同为双石室墓，墓长2.41米，宽2.5米，残高1.02米，早年被盗。两座墓的总面积约40平方米。

九房坡明墓

33. 大水口明墓

大水口明墓位于贵州省遵义市汇川区高坪街道办事处双狮村大山组，小地名大水口（李朝进家屋后约10米处）。共发现明代墓葬3座，分别编号为M1、M2和M3。其中M1为单室石室墓，后壁被打开；M2和M3为双室石室墓，其中M2的东室墓门打开，M3保存较好。三座墓的总面积约50平方米。

大水口明墓

34. 后头坟坝明清墓群

后头坟坝明清墓群位于贵州省遵义市汇川区高坪街道办事处双狮村大山组，小地名后头坟坝（李朝平屋后约10米处）。共发现明代墓葬4座，分别编号为M1、M2、M3和M4。其中M1为一座单室石室墓，墓口高0.7

后头坟坝明清墓群

米，宽1米；M2为一座双室石室墓，墓宽3.8米，长2.8米，高1.2米；M3墓宽2.2米，高1.6米；M 4只露出部分石板，大部分被埋在耕土下面。M1和M2尚存部分封土，M3和M4保存完好。在此外还发现有清代墓葬十余座，部分清墓的墓前立有石碑，该墓群的总面积约300平方米。

35. 庞子坟明墓群

庞子坟明墓群位于贵州省遵义市汇川区高坪街道办事处双狮村大山组，小地名庞子坟（李朝志家西南约30米处）。共发现明代石室墓7座，分别编号为M1–M7。其中M1、M2、M3、M4和M5为单室石室墓，M2和M5非常小，墓口长0.53米，宽0.5米左右，可能为两座小孩墓。M1、M3和M4的墓口宽均在1米，高0.8米左右。M6和M7为双室石室墓，其中M6墓口宽2.2米，高0.75米，M7墓口宽2.3米，高0.55米。上述7座墓的墓向一致，均坐东向西。墓的封土基本没有，墓门均被打开，整体结构保存较为完好。该墓群的总面积约200平方米。

庞子坟明墓群

飞龙湾明墓

36. 飞龙湾明墓

飞龙湾明墓位于贵州省遵义市汇川区高坪街道办事处双狮村青坡组，小地名飞龙湾（距公墓山南面约100米处）。该墓为一座单室石室墓，墓门已被打开，墓长2.9米，宽1.3米，高1.35米，封土尚有部分保存。面积约20平方米。

37. 桐梓坡宋明墓群

桐梓坡宋明墓群

石坝明墓群

桐梓坡宋明墓群位于贵州省遵义市汇川区高坪街道办事处双狮村桐山组，小地名桐梓坡。此处共发现宋明墓葬10座，分别编号为M1–M10。其中宋墓2座（M5和M6），明墓8座，M1为一单室明墓，保存完好；M2为双室明墓，墓门被打开；M3为双室石室墓，墓门和墓顶无存；M4为双室石室墓，墓门和墓顶无存；M5为双室石室墓，北墓室保存相对较好，南墓室受损严重，墓门已被打开，墓室的后壁和左右两壁上均有壁龛。在左右墓壁的两龛旁边，还各刻一字，分别为“康”和（富或福？）字。在墓的后壁上刻有较为简单的装饰图案，初步推测为宋墓。M5长2.9米，宽3.9米，高1.4米。M6为一座三室石室墓，其形制和风格与M5类似，时代应相当。其中最北边的墓室受损严重，中间墓室和南墓室保存相对较好，但墓门均被打开。M7和M8为单室石室墓，保存较好。M9为一座双室石室墓，保存情况较差，墓门和墓顶均无。M10为一座三室石室墓，墓长3.6米，宽4.9米，高1.35米，保存情况一般。此外，在桐梓坡宋明墓群所处的位置，还有大量清代墓葬分布。整个墓群的分布面积约500平方米。

38. 石坝明墓群

石坝明墓群位于贵州省遵义市汇川区高坪街道办事处高炉子村石坝组，小地名团子林（距渝黔铁路约100米）。共发现明代石室墓4座，分别编号为M1-M4。其中M1和M4为双室石室墓，M2和M3为单室石室墓。M1、M2和M4墓门无存，M3保存完好。墓葬分布的总面积约100平方米。

39. 李村坎明清墓群

李村坎明清墓群位于贵州省遵义市汇川区高坪街道办事处大桥村民新组，小地名李村坎（距杨亭怀家100米）。共发现明清墓葬7座，分别编号为M1-M7，其中M1-M5为清代中晚期墓葬，M6和M7为明代墓石室墓。M6为单室墓，M7为双室石室墓。M1、M2、M3、M4和M5保存较好，M6和M7的墓门已被打开。该墓群的总分布面积约150平方米。

40. 黄家湾明墓群

李村坎明清墓群

黄家湾明墓群位于贵州省遵义市汇川区高坪街道办事处大桥村石坝组，小地名黄家湾。此处共有明代墓葬9座，分别编号为M1-M9。其中M1、M6、M7、M8和M9为单室石室墓，M2、M3、M4和M5为双室石室墓。所有墓葬的墓门均被打开，其中M1的墓室的左右两壁上均有壁龛，后壁上刻有较为简单的装饰图案。此墓群受损较为严重，保存情况一般。总面积约200平方米。

黄家湾明墓群

41. 万家寨明墓

万家寨明墓

万家寨明墓位于贵州省遵义市汇川区高坪街道办事处鸣庄村，小地名万家寨。是一座双室石室墓，墓口宽3米，高1.1米。墓门被打开，结构保存完好，面积为20平方米。

42. 杨文菴墓

杨文菴墓位于贵州省遵义市汇川区高坪街道办事处鸣庄村沙合组，小地名观音山，当地人就称此处为大坟。此墓的规格极高，墓的封土无存，只见部分墓葬的构件散于地表中，其中有华表柱2根，每根高约6米。石碑2通：碑一，“奉天诰命”石碑一通，由座、身、帽组成。赑屃座，十分精致。碑帽呈“山”字形，正面雕刻有花纹、龙、凤以及“奉天诰命”4个字。碑身高1.73米，宽0.76米，厚0.2米。碑帽高0.68米，宽0.8米，厚0.39米。碑文大部分脱落，现存能辨识的字不足50个。碑二，长方形石碑一通，长2.68米，宽0.82米，厚0.24米。碑座和碑帽散落在地里，碑正面竖刻楷书大字及墓主人子孙立碑题记，为“皇清诰授资政大夫显考杨公字文菴府君之墓，男鸿基，孙（用康、钧龄，家复、锡麐），曾孙（毓揆、毓拴）谨勒石”。从上述的石碑上的碑文可以看出，该墓主人的身份地位较高，“资政大夫”，按清代的官称，其应为正二品官吏。

杨文菴墓华表

杨文菴墓碑

杨文菴墓“奉天诰命”碑

据当地老百姓介绍，该墓的封土堆十分巨大，直到20世纪的六七十年代，当地老百姓在平整土地（坡改梯）时将墓的封土推平。从地表残存的构件来看，该墓的分布范围较大，总面积达400余平方米。

平桥明墓群

王家坡明墓

老屋基明墓

43. 平桥明墓群

平桥明墓群位于贵州省遵义市汇川区高坪街道办事处联丰村平桥组。共发现明墓4座，分别编号M1–M4，其中M1和M4是双室石室墓，M2和M3是单室石室墓。四座墓的墓门都被打开，但整体结构保存较为完好。四座墓的总分布面积约100平方米。

44. 王家坡明墓

王家坡明墓位于贵州省遵义市汇川区高坪街道办事处联丰村尖丰组，小地名王家坡。该墓为一座双室石室墓，墓长2.4米，宽2.76米，高0.7米。墓门被打开，结构基本保存完好。该墓的占地面积约30平方米。

45. 老屋基明墓

老屋基明墓位于贵州省遵义市汇川区高坪街道办事处联丰村陈家坡老屋基。该墓为一座双室石室墓，墓长2.42米，宽3.6米，高1.5米。墓门被打开，结构基本保存完好。该墓的占地面积约20平方米。

韩家湾明墓

水井湾明墓群

46. 韩家湾明墓

韩家湾明墓位于贵州省遵义市汇川区高坪街道办事处新黔村新庄组，小地名古家屋基。地处东经106° 54′ 34.8″，北纬27° 46′ 54.1″，海拔874米。此墓为一座双室石室墓，墓门被打开，其他基本保存完好，该墓的面积约20平方米。

47. 水井湾明墓群

水井湾明墓群位于贵州省遵义市汇川区高坪街道办事处新黔村新庄组，小地名水井湾（周德权家屋东侧约10米处）。此处共发现明代石室墓5座，分别编号M1–M5，其中M1和M5为单室石室墓，M2、M3和M4为双室石室墓。五座墓葬的墓门均被打开，其他基本保存完好，总面积约100平方米。

48. 马龙坪明墓

马龙坪明墓位于贵州省遵义市汇川区高坪街道办事处永胜村中心组，小地名马龙坪。该墓为一座双室墓，墓底铺有石板，墓门被打开，其他保存完好，占地面积约20平方米。

马龙坪明墓

49. 枫香树明墓

枫香树明墓位于贵州省遵义市汇川区高坪街道办事处永胜村中心组，小地名毛坪山枫香树。此墓为一座单室石室墓，墓的封门已损，其他保存完好，占地面积约10平方米。

枫香树明墓

50. 杨家坟山明清墓群

杨家坟山明清墓群位于贵州省遵义市汇川区高坪街道办事处联丰村逸夫小学背后山坡上，小地名杨家坟山。此墓地共发现明代墓葬7座，清墓20余座，同时此墓地还有大量近现代墓葬。明墓均为石室墓，有单室和双室之分。清墓多为土堆墓，大部分墓前都立有石碑。大部分墓葬保存完好，部分明墓的墓门被打开，整个墓群的占地面积约500平方米。

杨家坟山明清墓群——墓碑一角

51. 干田湾明墓

干田湾明墓位于贵州省遵义市汇川区高坪街道办事处新黔村，小地名干田湾。为一座双室石室墓，墓门已损，其他保存完好，面积约20平方米。

干田湾明墓

52. 大菜园清墓群

大菜园清墓群位于贵州省遵义市汇川区高坪街道办事处永胜村中心组，小地名大菜园。此清墓群均为

大菜园清墓群

半坡明墓

鱼泉明墓

安二明墓

土堆墓，部分墓葬的四周用乱石堆砌。大部分墓前都有石碑，华表和围墙，华表上面的石刻石狮早年被盗。部分墓葬有后人，墓群保存完好，分布面积约300平方米。

53. 半坡明墓

半坡明墓位于贵州省遵义市汇川区高坪街道办事处永胜村，小地名半坡。该墓为一座石板墓，几年前曾暴露于地表，后因当地村民在此种地时将一些泥土掩盖其上，现只存一封土堆，面积10平方米。

54. 鱼泉明墓

鱼泉明墓位于贵州省遵义市汇川区高坪街道办事处大桥村鱼泉组境内。

共发现明代墓葬2座，分别编号为M1和M2。其中M1为双室石室墓，墓口宽3.6米，墓长2.3米，残高0.95米，墓壁厚0.05米，棺床宽0.75米，厚0.05米；双墓门均打开，墓室内有残骸，其保存相对完好。面积约20平方米。M2为单室石室墓，墓口宽1.3米，长2.2米，高1.1米，墓壁、盖板、棺床保存完好，墓门打开，其厚在0.08米～0.09米之间，盖板宽1.2米，棺床宽1.1米，墓室内有残骸。其保存相对完好。两座墓的面积约40平方米。

55. 安二明墓

安二明墓位于贵州省遵义市汇川区高坪街道办事处大桥村安二组境内。该墓为一座三室石室墓。墓口宽3.6米，进深2.2米，高1.3米，墓壁0.06米、盖板0.065米，棺床0.08米，保存完好，墓门打开，盖板宽1.2米，棺床宽1.1米，墓室内有残骸。残存墓碑一方，镌刻横款:“江山拱秀”，左款:“广州□池里人氏”，左二款:“左况尚启”，右款:“右□加有□氏”，右二款:“崇祯十六年冬”，其保存相对完好，面积约30平方米。

56. 大桥清墓群

大桥清墓群位于贵州省遵义市汇川区高坪街道办事处大桥村鱼泉组和安二组。有38座清墓，其中双室墓4座。该墓葬区分布范围不大，但数量较多，都是在乾隆十一年至道光年间。均为土圹墓，封土保存完好，墓群面积约400平方米。

大桥清墓群一角

57. 大桥宋明墓群

大桥宋明墓群位于贵州省遵义市汇川区高坪街道办事处大桥村垭口组西侧一道山梁上。现存宋明墓葬

大桥宋明墓群

测量地瓜堡明墓

农庄明墓

8座，其中单室明墓1座、双室明墓5座、四室明墓1座、五室明墓1座、宋墓1座。墓葬墓门均被打开，墓室内见残骸。

58. 地瓜堡明墓

地瓜堡明墓位于贵州省遵义市汇川区高坪街道办事处双狮村衙院组地瓜堡右侧一道山梁上。明代墓葬2座，分别编号为M1和M2。其中M1墓宽6.3米，残高1.1米，进深2.4米，墓壁、盖板、棺床厚0.1米，墓门打开，早期被盗，墓室内未见残骸。面积约20平方米。M2墓宽3.5米，残高1.1米，进深2.5米，墓壁、盖板、棺床厚0.1米，墓门打开，早期被盗，墓室内未见残骸，面积约40平方米。

59. 农庄明墓

农庄明墓位于贵州省遵义市汇川区高坪街道办事处双狮村农庄组。属砖石墓，墓长2.5米，宽2.4米，残高1.6米，墓门打开，墓壁用石灰粉刷，墓室内见残砖，未见残骸。面积约20平方米。

60. 李家院子明清墓群

李家院子明清墓群位于贵州省遵义市汇川区高坪街道办事处双狮村家庄组李家院子。于李家院子后一松林堡内，面积约100余平方米。此处共发现明清墓葬4座，分别编号为M1-M4，其中M1和M2为石室明墓，M3和M4为清代土圹墓。

61. 鲁家坪墓葬

鲁家坪墓葬位于贵州省遵义市汇川区毛石镇台上村鲁家坪，坐东北向西南，为夫妻合葬墓。为一个封土堆，高5米，双室墓室，整个墓室由石灰堆砌，墓前有拜台，墓室基本对称，墓口为门洞形，墓口宽0.7米，残高0.8米，墓室内深2.8米。这种墓葬形制，在汇川区还是第一次发现，是研究汇川区境内墓葬形式的重要实物依据。

李家院子明清墓群

鲁家坪墓远景

鲁家坪墓墓室

62. 彭家沟墓地

彭家沟墓地位于贵州省遵义市汇川区毛石镇毛石村茶腊湾组彭家沟。墓坐南向北，石室墓，一座为五函，一座为三函，均被盗过。墓室均高1.1米，宽0.85米，进深1.8米，为石砌墓门，皆有损毁。

彭家沟墓地

63. 岩口寺和尚塔

岩口寺和尚塔位于贵州省遵义市汇川区沙湾镇底水村岩口寺，石砌八角七层塔陵，坐西向东，底层碑刻“稽右圣贤出没必洋其

岩口寺和尚塔全景

岩口寺和尚塔塔身局部题刻

岩口寺和尚塔

岩口寺和尚塔塔身局部碑刻

里层如舜生……落款：嘉庆元年岁次丙辰九月十三日毅旦，中题：传……溪正脉第四十世本师上密下授字普传和尚坟……”塔周围有石砌成高2米的墓围墙，前宽21米，后宽16米，进深12米，塔高约10米，底层宽5米。塔前约80米是岩口寺遗址，现遗址均被开垦为土地，岩口寺和尚塔为当时寺中和尚之坟墓。

64. 小关万人坟

小关万人坟位于贵州省遵义市汇川区沙湾镇八一村小关组，小地名：万人坟。此墓为封土包坟，坐南向北，坟围约20米，封土处现有砌石，东、北方向皆有盗洞，砌石部分散落于四周。该墓为石室墓，券拱顶，由甬道、墓室组成，墓室长2米，宽2.3米，高1.5米，该墓横置埋建于山梁上，有门柱石，无墓门，墓室两侧壁在转角处略向外呈弧形伸展，两侧角壁及券顶坍塌。

小关万人坟

贾多福墓全景

贾多福墓近景

贾多福墓碑局部

长沟洞葬远景

长沟洞葬洞穴

65. 贾多福墓

贾多福墓位于贵州省遵义市汇川区沙湾镇八一村小关组，该坟系贾家石砌土封墓，坐南向北，东西两侧分别刻有：奉祀媳贾门鲁氏之寿墓前，奉祀男成贾多福寿墓前;分别另有刻字，中间被落款大清咸丰七年丁巳岁，秋九月下 …… 牌楼式石碑极具特色。

66. 长沟洞葬

长沟洞葬位于贵州省遵义市汇川区山盆镇太平村十组长沟，在距铁索桥混子河西侧250米的山腰洞中，洞为天然溶洞，洞口向东，洞口修有石护墙，高1.2米，厚0.5米。洞口高出洞内地面约5米，有棺木三副，除一副保存相对完整外，其余的均已毁坏，洞口直径约有两米，洞中皆为石壁。长沟洞葬，对于我们研究汇川区葬俗的演变有着较高的价值。

67. 蔡家坝崖墓

葬家坝崖墓位于贵州省遵义市汇川区山盆镇新华村金竹林组，分布在大道侧山崖壁上，共4穴，坐西向东，当地称“蛮子洞”，中华人民共和国成立前曾为流浪者居室，亦称“叫化洞”。墓穴在砂石崖壁上开凿而成，墓口方形，墓门口与墓室口两方框组成“回”字形，墓门口高1.43米，宽1.3米，墓室口高1.1米，宽0.9米，墓室内平底，直壁，弧形拱顶，长宽均2.3米，墓底至拱顶最高处1.5米，顶部刻星相图和云纹，早年被盗，无墓门。1984年，遵义县人民政府将其列为县级文物保护单位。

蔡家坝崖墓崖壁

蔡家坝崖墓县级文物保护单位标志碑

蔡家坝崖墓墓穴

蔡家坝崖墓远景

杜芝臻墓

杜芝臻墓墓碑

68. 杜芝臻墓

杜芝臻墓位于贵州省遵义市汇川区松林镇干堰村六井组，墓坐落于铜广坡半山腰，倚山坐北向南，石砌包坟，砌石不规整，封土高1.7米，宽2.3米。清康熙四十六年（1707）初葬遵义城东关凤凰山，清康熙五十六年（1717）冬迁葬遵义府遵义县西乡西隅里六甲地名鹿井铜广坡（松林镇干堰村六井组）。墓形圆头鱼尾，长4.5米，宽3米，墓顶封土。墓前有清道光十六年（1836）农历二月中旬，第六世孙杜昭镌石竖立碑碣一块，碑石质地砂石。碑高1.2米，正面宽0.4米，背阴面宽0.43米，厚0.26米，碑帽高0.38米。正面和左右侧面均有碑刻，字为行书阴刻。碑正面阴刻行书大字：皇清貤封奉政大夫太高祖考杜公讳芝臻老大人墓。阴刻行书小字：六世孙昭敬立，道光十六年丙申仲春中浣。右侧面碑文：杜公自江西吉安府庐陵来播，初葬府城东关凤凰山，十年后于康熙丁酉冬改葬于西六甲鹿井铜广坡。左侧面碑文：乾山巽向兼亥已三分，庚戌辰分金，七世孙芳播、沅敬立。

三、古建筑

1. 海龙屯

海龙屯，又称海龙屯，历史称龙岩囤，位于贵州省遵义市汇川区高坪街道办事处海龙屯社区龙岩山上。龙岩山孤峰一蒂、高插云表、群峰簇拥、山势陡峭、湘水环流、溪谷幽深。其地形险要，属寒武纪灰岩所形成的方形孤山拔地而起，高入云天，矗立在大娄山山脉东支中段的崇山之中。囤顶海拔1354米，三面河谷海拔在900米~925米之间，囤顶面积为1.59平方公里。海龙屯四面陡绝，冈峦盘曲，怪石危岩“负险兀傲穷壑中”①，唯有后山窄径一线可以攀登。囤东有一峭壁高峰，在平播战役中为官军囤兵之地，史称“定军山”，囤南为百丈悬崖，下临溪谷，流水潺潺。环囤诸峰皆摩天巨岭，与龙岩山夹谷而峙，有如铁壁铜墙，簇拥拱卫龙岩山。“一蒂孤悬，群山固结，左右环溪，阴深险峻”②,《明史》称其“贼所依天险，谓飞鸟腾猿不能逾者。”③《读方舆纪要》称其：“囤前陡绝，飞鸟难至。”④

为什么杨氏要修建海龙屯，据海龙屯上杨氏末代土司杨应龙手书《骠骑将军示谕龙岩囤严禁碑》记载：“夫龙岩囤，乃播南形胜之地也。吾先候思处夷陬，不可元备，因而修之以为保障……”⑤也就是说最初是为了防范四夷的侵扰。我们回顾一下杨氏入播的情形：唐僖宗乾符三年（876），川南僚族土酋杨端，偕八姓族人兴兵，自泸州、合江进入白锦（今播州区南）据险立寨，结土豪庾、蒋、黄三氏，打败罗闽和僚人，据有播土。播州崇山峻岭，陡涧林深，土地旷远，杨氏自唐末领播后，面临周围豪强的侵扰，又还有当地僚人的反抗，立足未稳，在这样的生存环境下，地势险要的山地防

① 贵州省遵义市地方志编纂委员会编:《遵义地区志·名胜志》，北京：方志出版社，2002年，第99页。

② 道光《遵义府志》卷10《古迹》。

③《明史》卷228，列传第116《李化龙》。

④（清）顾祖禹:《读史方舆纪要》卷70，北京：中华书局，2005年，第3304页。

⑤ 遵义市文化局编:《遵义地区文物志》，1984年，第106页。

御体系显得十分重要。顾祖禹《读史方舆纪要》:“龙岩山，府北四十里。冈峦盘曲，怪石崭岩。其东曰定军山，唐咸通中杨端击南诏，驻军于此，因名。”① 同时，杨氏还修建了养马城，与海龙屯互为犄角之势，相互呼应。《方舆纪要》:“养马城,(遵义)府北五十里，杨氏据播时所筑城也。”据道光《遵义府志》载:“养马城在遵义县北三十里，唐末，杨氏建为牧马地，可容马数万也。”② 养马城与海龙屯成犄角之势，正好与史书记载唐末僚族土酋杨端，偕八姓族人兴兵迳入今遵义县南据有播土的时间相符。“历五代，子孙世有其地。”宋代播州辖境逐渐扩大，是贵州最大的羁縻州。播州直至南宋初年，局势才安定下来，杨氏土官为了达到长治久安的目的，对外效忠朝廷，与中央王朝保持着良好关系，借重朝廷偏安一隅；内部注重文治教化，致力于发展生产，振兴武备，使播州社会相对稳定，经济发展。南宋淳熙三年(1176)，十二世杨轸把政治中心从北锦堡迁到堡北二十里之穆家川(现遵义红花岗区湘江河畔)。十三世杨粲当政40余年，物质财富日益增多，经济文化有显著发展，从而出现了一个“土俗大变”,“俨然与中土同”的好局面，史称“播州盛世”。十四世杨价和十五世杨文职掌播州期间，正值蒙古兵大举南进入蜀，竭力出兵北上帮助四川军民抵抗元兵。史书上记载杨价“抗元有功”，杨文七次出兵助宋抗元。淳祐六年(1246)，四川形势危急，杨文认为“连年虏寇如蹈无人之境，由不能遏敌于门户之外故也”，向四川安抚制置使余玠条陈“保蜀三策”，提出“节次经理三关，为久住计，此为上策……在诸路险要去处，众口城筑以为根柢，此为中策……保一江以自守，敌去敌来，纵其所之，此为下策”③ 的战略思想。这与淳祐年间四川安抚制置使余玠采用钓鱼城之策的播州冉氏兄弟思想如出一辙。《宋氏》载:“播州冉氏兄弟琎、璞，有文武才，隐居蛮中，前后阃帅辟招，坚不肯起，闻玠贤，相谓曰:‘是可与语矣’……(玠)密以其谋闻于朝，请不次官之。诏

① (清)顾祖禹:《读史方舆纪要》卷70。

② 道光《遵义府志》卷10《古迹》。

③ 贵州省遵义县县志编纂委员会编:《遵义县志》，附录三《墓志》，贵阳:贵州人民出版社，1992年，第1171页。

以琎为承事郎，权发遣合州，璞为承务郎，权通判州事。"[①] 冉氏兄弟由于有才能而被荐辟为官，他们竭力协助余玠经略四川，领导四川军民建立山城防御体系。对为稳定长江上游战局，粉碎蒙古军队去蜀灭宋的战略计划、延长南宋王朝"国祚"功不可没。

后随蒙古军队的进一步南进，播州有唇亡齿寒之忧，杨文决定在地处统治中心以北30公里的海龙屯修成"新城"，以求自保。《杨文神道碑》载："宝祐丁巳（1257），吕公与杨君相会，面言当为申朝庭行下□□制阃，置一城以为播州根本。我且住黄坪以蔽沅、靖，于是筑龙岩新城。"杨文与吕公（即湖南沅、靖二州节度使吕文德），共商抵御蒙军进攻之策，决定利用播州险要地形，修筑龙岩新城。"龙岩新城"，即今海龙屯。新城相对于唐末养马旧城而言。《宋史》记载："（理宗）宝祐六年正月，诏枢密院编修管吕逢年诣蜀阃，趣办关隘、囤栅粮饷，相度黄平、思、播诸处险要缓急事宜，具工役以闻。……夏四月……丁酉，诏田应己思州驻劄御前忠胜军副统都志，往播州共筑关隘防御。……秋七月……乙亥，吕文德入播州，诏京湖给银万两。"[②] 从这两处资料显示，朝廷介入了海龙屯的修建，不仅拨款还派人督办，充分说明朝廷把海龙屯作为整个南宋西南山城防御体系的最后防线，纳入了国家战略。不过，由于蒙古军队在钓鱼城中流矢而死，战局发生变化，海龙屯并未真正启用于战争。

杨氏二十九世杨应龙执掌播州以后，数次征调有功，后来他走上反叛之路，有个人、中央、地方长官和部属等多方面的原因。万历二十三年（1596），杨应龙大集役夫工匠，重修天堑龙岩囤，囤前后置九道石关，囤上砌三重城垣包绕，建筑宫室，囤粮驻重兵，作为军事大本营，抗击征剿官兵。为屏障海龙屯大本营，杨氏土司利用险峻地形，在囤外围建设了龙爪囤、云门囤、海云囤等星罗棋布的囤堡，与海龙屯近在咫尺，隔河相望的还建有养马城、养鸡池、养鹅池。同时还在娄山关、白石口、松门垭、水牛塘等地囤兵扎营，构筑重重木关屏障。同时，还在今正安、仁怀、绥阳、桐

① 《宋史》卷416,《列传第175·余价传》。

② 《宋史》卷44,《本纪第44·理宗四》。

梓、乌江等构筑了南山寨、吼滩寨、铜鼓寨、楠木寨、石虎关、老君关、罗蒙关、青蛇囤等数十个关、囤寨、堡以镇四方，拱卫着播州宣慰司和海龙屯，构筑了杨氏土司强大的军事阵容。“今重葺之，以为子孙万代之基，保固之根本耳”[①]。

明万历二十八年（1600）正月，神宗皇帝赐四川总督李化龙尚方宝剑，统领云南、广西、贵州、四川、湖南、陕西等15省24万步骑兵，[②]正月十五日李化龙在重庆召开誓师大会，以“官军三之，土兵七之”，分川南四路、湘黔四路，八路进兵播州。经过双方114天厮杀。杨氏土司725年基业毁于战火，数十座庄园被焚掠一空，历代祖墓均被掘毁，珍宝悉遭劫掳。明万历二十九年，朝廷实行“改土归流”，将播州一分为二，设遵义、平越两军民府，分属四川、贵州管辖，委派流官治理，开辟了播州新纪元。

这场震惊朝野的“平播之役”使海龙屯木结构建筑在战争中化为灰烬，而经历400多年风雨侵蚀的石结构关隘却仍然屹立在孤峰上凝神翘首，为后人留下了可供凭吊的古战场。

1982年2月，海龙屯由贵州省人民政府公布为省级文物保护单位。1999年，进行首次考古试掘，清理出三十六步天梯、龙虎大道等历史遗迹。2001年6月，由国务院公布为第五批全国重点文物保护单位。2012年11月，国家文物局正式公布海龙屯土司遗址与湖北唐崖土司遗址、湖南老司城土司遗址列入中国世界文化遗产预备名单。2012年3月23日至12月31日，经国家文物局批准，贵州省文物考古研究所等组建海龙屯文物考古队，正式开展海龙屯第一次文物考古发掘工作。2013年3月，国家文物局确定将三处遗产地作为中国2015年向世界文化遗产委员会申报项目。2013年4月，海龙屯考古发掘获国家文物局主办的2012年度全国十大考古新发现。2014年9月17日，国际古迹遗址理事会专家塔拉·夏马到海龙屯进行现场考察评估。2015年7月4日，海龙屯土司遗址作为中国三大土司遗址之一，成功列入世界文化遗产。

---

① 遵义市文化局编:《遵义地区文物志》，1984年，第76页。

② 田玉隆等著:《贵州土司史》（下册），贵阳，贵州人民出版社，2006年，第721页。

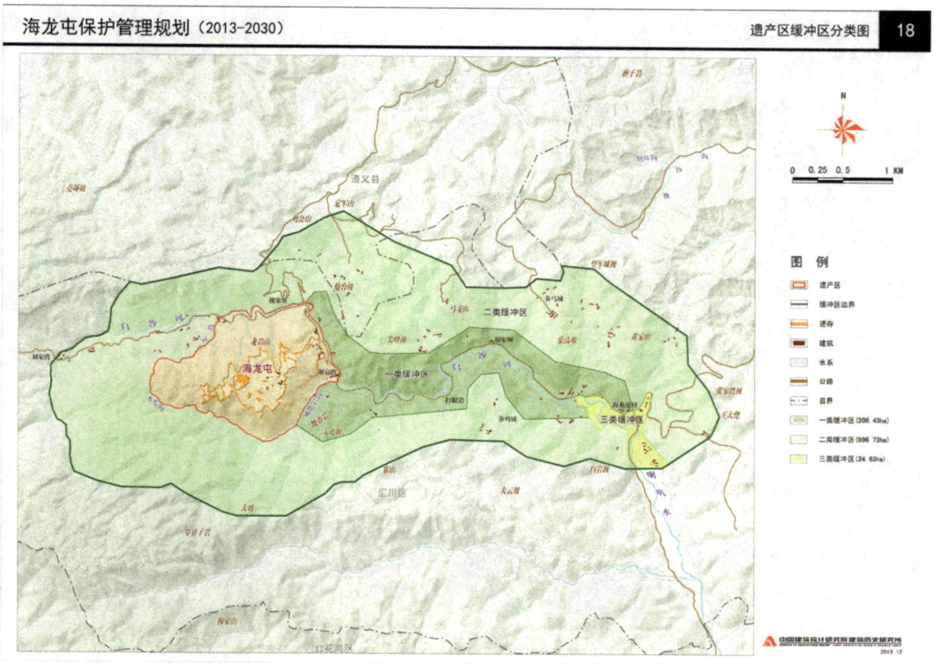
海龙屯保护管理规划（2013-2030）
遗产区缓冲区分类图
18
N
0 0.25 0.5 1 KM
图 例
遗产区
缓冲区边界
遗存
建筑
水系
公路
县界
一类缓冲区(206.43ha)
二类缓冲区(896.72ha)
三类缓冲区(24.63ha)
海龙屯
一类缓冲区
二类缓冲区
三类缓冲区
遵义县
汇川区
中国建筑设计研究院建筑历史研究所
2013.12

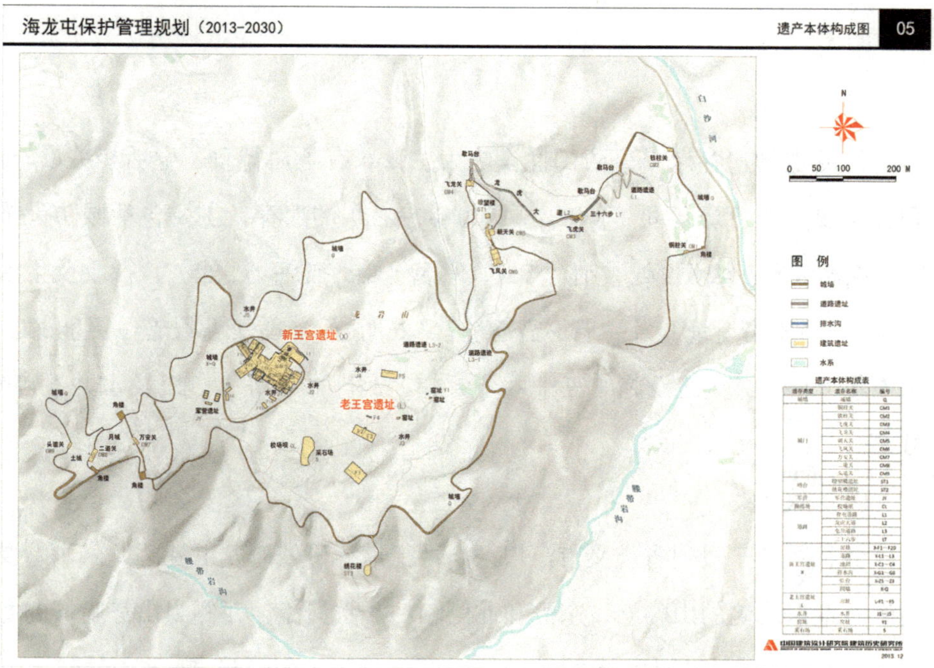
海龙屯保护管理规划（2013-2030）
遗产本体构成图
05
N
0 50 100 200 M
图 例
城墙
道路遗址
排水沟
建筑遗址
水系
遗产本体构成表
新王宫遗址
老王宫遗址
中国建筑设计研究院建筑历史研究所
2013.12

海龙屯标志碑

海龙屯的遗存以军事防御性设施为主，兼有土司行政、生活相关设施。现存主要为明万历年间（1595 — 1600年左右）的遗存，主要包括城防设施（城墙5838米、城门9处、哨台6处、军营1处、操练场1处）、行政及生活设施（“新王宫遗址”及“老王宫遗址”2处衙署）、手工业设施（窑址3处、采石场1处）、交通设施（三十六步天梯、龙虎大道等），以及水井遗迹5处等。

（1）铁柱关

铁柱关位于贵州省遵义市汇川区高坪街道办事处海龙屯社区龙岩山险要的海龙屯东北侧的山腰上，东侧和北侧临白沙水河流，西侧为山势险峻的龙岩山顶，以一条长约500米的石城墙向西连接飞虎关，形成“一字城”，南侧与铜柱关相对应并以一石城墙沿北向南相连，互为犄角之势，形成瓮城。

据李化龙著《平播全书》破囤塘报载：“已于五月十日，囤前攻毁铁柱、水门二关，囤后攻三连山……”[①] 六报捷音疏还载：“贼下梭杆滚石死敌，我兵以竹木挨牌遮护，并用云梯一拥而上，攻夺铁柱关，掀挖城垣五处……烧毁三层城楼二座，房屋数处。”[②] 可见此关为铁柱关无疑，并且城楼有三层。铁柱关坐南向北，位于北纬27° 48′ 57.2″，东经106° 49′ 19.7″，海拔1008.6米。其下临溪谷，扼住上山之道，为登囤北大门，从军事防御布局来看是进囤北路第一道关隘，关外设有吊桥，增加了其防御功能。

铁柱关其建筑形式采用纵联砌券法垒砌，为单通道半圆形拱券顶石结构城门，平播战役中损毁，残高5.2米，面阔6.3米，进深4.2米。其上的木构建筑已因战争等破坏，现仅存一个柱础石；石砌城关部分两侧墙体垮塌约80%；拱顶坍塌、损毁严重，约60%拱顶已经坍塌透空；未塌落的部分拱顶，其“锁石”部分已经有松动的情况。其主要破坏原因：一是人为因素，当地居民在周边开垦种田、平播战争、农业耕作和游人踩踏等；二是自然破坏因素，植物根系破坏，石构件生长青苔，雨水侵蚀等。

2013年，为促进海龙屯申报世界文化遗产工作顺利进行，贵州省文物保护研究中心对其进行勘察设计，并在次年由北京国文琰文物发展有限公司负责组织施工，笔者从勘测设计和施工都参与了全过程。见证了铁柱关400年来的一次大规模修缮工作。从对铁柱关文物本体建筑构件的拆卸到归安解决了几个问题：一是从合龙石和过绳石的结构来看，铁柱关自建设以来至有三次小型维修工作，其维修年代和维修原因还有待从深层次研究；二是铁柱关向东南侧坍塌的主要原因是关体北侧积土过深导致排水孔堵塞，使山体水系无法排泄，从而向关体南侧基础和东侧城墙基础浸流从而导致关体和墙体下沉坍塌。现存的铁柱关是对关体、城台、拱券进行拆卸归安和基础加固，同时对北侧城墙进行了清理和部分归安，其过程始终保存“原形制、原材料、原工艺”的维修原则。

铁柱关周边环境较为复杂，属于贵州典型的岩溶地貌，以峰丛谷地为主，属云贵高原向四川盆地湖南丘陵地带过渡的东斜坡北段。其北侧为“川

---

① （明）李化龙著:《平播全书》(点校本)，北京：大众文艺出版社，2008年，第253页。

② （明）李化龙著:《平播全书》(点校本)，北京：大众文艺出版社，2008年，第113页。

铁柱关保护工程实施前（一）

铁柱关保护工程实施前（二）

铁柱关保护工程实施中（一）

铁柱关保护工程实施中（二）

铁柱关保护工程实施后（一）

铁柱关保护工程实施后（二）

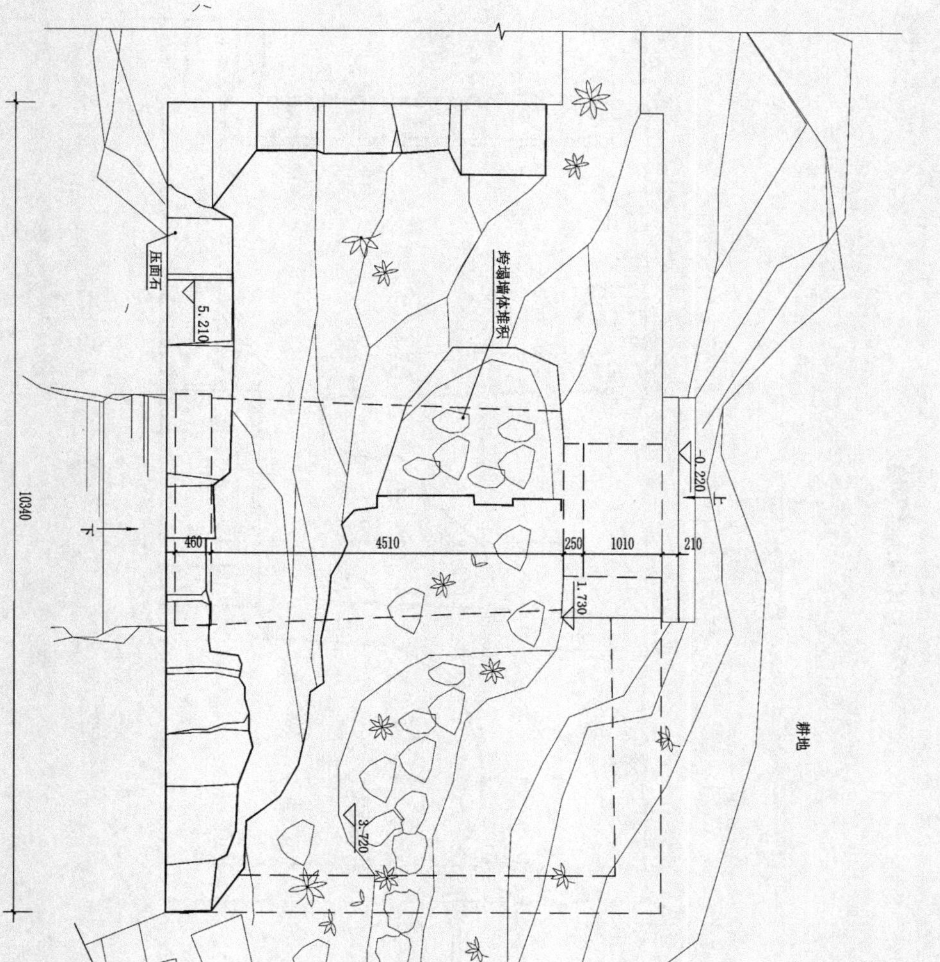
压面石
5.210
垮塌墙体堆积
-0.220
上
下
10340
460
4510
250
1010
210
1.730
3.720
耕地
北

铁柱关总平面图 1：50

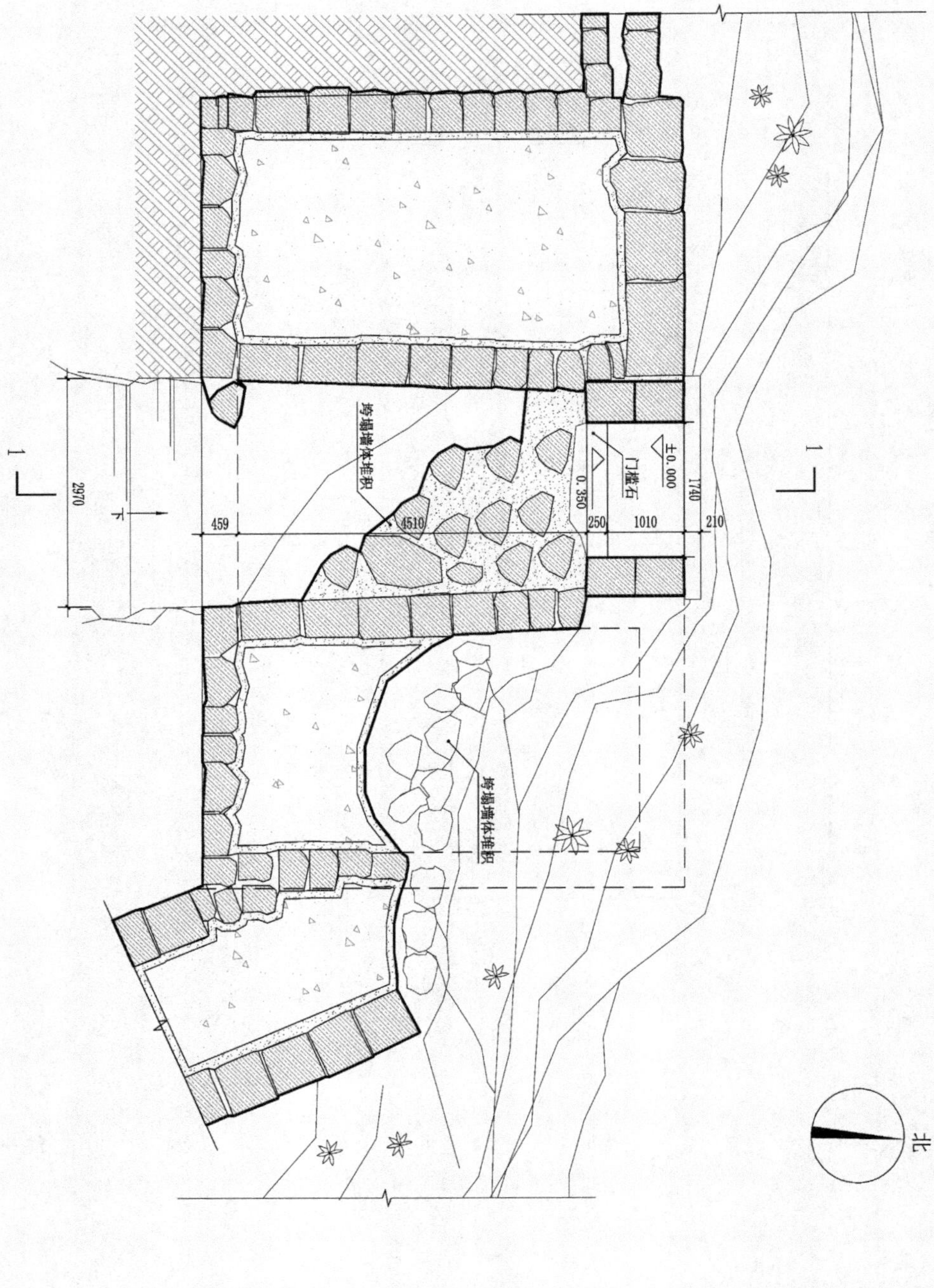

1
1
2970
下
459
4510
250
1010
210
1740
±0.000
0.350
门槛石
夯塌墙体堆积
夯塌墙体堆积
北

铁柱关平面图 1：50

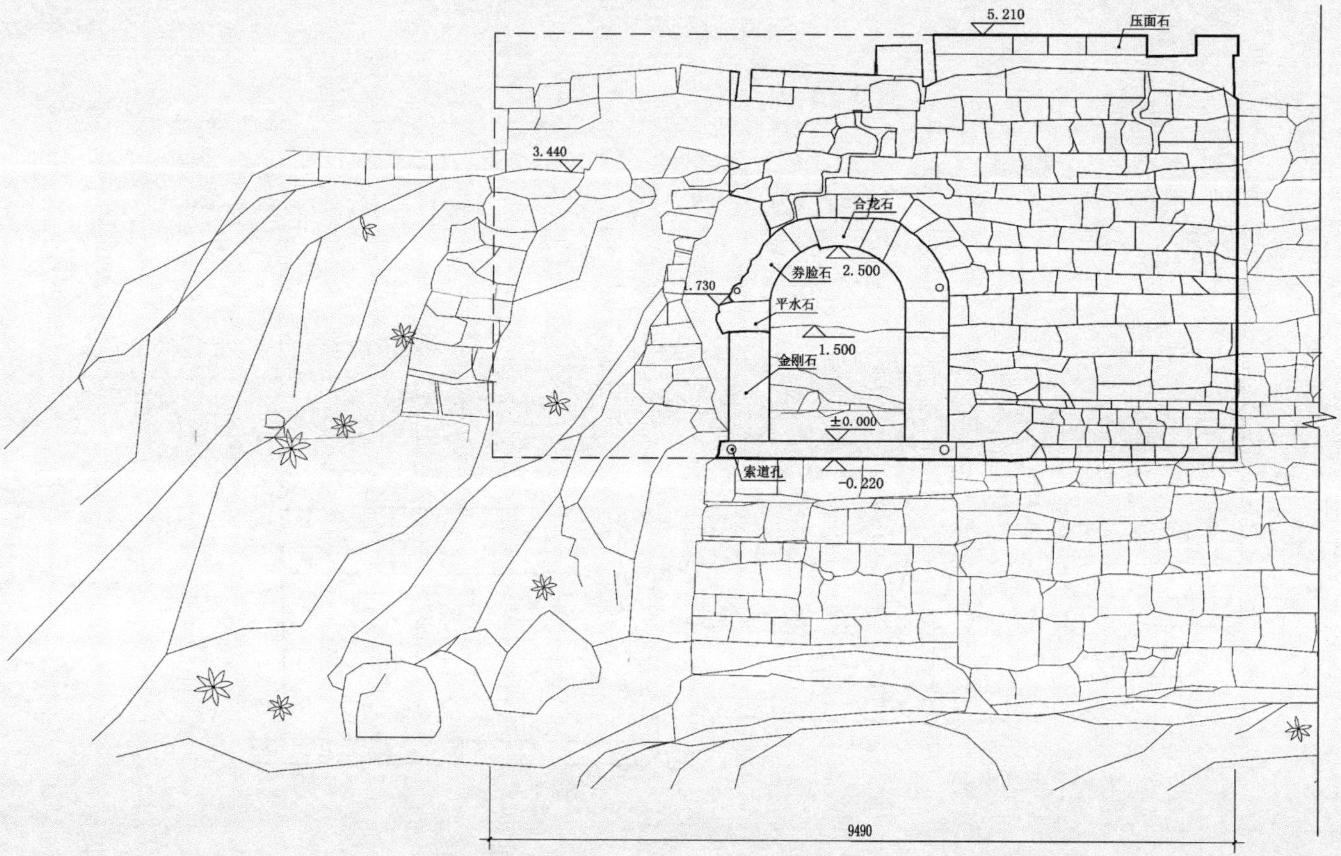
5.210
压面石
3.440
合龙石
2.500
券脸石
1.730
平水石
1.500
金刚石
±0.000
索道孔
-0.220
9490

铁柱关正立面图 1：50

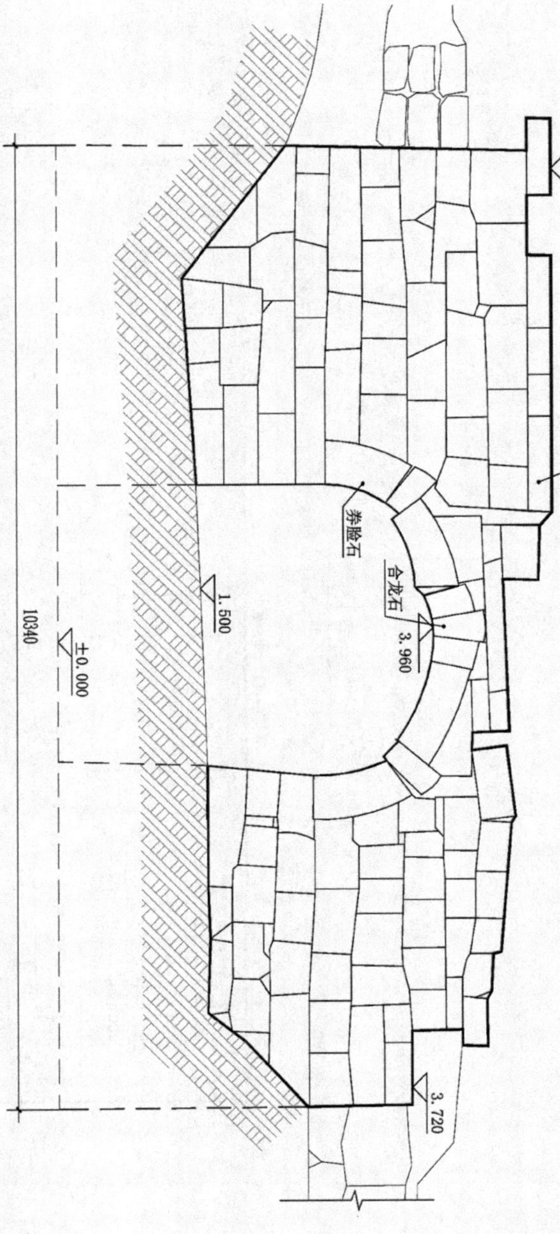

铁柱关背立面图 1：50

盐綦岸”[①] 入黔主要通道之一（播州境内三条纵线的西线），从而使其建筑选址独特而扼守险要地段、构造坚固而使用吊桥防御。

（2）铜柱关

铜柱关位于贵州省遵义市汇川区高坪街道办事处海龙屯社区龙岩山险要的海龙屯东南侧的山腰上，西南侧为腰带岩沟小溪，东侧和北侧为白沙水小溪，两条小溪在铜柱关东南侧碾房湾处交汇，向东南流去，汇入喇叭水小溪径入湘江河。

铜柱关与白沙河河床相对高差有80余米，与囤顶相对高差近300余米左右，崖壁陡峭，仅西面与周边其他山峰相连。坐北向南，位于北纬27° 48′ 50.2″，东经106° 49′ 21.3″，海拔1018.6米，是由播州土司宣慰府府邸穆家川从东南沿白沙河河谷进入海龙屯的第一道防御关隘。

铜柱关匾额不存，当地人称“城门洞”，据李化龙著《平播全书》破囤塘报载：“已于五月十日，囤前攻毁铁柱、水门二关，囤后攻三连山……”[②]《平播全书》六报捷音疏还载：“贼下梭杆滚石死敌，我兵以竹木挨牌遮护，并用云梯一拥而上，攻夺铁柱关，掀挖城垣五处……烧毁三层城楼二座，房屋数处。”[③] “前关石柱兵当前，马总兵千总马积，冒伤先登铁柱关。正楼之侧左水关楼，则刘总兵部兵先登。”[④] 综上所述，铜柱关本身的名称有可能是“水门关”或“水关”。铜柱关与东北角的铁柱关互为犄角之势，并形成瓮城。1999年，遵义县政府对海龙屯进行“旅游开发”时，有关专家认为：与铜柱关相对应的铁柱关关名无疑，自古有“铜墙铁壁”之说，因此定名为铜柱关，此称谓沿用至今。

铜柱关建筑形式为单通道半圆形拱券顶石结构城门，由青石与石灰糯米浆错缝砌筑而成。现存金钢石、平水石、发券石、合龙石等城门建筑主要构件良好，通道内存门臼石两个、门栓孔两对，未见门楣石，但在门栓孔上

① 贵州省遵义县县志编纂委员会编著:《遵义县志》，贵阳：贵州人民出版社，1992年，第93页。

② （明）李化龙著:《平播全书》（点校本），北京：大众文艺出版社，2008年，第253页。

③ （明）李化龙著:《平播全书》（点校本），北京：大众文艺出版社，2008年，第113页。

④ （明）李化龙著:《平播全书》（点校本），北京：大众文艺出版社，2008年，第112页。

方见对称方孔，根据测绘和研究，铜柱关的门楣采用木质材料并非用石质材料，而现存其他关隘所采用的是石质门楣石，这对研究明代时期重修海龙屯与平播战役之间的关系提供了一材料。

铜柱关现残高6.68米，面阔10米，进深5.75米，其上的木结构建筑在1600年平播战役中损毁，现仅存一个柱础石；石砌城门和城台两侧墙体垮塌约60%，拱券门外层发券石料坍塌、损毁严重；拱券外屋合龙石下踏，当地居民建筑民宅于铜柱关西侧并占压部分城墙遗址，2014年对其进行了拆除并做了简单清理。

据史料记载铜柱关始建于南宋，明代加固重建。铜柱关因受雨水侵蚀、植物根系等自然因素，以及平播战争、当地居民农业耕作、游人踩踏和当地居民擅自建筑民宅等人为因素的影响，使其文物建筑本体受到一定破坏。2014年，在对铜柱关进行保护维修中，对关体东侧城墙进行清理发掘时，发现有一段内城墙（未做进一步清理），其建筑结构、建筑形式和建筑艺术与外城墙和铜柱关不同，与海龙屯东南侧养马城的建筑结构、建筑形式和建筑艺术非常相似，并与之进行对比研究，可以推论：海龙屯铜柱关开始修建的年代上限可推到南宋，下限为明末，这一发现也佐证了史料记载的真实性。

铜柱关东侧两公里外建养马城、南侧建养鸡池和养鹅池形成海龙屯东南侧军事前沿军事防御区，北侧建有铁柱关，与之形成瓮城和东外城军事防御区。

铜柱关保护工程实施前

铜柱关保护工程实施中

铜柱关修缮过程中发现早期城墙

铜柱关保护工程实施后

铜柱关修缮过程中发现早期城墙

铜柱关早期城墙与明城墙对比

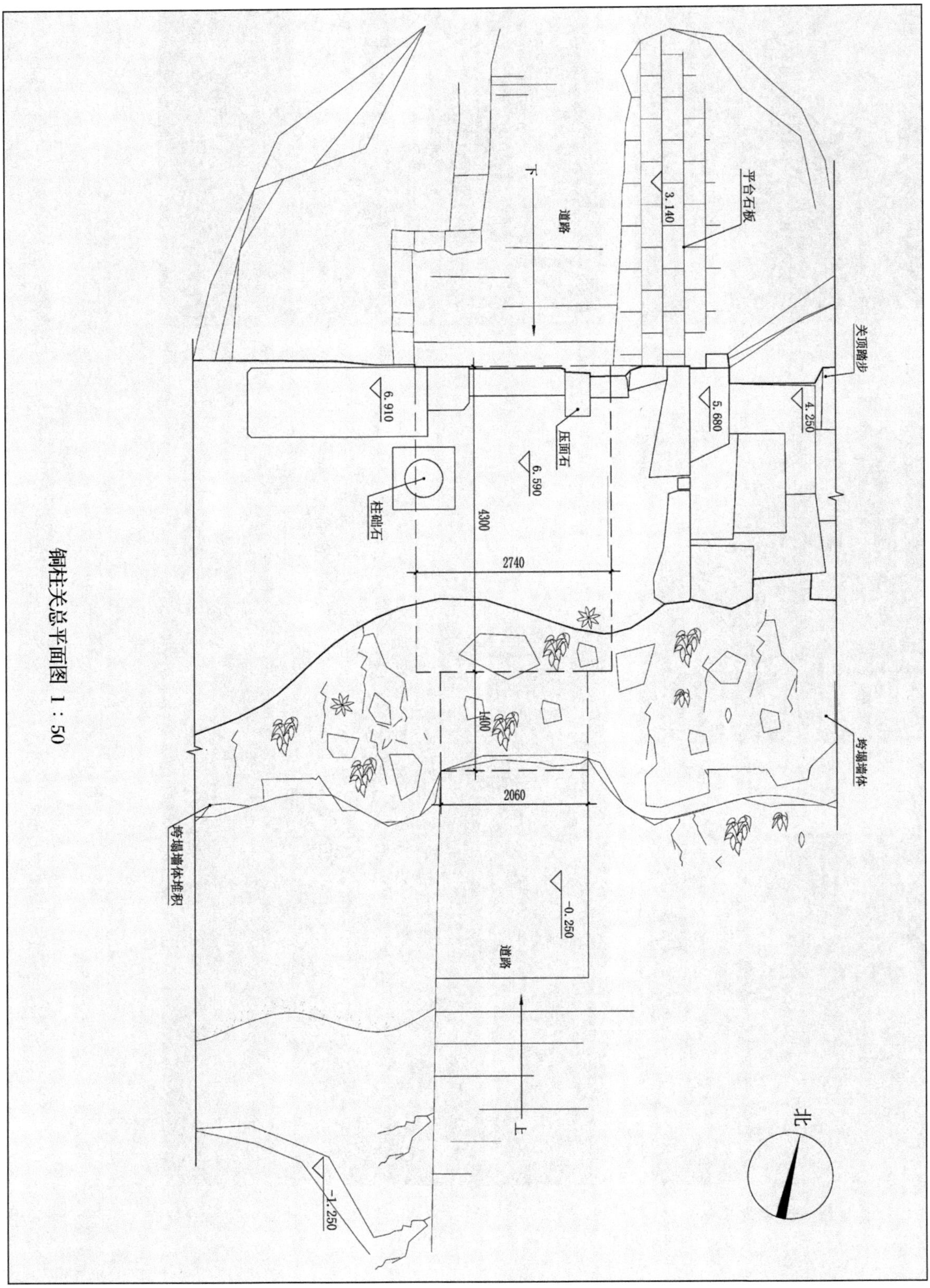
下
道路
3.140
平台石板
关顶踏步
6.910
压面石
5.680
4.250
6.590
柱础石
4300
2740
1400
2060
垮塌墙体
垮塌墙体堆积
-0.250
道路
上
-1.250
北

铜柱关总平面图 1：50

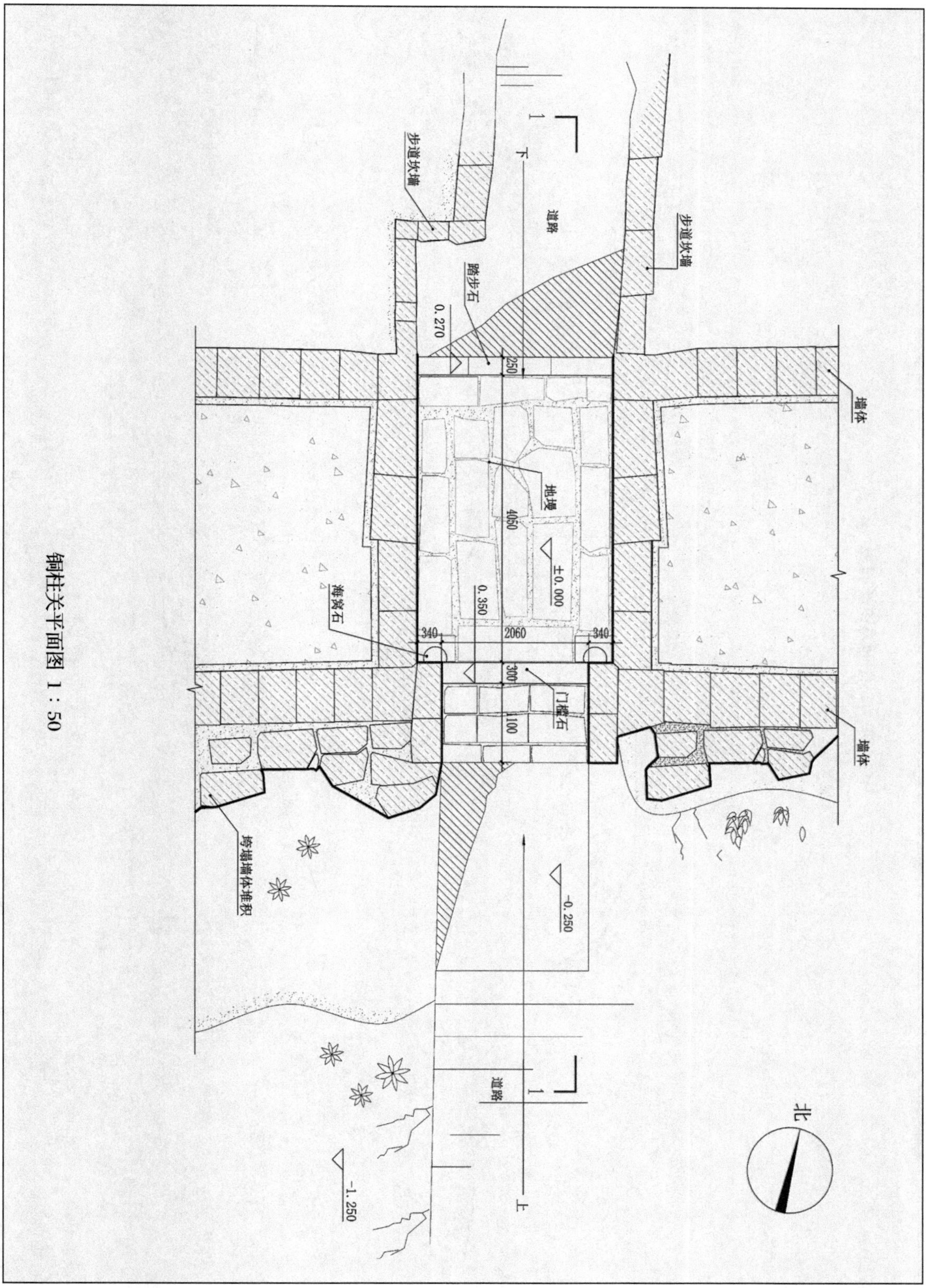
步道坎墙
下
道路
步道坎墙
踏步石
0.270
250
墙体
地坪
4050
±0.000
0.350
海窝石
340
2060
340
300
门槛石
100
墙体
垮塌墙体堆积
-0.250
道路
-1.250
上
北

铜柱关平面图 1：50

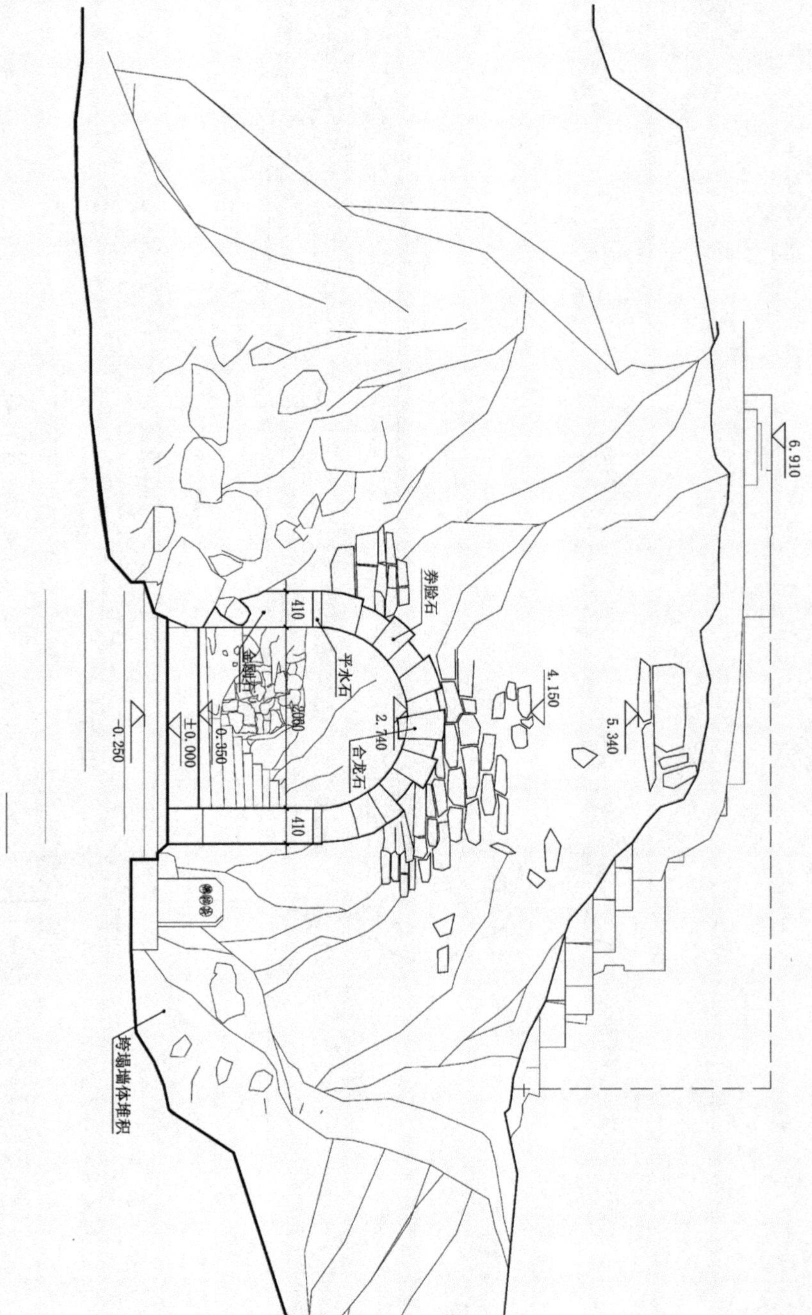
6.910
券脸石
平水石
4.150
5.340
2.740
合龙石
410
410
2060
±0.000
0.350
-0.250
垮塌墙体堆积

铜柱关正立面图 1 : 50

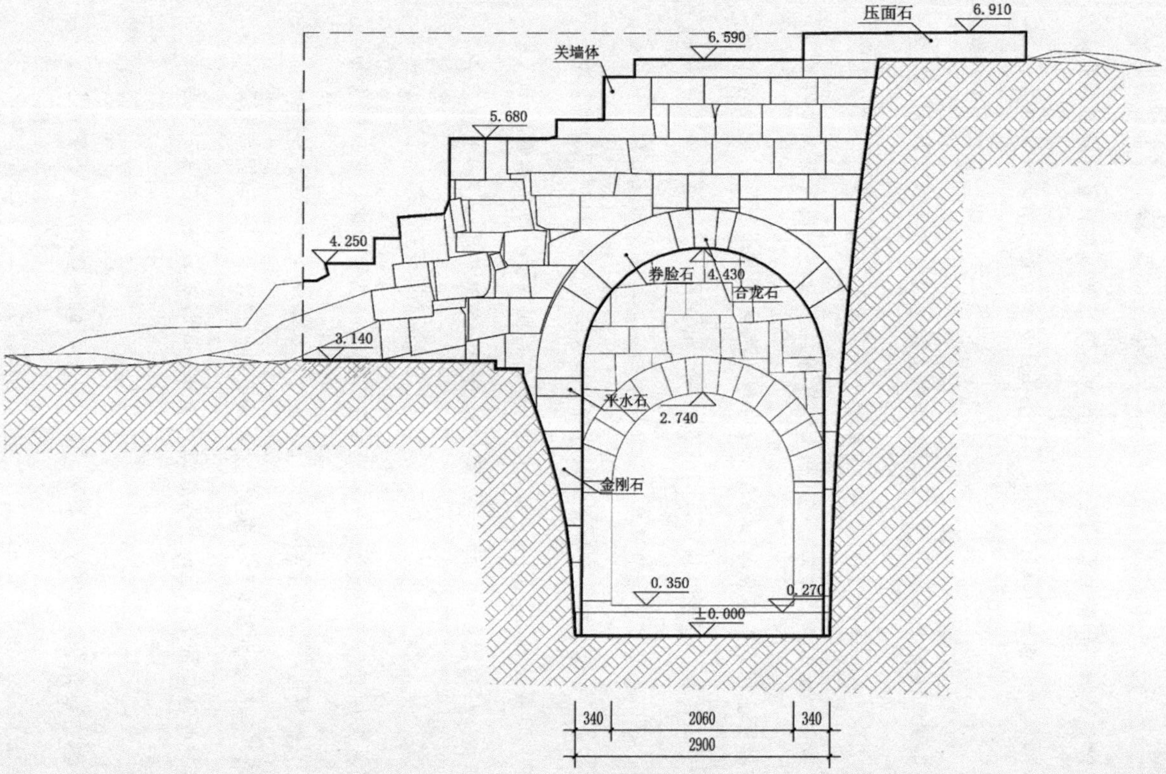
压面石
6.910
6.590
关墙体
5.680
4.250
3.140
券脸石
4.430
合龙石
平水石
2.740
金刚石
0.350
0.270
±0.000
340
2060
340
2900

铜柱关背立面图 1：50

—— 相关链接：阴阳五行说水关

传说杨应龙相信易经和阴阳五行术，还请高人对海龙屯关隘城楼名称进行了研究和布局。

与铜柱关相对应的关称为铁柱关，在史学界和考古界也是无异；前辈把铁柱关之对应的关称为铜柱关，其意曰“铜墙铁壁”，而海龙屯又是军事囤堡，也是较为合乎常理；但《平播全书》中却多处提及“水门关”和“水关楼”又如何解释？在此，笔者从杨应龙相信阴阳五行术的角度分析铜柱关与铁柱关的关系，是否能为《平播全书》中提及的水关或水门关提供一些佐证呢？

阴阳五行是中国古代的一种哲学概念，是古人认识自然的一种朴素的唯物观点。《易经》曰：“易有太极，是生两仪。”① 所谓“两仪”就是阴阳，所以《易经》又曰：“一阴一阳之谓道。”阴阳指事物的矛盾，如昼夜、寒暑、长短、雌雄、男女、动静、刚柔，等等。五行则是对世界万物更为细致的分析，古人认为，世界是由金、木、水、火、土五种基本元素组成的，并且更进一步地认为，这五种元素是互相转化、互相制约的，由此转化和制约，从而构成了天地万物千姿百态的架构和趣向。对于五行转化的规律，古人把其分为相生和相克两种：一种是五行相生：金生水，水生木，木生火，火生土，土生金；另一种是五行相克：金克木，木克土，土克水，水克火，火克金。其五行相生可解释为：木材燃烧生成火，火烧了木头成为灰土，土中有金属矿物，销金可以为铁水、铜水，水能灌溉树木。

铁柱关的“铁”是一种金属元素属金，而五行相生来看“金”生“水”，《平播全书》中多提及铜柱是“水门关”或“水关楼”与五行学说相符，所以，我们推论铜柱关极有可能就是“水门关”或“水关楼”。

（3）登囤古道

登囤古道位于海龙屯东部“一”字城墙内侧，自城门洞的铜柱关、铁柱关两关到达三十六步天梯，现存古道保存96米，呈“之”字形曲折攀升。

① 杭辛斋著：《周易智慧》，合肥：安徽人民出版社，2012年，第114页。

登囤古道（一）

登囤古道（二）

其建造方法是在基岩上人工凿成台阶，其古道宽0.5米～1.2米，高约0.6米。

2010年，修建步道时，“之”字拐角处人为干扰过大，在古道遗址上叠压了青石台阶。

登囤古道是铜柱关和铁柱关两关进囤后上囤的必经通道，大部分在陡峭的基岩上人工凿成，且台阶较高，台面呈斜坡状，其主要目的是增强了海龙屯军事防御能力和利于排水。

（4）歇马台

歇马台位于登囤囤道之间，是连接三十六步天梯的一个休息平台，建在“一”字城墙内侧，与“一”字城墙紧紧相贴。当地人称歇马台。

歇马台是连接上下关口休息的一平台，实为军事瞭望哨，登囤人马在此等待验帖，方能进入飞虎关。歇马台上方的飞龙关、飞虎关与下方的铜柱关和铁柱关形成了海龙屯军事防御体系的囤前防御体系，有“一夫当关，万夫莫开”之势。以歇马台东侧城墙向东延伸至铁柱关，再以铁柱关向南一城墙连接而形成“一字城”，与囤顶的“廓城”相对应形成较为强的军事防御体系。

歇马台占地面积40余平方米，东、南、北侧用石灰岩砌筑的压面石保

歇驺（三）

存完好，2014年对台心铺装了异形石台面，东、南、北侧加装了扁铁护栏。

歇马台曾多次被扰动，1999年，长江公司“开发”海龙屯铺设了砼地面；2010年，旅游部门建设海龙屯时又铺设了30厘米×60厘米青石地面，并将压面石叠压于下层；2014年，改铺装了异形石台面，露出了明代时期的压面石。对台心也尚未做考古发掘，原始建筑形制不详。其破坏因素主要人为损毁。

——相关链接：明代“身份证”

传说杨应龙建好海龙屯后，对其管理非常严格，凡是进囤的人都要经过严格的审查颁发一个证件（笔者认为就是“骠骑将军示谕龙岩囤严禁碑”文中提及的“年貌号票”①），证件上还要把人的面相画上去，并写清楚来人的身份和办什么事。来访人持证一个关一个关地验证后才能放行，所有进入海龙屯人员，至歇马台这个地方必须下马休息，并把证件送交飞虎关验证后才能往上通行。

（5）三十六步

三十六步，当地人称“天梯”。据李化龙著《平播全书》六报捷音疏载：“今烧楼溃墙，贼始失险，拟越三十六步，急攻飞虎关。”② 由此可见，当地称的天梯古称“三十六步”。

三十六步位于飞虎关下方，是连接飞虎关的主要通道，用巨大青石和糯米浆砌筑成三十六步台阶，坡度为45°，长55米，踏步宽1.37米至0.72米不等，踏步高不等，两侧护墙各宽0.8米，护墙高在0.21米至0.8米之间不等。踏步台面为斜坡状，坡度10°～15°之间，其目的是强化三十六步的防御功能。

三十六步下方有一平台，长10.1米，宽3.83米，平台东北两侧建0.4米×0.4米石质护墙，南侧建13步副梯（现存12步）与环囤马道相连接，副梯砌筑方式和形制与三十六步相同，东与海龙屯东部“一”字城墙相连接，西连接飞虎关木梯并与飞虎关配合使用，具有很强的防御和攻击力，凸显了海龙屯利用地形、融入地形的军事防御思想。

平播战争结束后，三十六步一直沉没于地下，历经了400多年的风雨侵蚀，1999年由遵义县文体局葛镇亚同志发现，并组织当地村民进行清理后根据原状进行修复。三十六步前两侧碑座保持400年前的位置未变，两石碑在清理发掘时倒塌在碑座下方，修复三十六步时将两石碑归位于两碑座上，两石碑碑腰上各有一圆孔，碑面孔径0.035米，碑后外孔径0.15米、内孔径0.05米，碑高2.15米，其功能和用途不详，待作进一步研究。

① 贵州省遵义县县志编纂委员会编著:《遵义县志》，贵阳：贵州人民出版社，1992年，第1165页。

② （明）李化龙著:《平播全书》（点校本），北京：大众文艺出版社，2008年，第112页。

1999年三十六步遗址发现后清除树丛原貌

三十六步归安后

1999年三十六步遗址发现后浮土清理完成

三十六步与飞虎关远景

—— 相关链接1：三十六天罡和七十二地煞

民间传说杨应龙信道教，按照道教的信仰对海龙屯的军事防御体系进行布局，在此修建了三十六步梯子来代表道家三十六天罡，同时还修了七十条巷道代表七十二地煞，以这些神来护佑海龙屯永远安全稳固，这带有明显的传统道教色彩。

道教称北斗丛星中有三十六个天罡星，每个天罡星各有一神，共有三十六位神将。道士在斋醮作法时，常召请他们下凡驱鬼。《上清天枢院回车毕道正法》说："三十六天罡，天中大神王…… 七总太元君，为吾驱祸殃。"《北方真武祖师玄天上帝出身全传》称三十六天将都是真武大帝收服的神，全部隶属真武麾下，名称如下：水、火龟蛇二将，赵元帅赵公明，显灵元帅关羽，雷开、苟毕二元帅，风轮元帅周广泽，尽忠元帅张健，火德元帅谢仕荣，灵官元帅马华光，管打不信道元帅朱彦夫，考校元帅党归籍，仁圣元帅康席，混元帅庞乔，降生元帅高原，降妖辟邪元帅雨田，威灵瘟元帅雷琼，神雷元帅石成，虎丘元帅王铁、高铜，先锋元帅李伏龙，电母朱佩娘等。天罡地煞为道教神名。按民间信仰神明的分类，将将军分为天上有三十六天罡的天兵凶神，地上有七十二地煞的地兵恶煞，两者都被称为"神将"，在道家法录中，有结合三十六天罡及七十二地煞的神将地兵，共同驱邪除魅的法术。三十六天罡、七十二地煞渊源于中国古代对北斗的崇拜，而所谓的天将，就是天官的神将，负责保护天官和众仙的安全，在术法和武功上都有相当的造诣。在民间传说中，三十六天罡常与二十八宿、七十二地煞联合行动，降妖伏魔。[①]

—— 相关链接2：李化龙望囤兴叹

明万历二十八年的"平播之役"[②]，由李化龙督15省24万骑兵分8路向海龙屯发起进

① http://baike.baidu.com。

② 贵州省遵义县县志编纂委员会编著:《遵义县志》，贵阳：贵州人民出版社，1992年，第769 — 772页。

攻，在3月下旬的娄山关大战之前，双方胜负难分，杨应龙到4月中旬才节节败退，最后被围困在海龙屯上。即使这样，明军仍难于得手，二十多天来，李化龙在这里是望囤兴叹、一无所获。

杨应龙退守海龙屯后，明军在囤前屡攻不下，总兵李化龙在奏报朝廷《报进兵·日期疏》中写道："看得贼以四月十六日上囤，我师以十八日合围，环而攻之、迄今二旬矣……时入溽暑，万山所丛，雨多雾重，不便仰攻……贼又诈降诈死，荧惑我军。帅臣之无识者，或为其所愚，致延时日。"[①] 李化龙怕朝廷申斥，一方面把"致延时日"完全归于客观原因上奏，另一方面又查办了一批"畏葸不前"的懦夫，奖励了一批"亡命冲杀"的勇士，下令"百道夹攻，其以必剋，约以旬日而不下者，且诛罚及之"[②] 的命令。抽精锐将士于5月19日开始向海龙屯轮番仰攻，也未能攻上三十六步。李化龙奏报朝廷《报进兵·日期疏》记载属实，但是不是在这个地方"望囤兴叹、一无所获"。

笔者认为，无论怎样，明军是没能从这里攻下海龙屯的，这也显示出了播州土司杨应龙秉承了其祖上"寓兵于农，(且)耕且战，得富国强(兵)"[③] 之策，操练了一大批"无事则耕、有事则战、兵民两利"[④] 的播州兵，这批骁勇善战的播兵也使明军付出了惨重的代价。

（6）飞虎关

飞虎关位于海龙屯东侧崖壁一突兀的绝岩上，坐西南向东北，处于北纬27° 48′ 53.2″，东经106° 49′ 13.9″，海拔1135.7米。始建于南宋，明代加固重建。用青石与石灰糯米浆错缝搭接砌筑，前半部分为单通道石砌半圆形拱券顶石结构城门，后部系开凿基岩而成。关内踏步及其墙壁，均在山体上直接向下开凿而成，类似"压地起凸[⑤]"的做法。关口前有深约8米、宽约3

---

① （明）李化龙著:《平播全书》(点校本)，北京：大众文艺出版社，2008年，第115页。

② 贵州省遵义市地方志编纂委员会编:《遵义地区志 文化志》，贵阳：贵州人民出版社，2004年，第182页。

③ 遵义市汇川高坪镇编:《遵义市汇川区高坪镇志》，北京：方志出版社，2012年，第543页。

d

⑤ 王嵘著:《西域艺术史》，昆明：云南人民出版社，2006年，第84页。

米的沟壑，木桥相连，下接三十六步，上接古道与飞龙关相连接。

关体临天然壕沟而建，并以活动木桥与三十步天梯连接配合使用，遇战事即撬掉木桥而形成较强的防御功能和攻击力，凸显了海龙屯建筑者充分利用南方喀斯特地貌中典型地形特征，并融入军事防御体系建设理念，形成了海龙屯特有的军事防御体系。平播战役后至2009年，大部分城台顶早年坍毁无考，杨应龙书题的"飞虎关"，匾额于1998年坍塌，城门残高6.6米，面阔10.3米，进深5米，墙体垮塌60%，石砌城关拱顶坍塌约90%，只有正面外侧一层拱券石尚存原位，情形极其危险；2010年拱券坍塌后根据原状进行修复归安。

飞虎关和地形的巧妙结合，天然石山的开凿和人工砌筑的完美配合，形成了飞虎关的内部空间；该关建造在凸出的山梁上，极为险峻。正因如此，其受人为及其自然因素破坏较大，使其保存情况较差。其破坏主要原因：

一是自然破坏因素。

①由于地形条件限制，飞虎关两侧没有砌筑城墙，其城关两侧的侧推力无以平衡，在此情况下，拱顶是很容易坍塌的。这是造成飞虎关拱顶坍塌的最主要因素。

②平播战役以来，一直受植物根系的影响对本体进行破坏。

③石构件生长青苔对遗址本体的侵蚀破坏。

④山体常年流水，排水不通畅，形成雨水的淤积，严重侵蚀遗址地基。城关等石砌部分遗存，受雨水侵蚀，导致部分城关券顶坍塌，阶条石、城墙石条松动，严重危及了遗存本体的安全。

二是人为破坏因素。

①明代万历二十八年（1600）的平播战役对遗址造成一定损害。

②飞虎关是游人必经的关口，游人及农耕生产直接踩踏遗址本体，对遗存本体构成严重破坏。

飞虎关从建筑遗存来分析，其建筑形制布局为城关中轴对称布局，石砌城关为石砌半圆形拱顶结构，其上有三层以上建筑，城关内部依山直接开凿形成关内空间；建筑结构特点为石材均系经过精心加工的完整石料，其现状

1999 年清挖飞虎关内淤泥

维修前的飞虎关通道

维修后的飞虎关

维修后的飞虎关通道

维修前的飞虎关

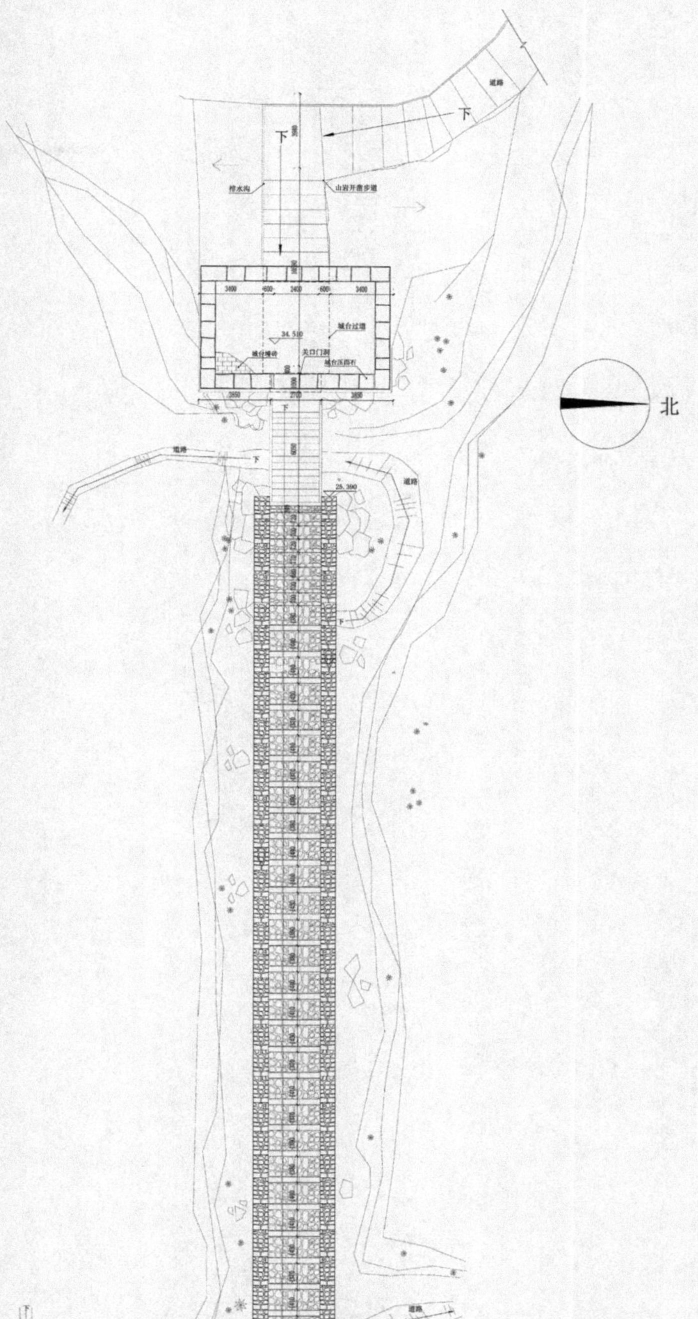

飞虎关、天梯总平面图 1：200

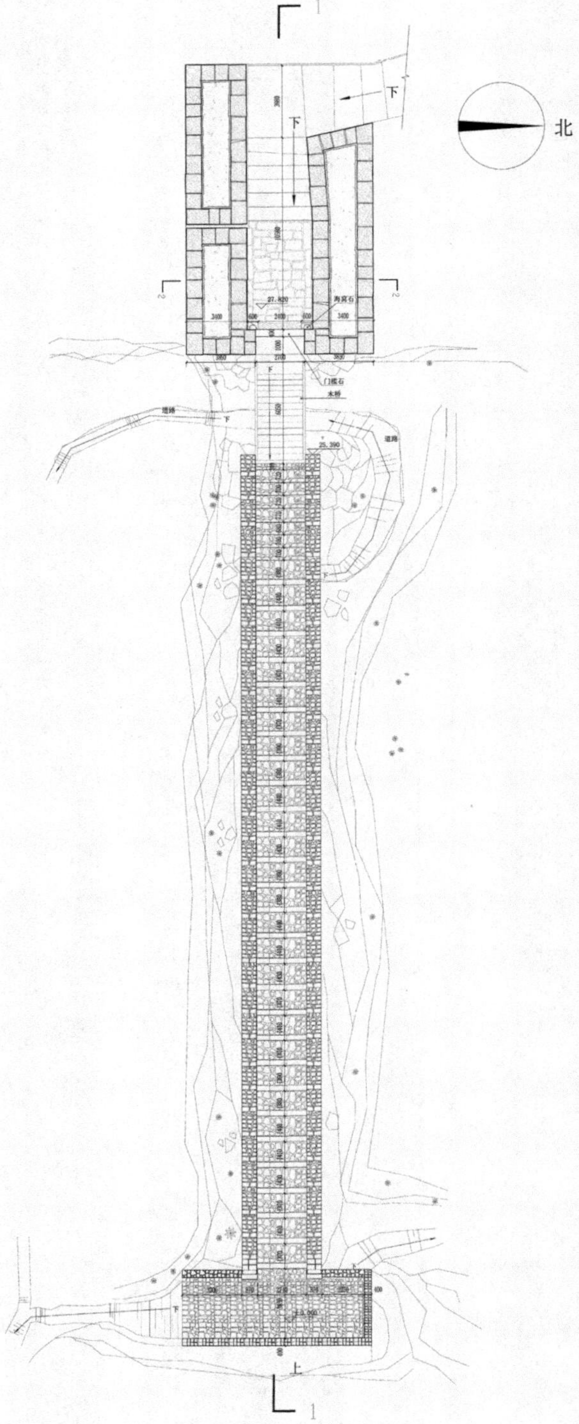

飞虎关、天梯平面图 1：200

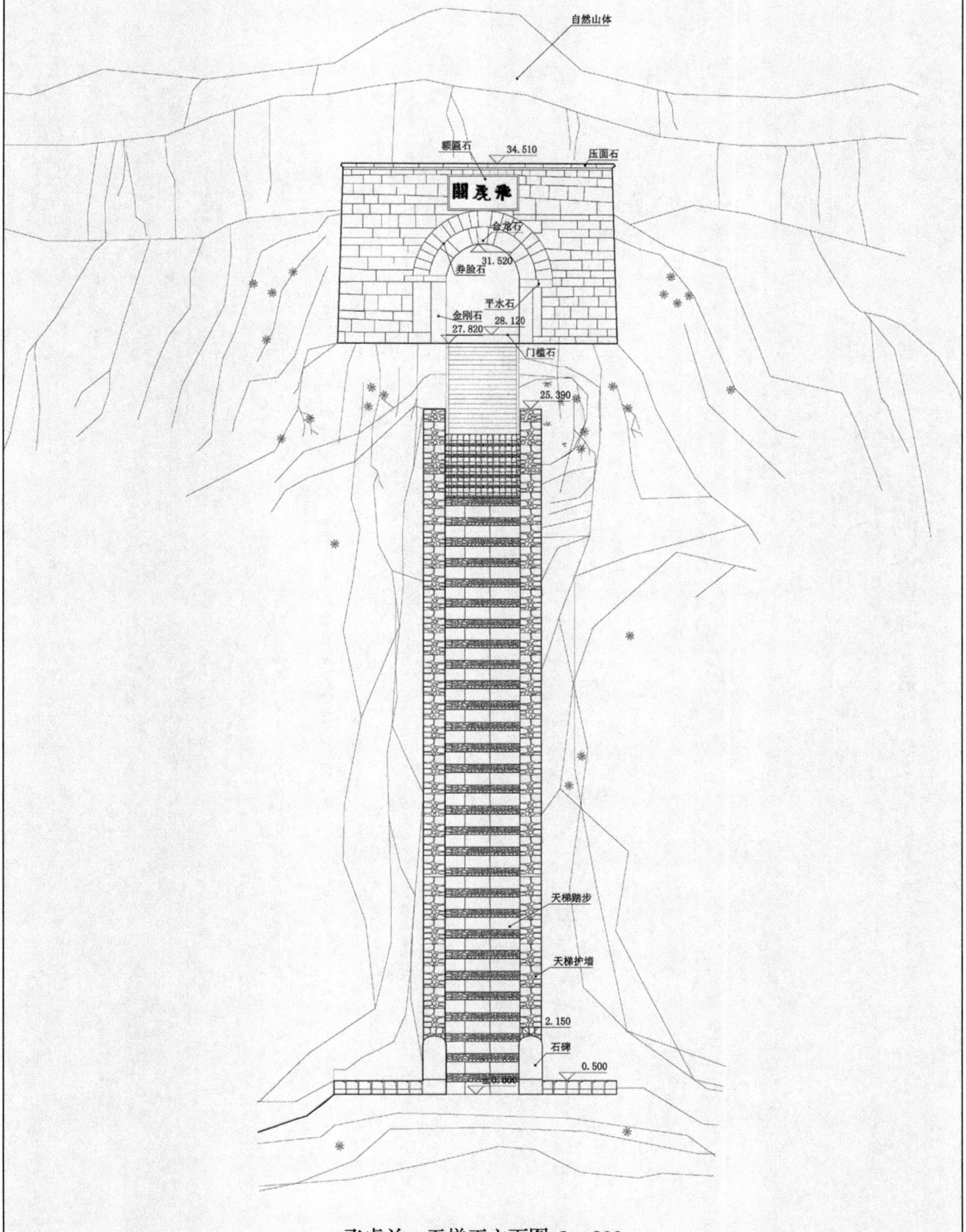

飞虎关、天梯正立面图 1：200

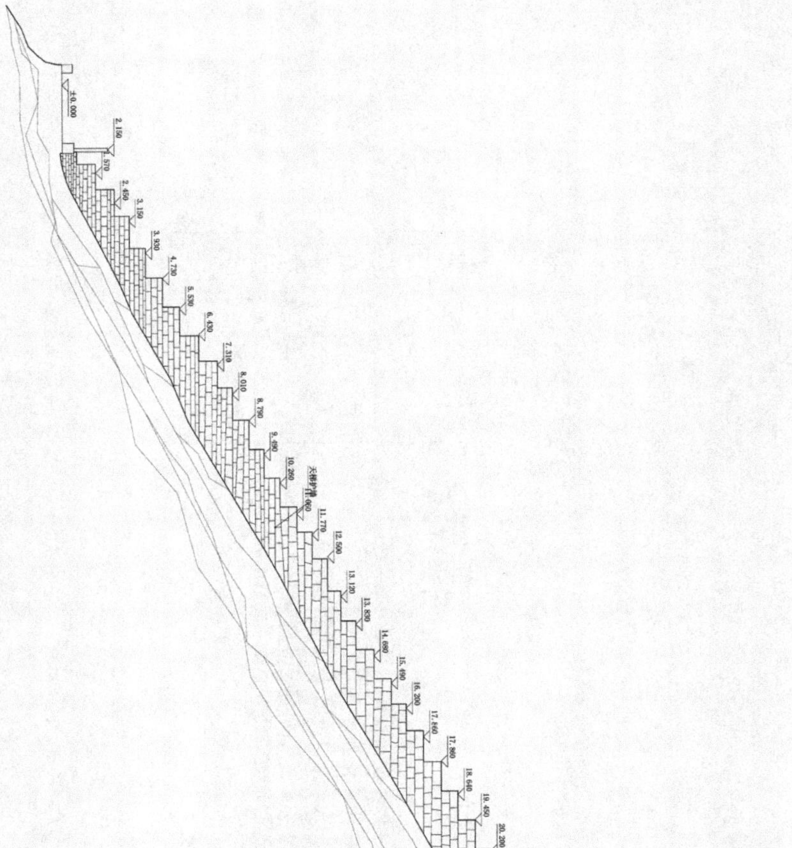

飞虎关、天梯北侧立面图 1：200

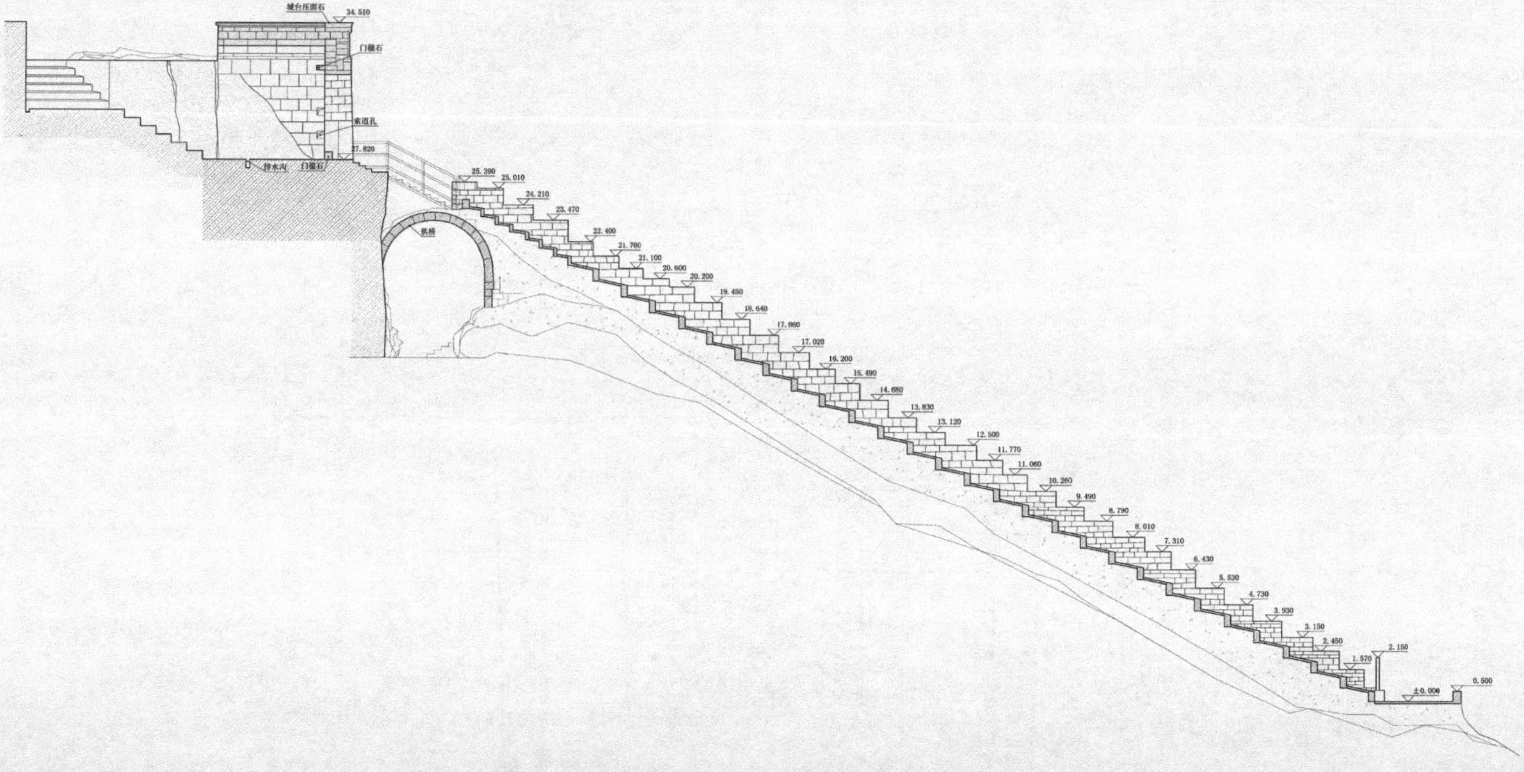

飞虎关、天梯 1-1 剖面图 1：200

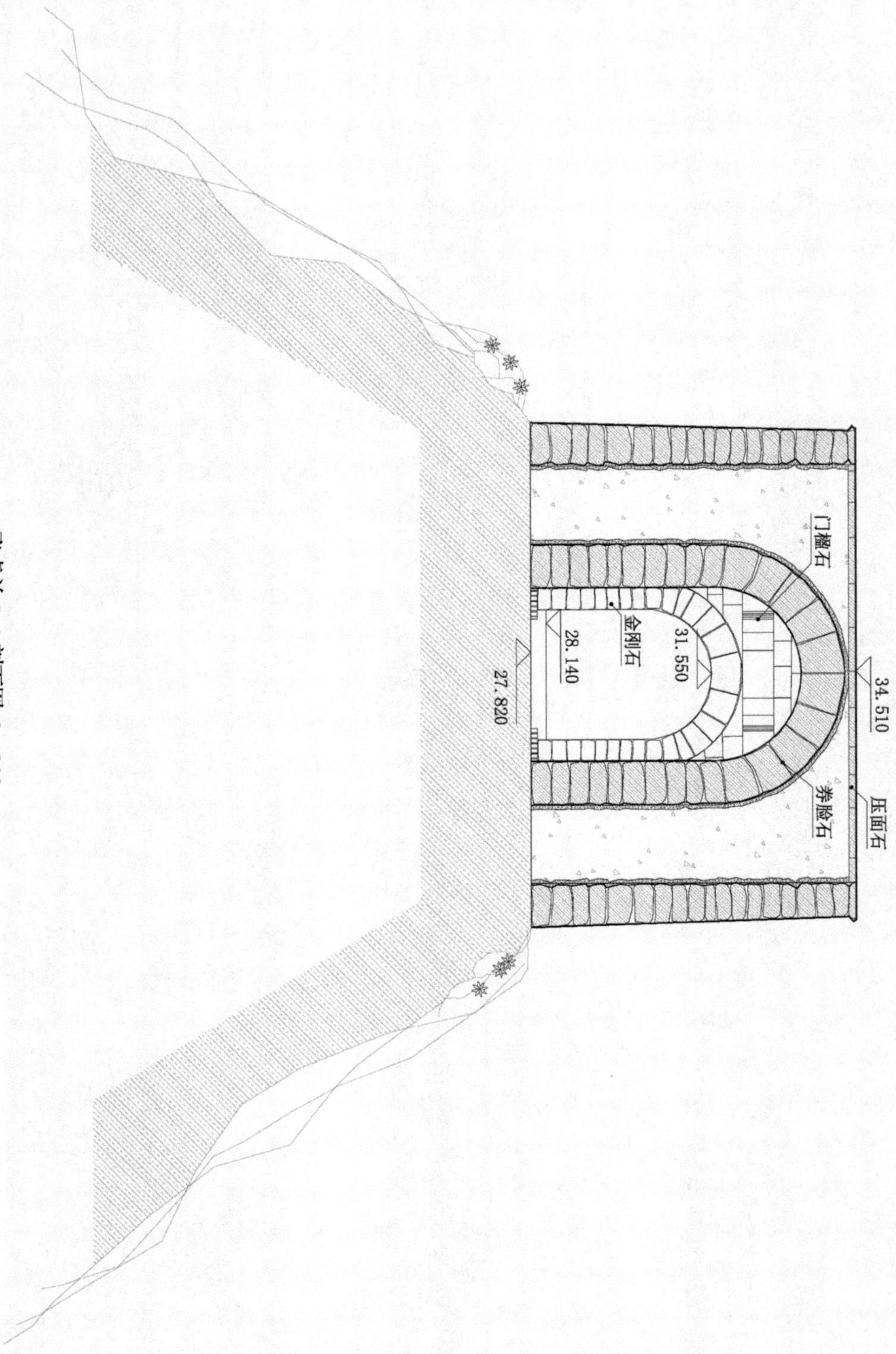

飞虎关 2-2 剖面图 1 : 100

多呈长方形，尺寸大小不一；构造方式为石料之间用石灰糯米浆黏结材料黏结；石料的砌筑考虑到不同位置的选择，一般将较完整的、体块儿较大的石料砌筑于城关较重要的位置上，比如：城关的正面、前后面门洞口边的发券石、半圆券拱的“锁石”等关键部位；长方形石料使用错缝搭接砌筑。关口外侧有一道关门，其构造简洁实用；装饰特点为仅在内侧安装门轴的门额石条上有简洁的线刻纹路。2010年修复时按其原形制、原结构和原工艺并结合建筑结构特点、构造方式及装饰特点进行了归安修复。

（7）飞龙关

飞龙关位于龙岩山海龙屯顶东北角向外凸出的绝壁上，处于北纬27° 48′ 55.7″，东经106° 49′ 06.1″，海拔1206.9米，坐南向北，下通过基岩台阶连接哨台与龙虎大道相连，上通瞭望四角亭，为东路进入内城的第一道关口。以飞龙关、飞虎关、铜柱关和铁柱关形成东外城军事防御区。

飞龙关始建于南宋，明代加固重建。用青石与石灰糯米浆错缝砌筑而成。为面阔一间、纵深三间排列的半圆形拱券顶石结构城门，共有四道拱券门。城门残高为7.15米，进深10.15米，面阔14.5米，墙体垮塌约80%，石砌城关拱顶全部坍塌，仅有正面外侧一层拱券石尚存原位；城关左侧坍塌约80%墙体。“飞龙关”三个字由杨应龙亲笔题书，匾额保存较好。

飞龙关下临杀人沟深谷，巍然耸立，宛若天门，关内三道石砌拱券城门，构成三重防御，关后壁上，有棱形套叠的多孔石窗，该整石“漏窗”是目前保持较好的古建筑构件。关前的石质台阶系在基岩上由人工凿成，两侧留基岩护墙，东侧护墙保存较好，西侧护墙因农耕生产被当地村民便于行走破坏，约见其护墙遗迹。台阶下有“云台”摩岩石刻一方，台面存两圆孔，当地人称为“旗杆”孔。

飞龙关残损原因有两方面，一是自然破坏因素：①在飞龙关两侧无城墙，其城关拱顶形成的向外的侧推力无以平衡，拱顶易坍塌；②植物根系对墙体造成鼓膨及雷电对飞龙关墙体破坏导致西南侧墙体坍塌，形成残状如“擎天一柱”美景，也成了海龙屯的标志性建筑；③石构件生长青苔对文物本体造成破坏。二是人为破坏因素：①1600年平播战役中，明军对关隘城台

飞龙关南侧

上城楼烧毁造成石质构件松动；②游人踩踏和农耕作业对石质构件进行拆除等损毁。

2017年，为确保飞龙关、飞凤关关体稳固，启动了飞龙关、飞凤关保护工程。

——相关链接：杨应龙扇“阴风”

1600年，明军围困海龙屯，对其久攻不下，李化龙命炮兵驻守对飞龙关对面的炮台坡用火铳向飞龙关攻击，步兵于山下向上仰攻。杨应龙见官兵如此猛烈，使出播州土司的

飞龙关内景

飞龙关

飞龙关漏窗

“杀手锏”，他组织几百名女子登上海龙屯的飞龙关顶和内城墙上，列队成排，全部脱光衣裤，裸身面对炮台坡，每个女子用竹箕和扇子从胯下朝官军阵地猛力扇风，同时还安排道士设坛做法事助阵。据传说：用这种古老的巫术是一种能以柔克刚、以阴克阳的一种克敌制胜的好方法，特别是在战争中用于对付枪炮，可以使炮打不响、枪打不出子弹。

在几百名裸体女子齐力向官军扇阴风和道士做法事助阵发功下，播州苗兵又向明军阵地发起冲锋，明军从未见过如此阵容，以为是天兵天将来了，大炮也打不响了，无计可施。明军只能退守，最终还是没能攻下海龙屯飞龙关，最后从后关攻入了海龙屯。[①]

① 《杨应龙传说》，何烨在非物质文化遗产调查中采编。

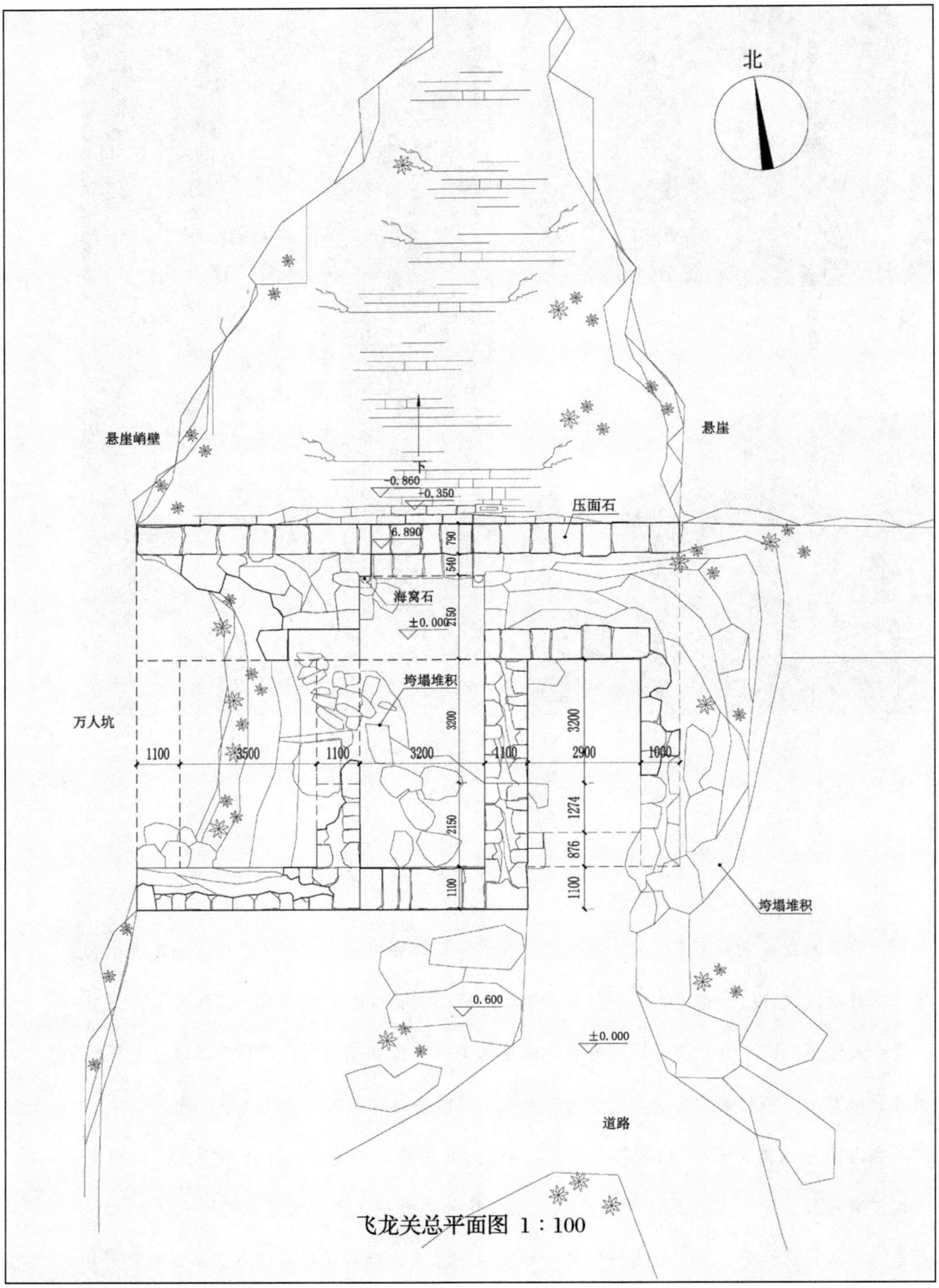

飞龙关总平面图 1：100

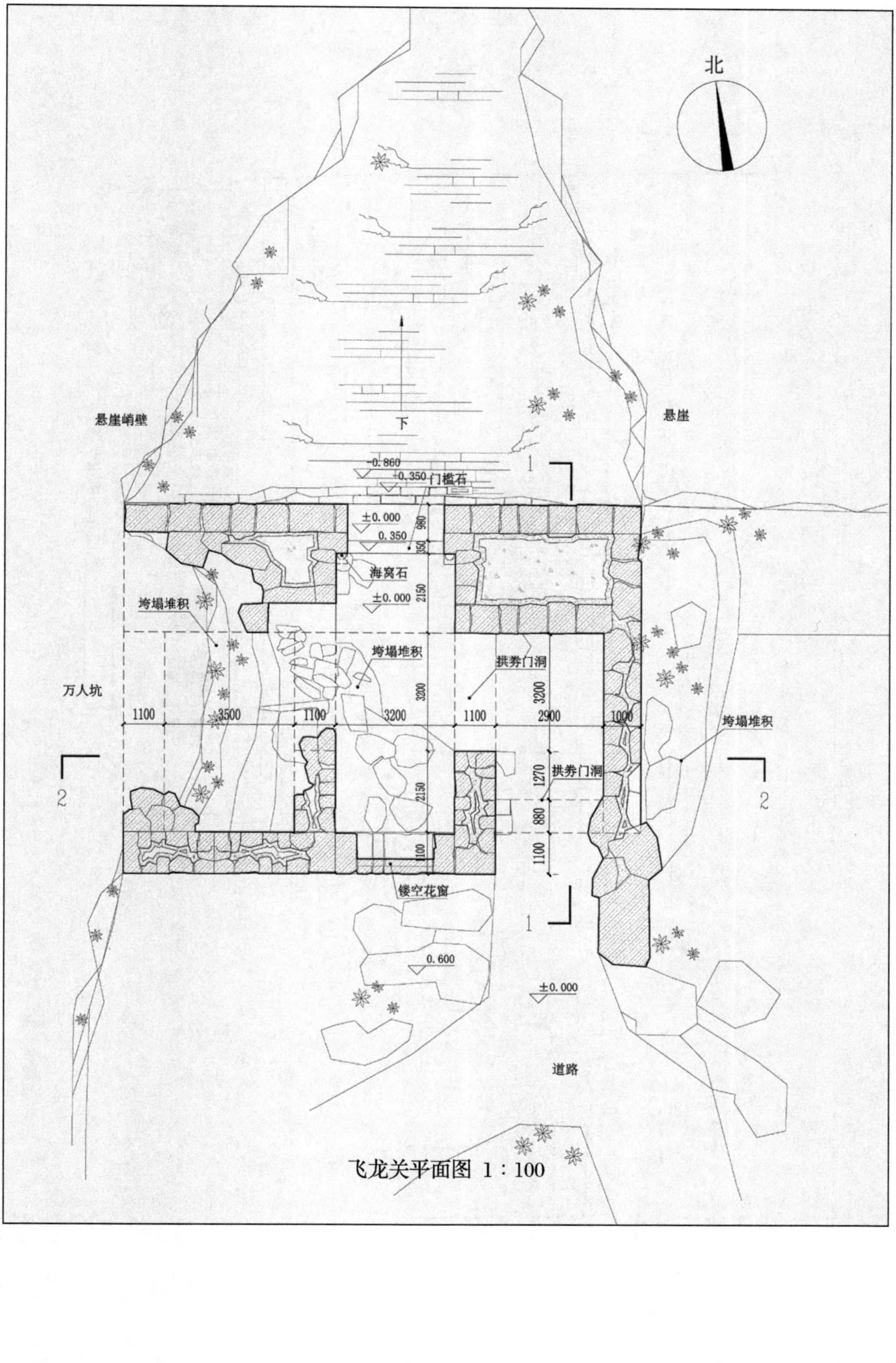
北
下
悬崖峭壁
悬崖
-0.860
-0.350
门槛石
±0.000
0.350
980
350
海窝石
2150
±0.000
垮塌堆积
垮塌堆积
拱券门洞
万人坑
3200
3200
1100
3500
1100
3200
1100
2900
1000
垮塌堆积
1270
拱券门洞
2150
880
1100
1100
镂空花窗
0.600
±0.000
道路
1
1
2
2

飞龙关平面图 1：100

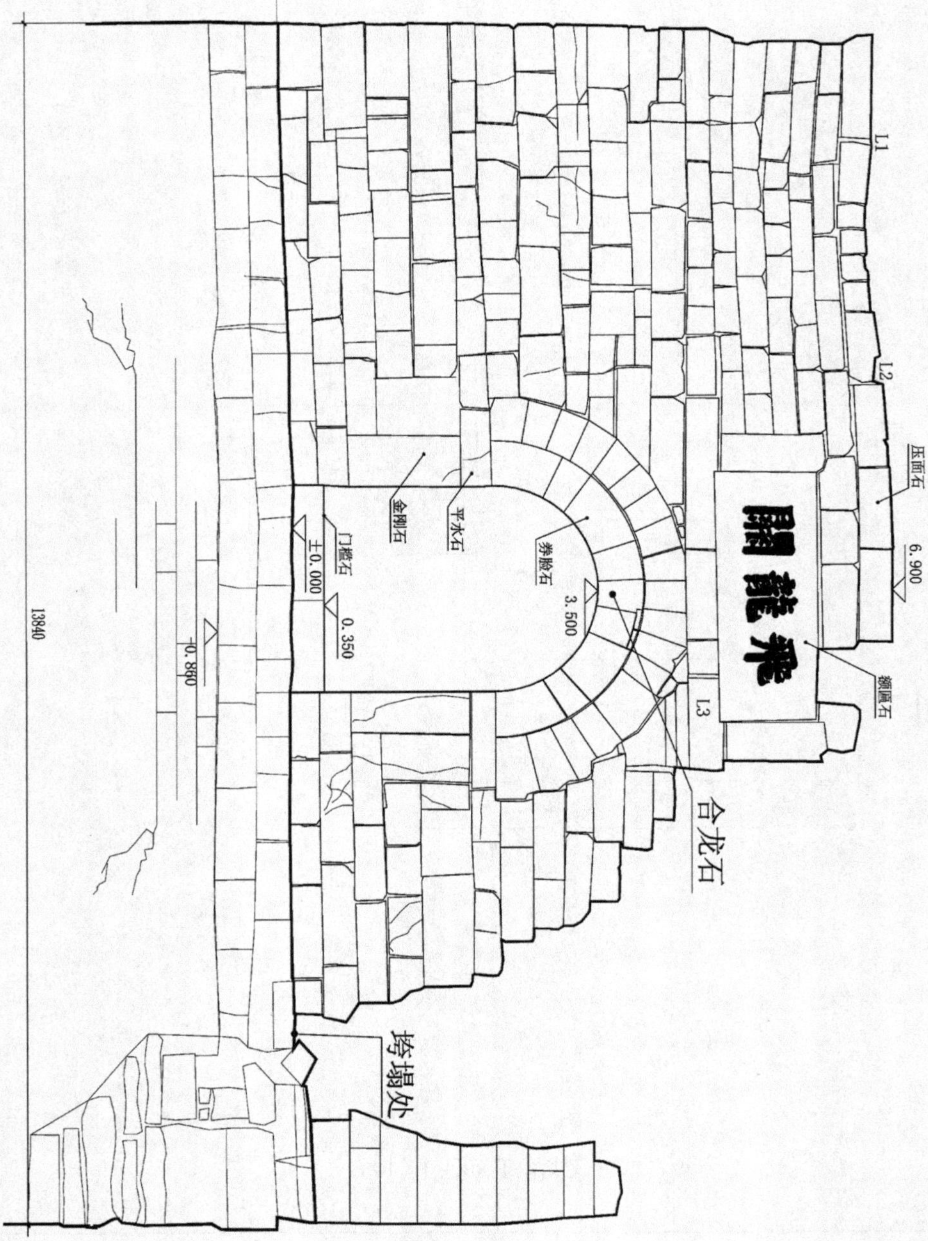
L1
L2
L3
压面石
6.900
额匾石
飛龍關
卷脸石
3.500
平水石
金刚石
门槛石
±0.000
0.350
-0.860
13840
合龙石
垮塌处

飞龙关正立面图 1 : 50

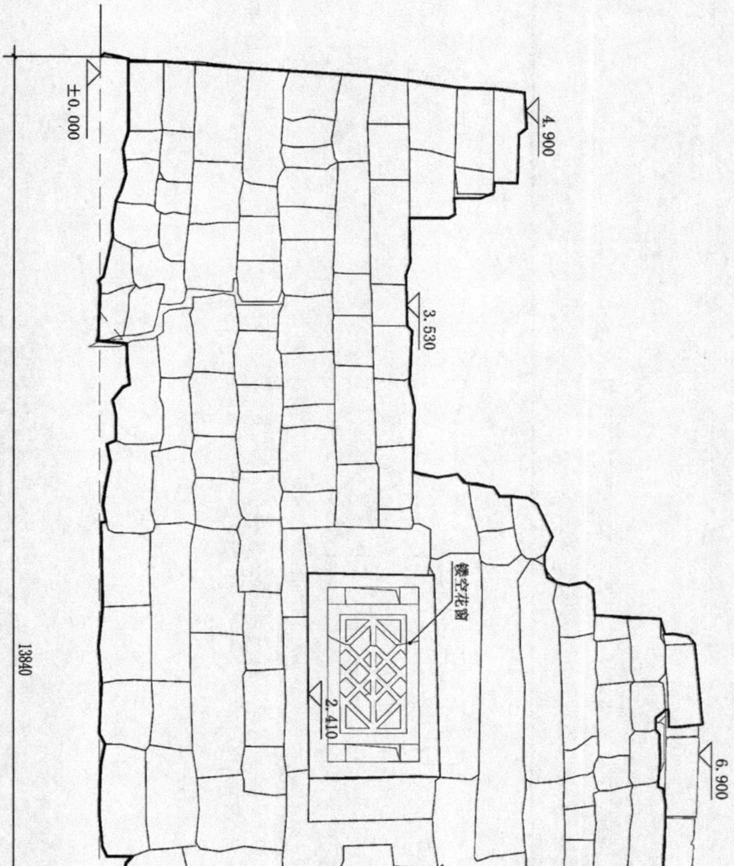

飞龙关背立面图 1：50

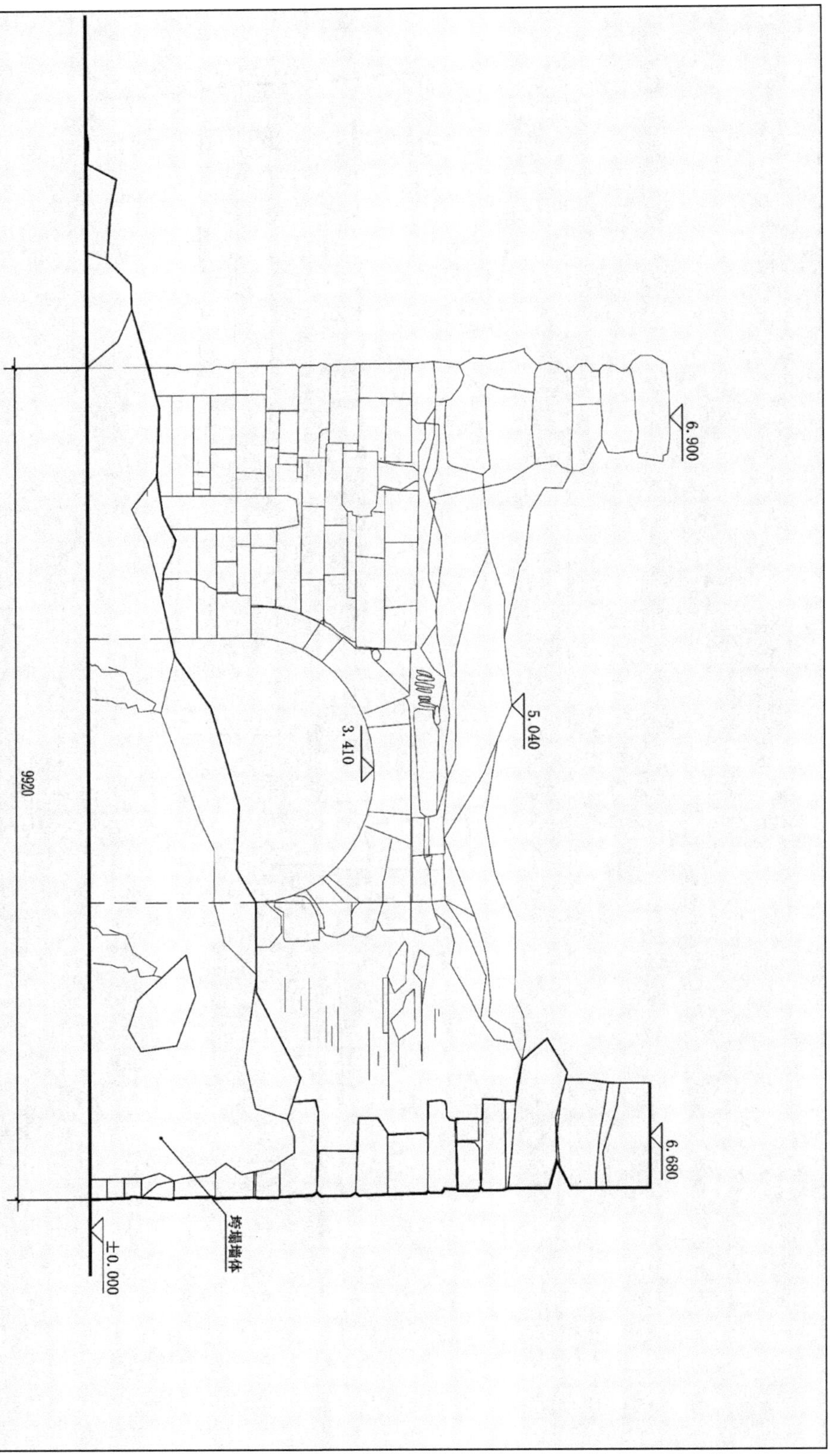

飞龙关侧立面图 1：50

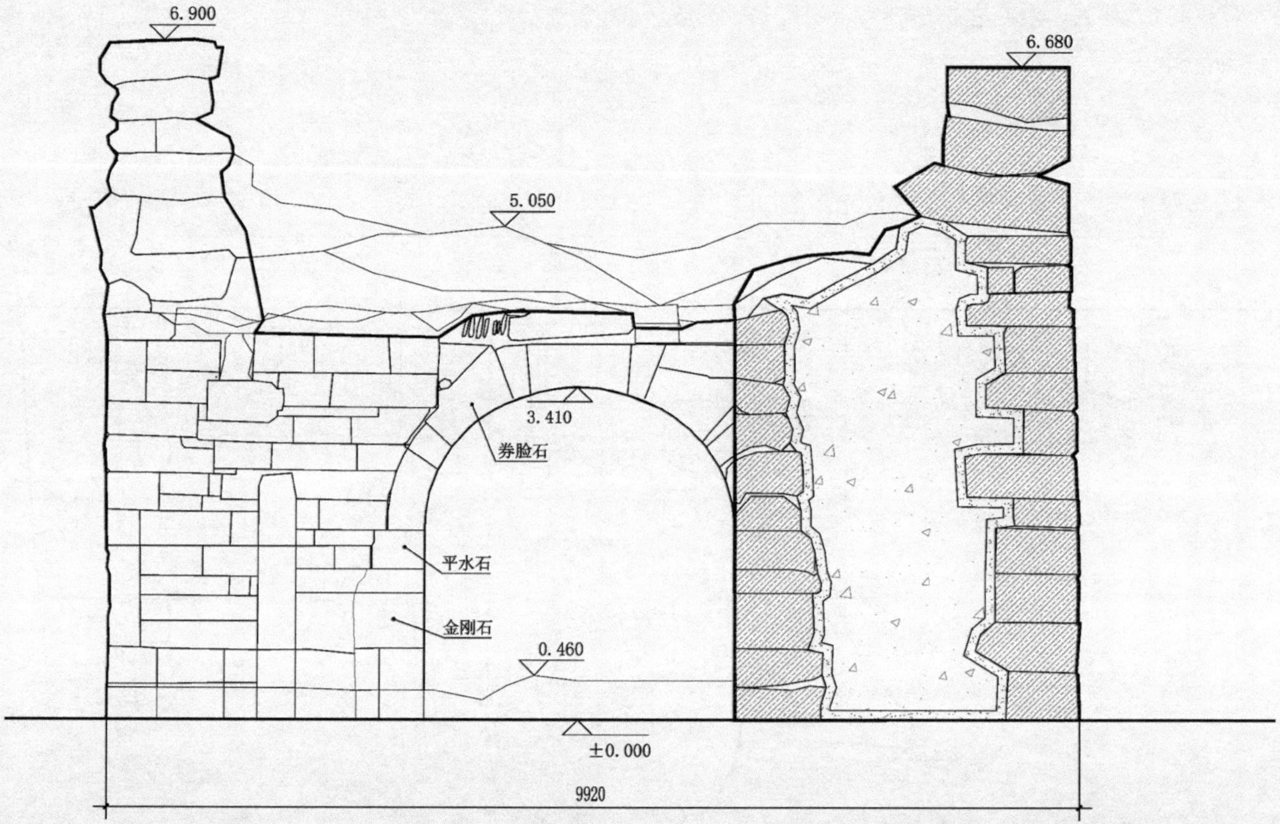

飞龙关 1-1 剖立面图 1：50

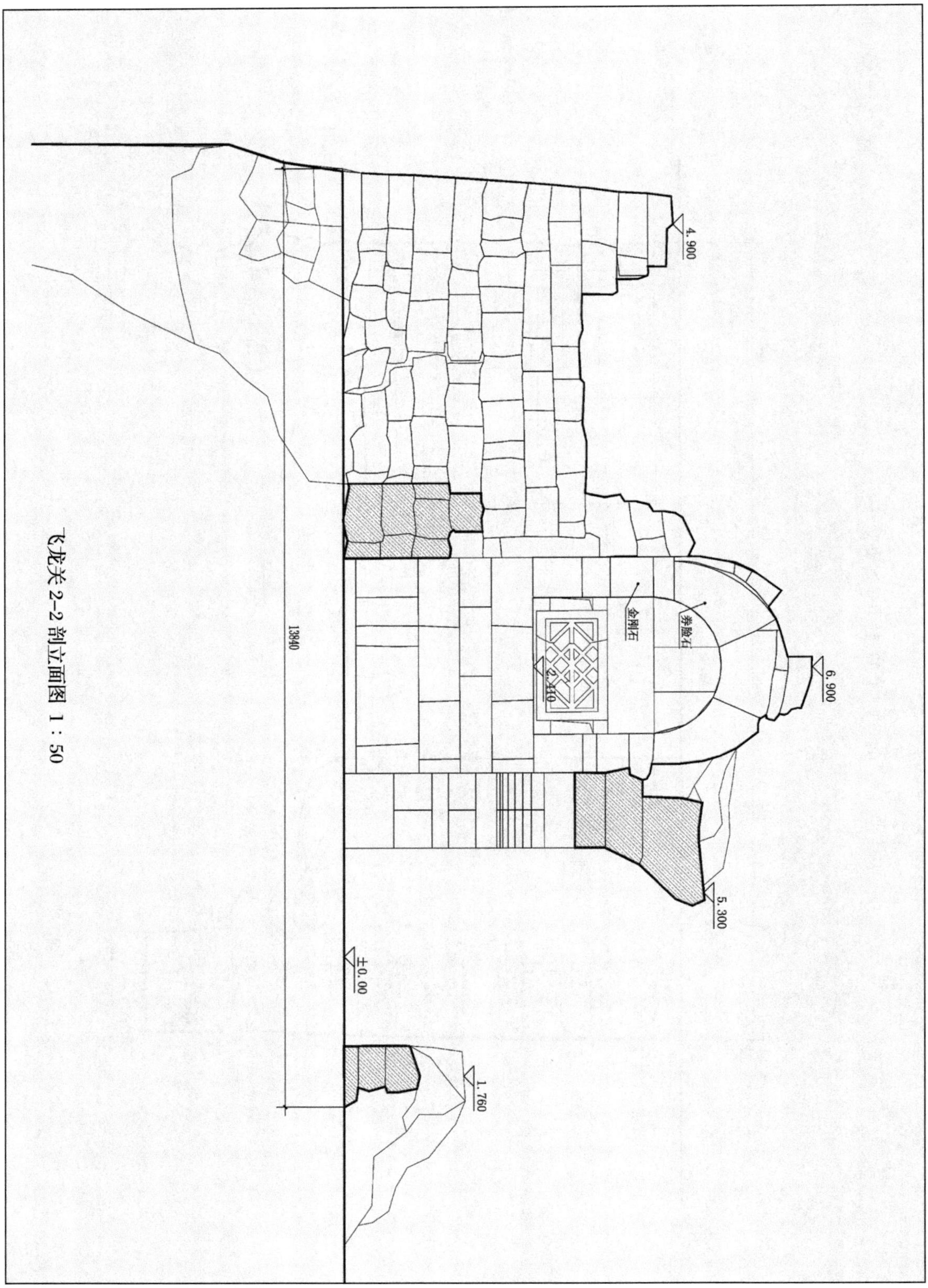

飞龙关 2-2 剖立面图 1：50

（8）朝天关

朝天关位于海龙屯上缓坡沟谷地带，前临深沟，筑两级转角露台，垂带踏步相连。处于北纬27° 48'52.2″，东经106° 49′ 07.6″，海拔1226.6米，坐西向东，向下连接瞭望四角亭，向上连接飞凤关。始建于南宋，明代加固重建。用青石与石灰糯米浆错缝砌筑而成，为单通道半圆形拱券顶石结构建筑，关顶建有城楼。城门面阔约为10.2米，残高为9.8米，进深6米。“朝天关”三个字为杨应龙亲笔题书，匾额保存完好，北侧墙体有垮塌，南墙面有裂缝。

朝天关的围墙坚实厚重，砌筑石料最大的重达两吨。城墙又宽又平，足可跑马。城墙沿山崖蜿蜒上升，直达飞凤关。关前转两层露台向南沿内城墙又连接飞龙关。

朝天关一层露台被坍塌的北侧墙体砌体建筑构件所淹没，踏步石和垂带石保存较好；二层露台东侧墙体坍塌，东、南、北侧台明石保存良好，台心现存为土质台面，踏步石及垂带石保存良好，南侧金钢石风化，门槛石保存良好，北侧门臼缺失40%，通道两壁各两个门栓孔，残枝莲纹石质门楣保存较好，关体内侧自然和人为覆土较高。2013年，海龙屯考古队对其进行清理，发现西南侧城墙有一排水孔。2014—2016年，对朝天关北侧墙体及关前露台进行砌筑归安。

朝天关拱券西端合龙石下刻有一“鼻孔”，这是与其他关隘最大的区别，说明其功能有所不同。

朝天关残损原因主要有两个方面，一是自然破坏因素：①植物根系生长破坏墙体结构；②石构件生长青苔；③排水不畅引起墙基失稳。二是人为破坏因素：①平播战役对城台顶城楼的烧毁造成墙体松动和台顶雨水渗透；②游人踩踏和农耕作业对环境的破坏。

朝天关保护工程实施后

——相关链接：话说朝天关

朝天关之名从史书上未能找到为什么取名为“朝天关”，从地理要冲要讲，对海龙屯军事防御功能布局也不是主要关隘，关前下方的深沟也具备了一定的军事防御功能，承担了连接瞭望亭至飞凤关的作用。朝天关位置又位于其南侧飞凤关向东南方向延伸一小山包和其北侧向瞭望亭东北方向延伸山包之间的要冲中，设一关隘从军事防御布局上讲也合乎常理，但不能从自然环境、地理特征和周边军事布局设施中找到一点点蛛丝马迹，可能推论取名为朝天关。

从全国范围内来看，在军事设施中取名为朝天关的还有位于四川广元北部的一个关隘。位于利州城北40里，是千里蜀道上最险峻的一段，相传唐贞观初年，袁天纲来到了朝天关登高望远，望见利州城瑞气缭绕，有“王气”之象，测定利州城定有贵人。于是决定到城中查看，来到城内自然去拜见武都督。武都督知他精通相术，便请他为家人观相。当时武则天尚幼，身着童子衣服。袁天纲见她生得龙眉凤眼，十分惊异地说：“此儿

朝天关保护工程实施前

朝天关西侧

朝天关内石门楣

若是女，必为天下主。①”后来，武则天果然当了皇帝，应了袁天纲预测。这个传说应是在唐朝，在近700多年后的明万历二十四年，播州杨氏土司为何取名朝天关？据当地人传说：杨应龙重建海龙屯后，把这个关取名为朝天关，是因为杨家世代受到朝廷的嘉奖，他本人先是到朝廷的“国子监”学习，后又受封于播州宣慰使，之后又升为都指挥史，他仰慕汉文化，忠诚于国家，即使他被“逼上梁山后”还要在这里每天朝拜天子以表示对朝廷忠诚。拱券顶上那个“鼻孔”就是挂长眠灯的，这个灯白天昼夜都亮着，上天随时能看得见杨家忠诚于朝廷的各种行动。

① 张鲁原著:《武媚娘秘史》，北京：中国社会出版社，2011年，第7页。

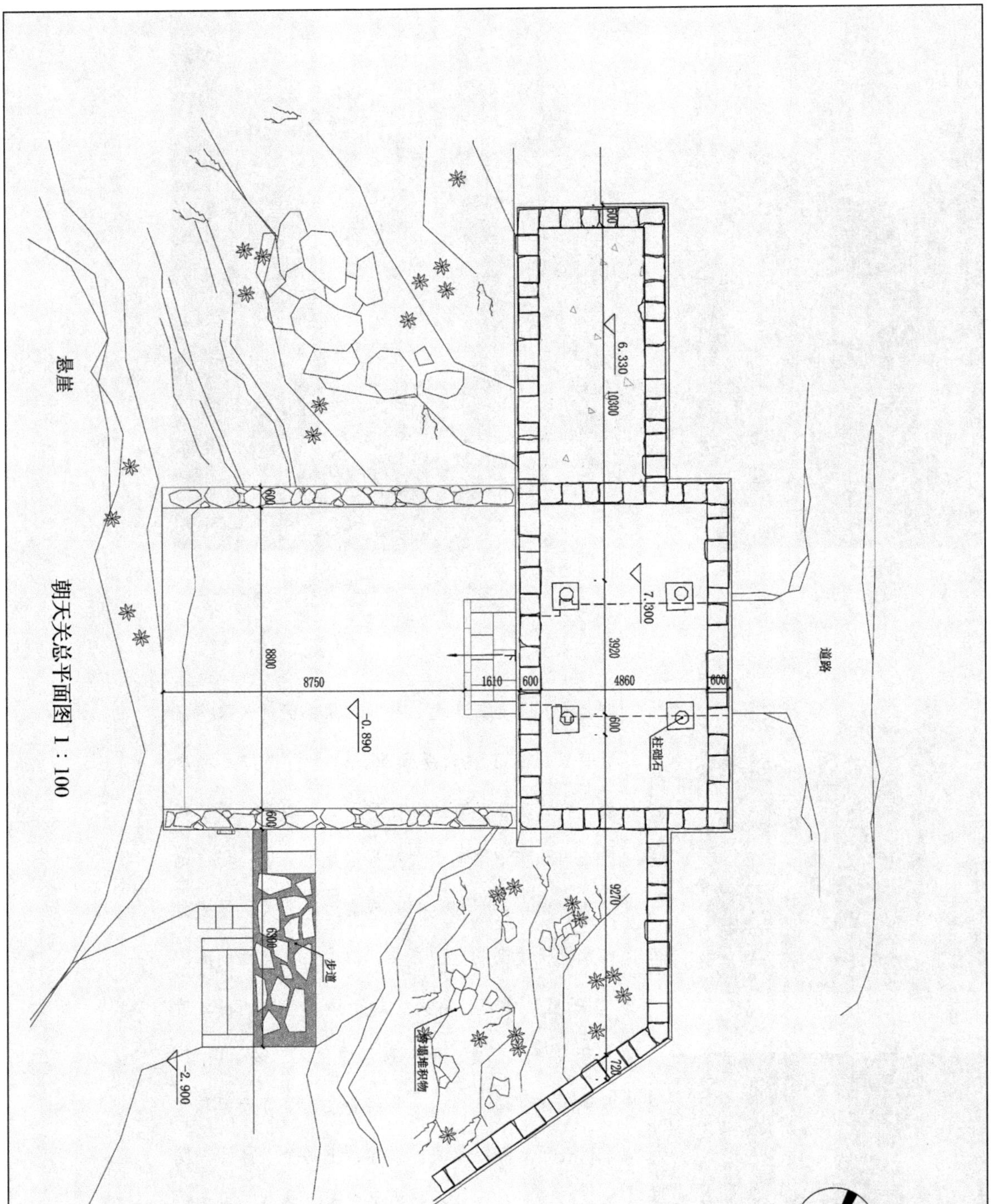

朝天关总平面图 1：100

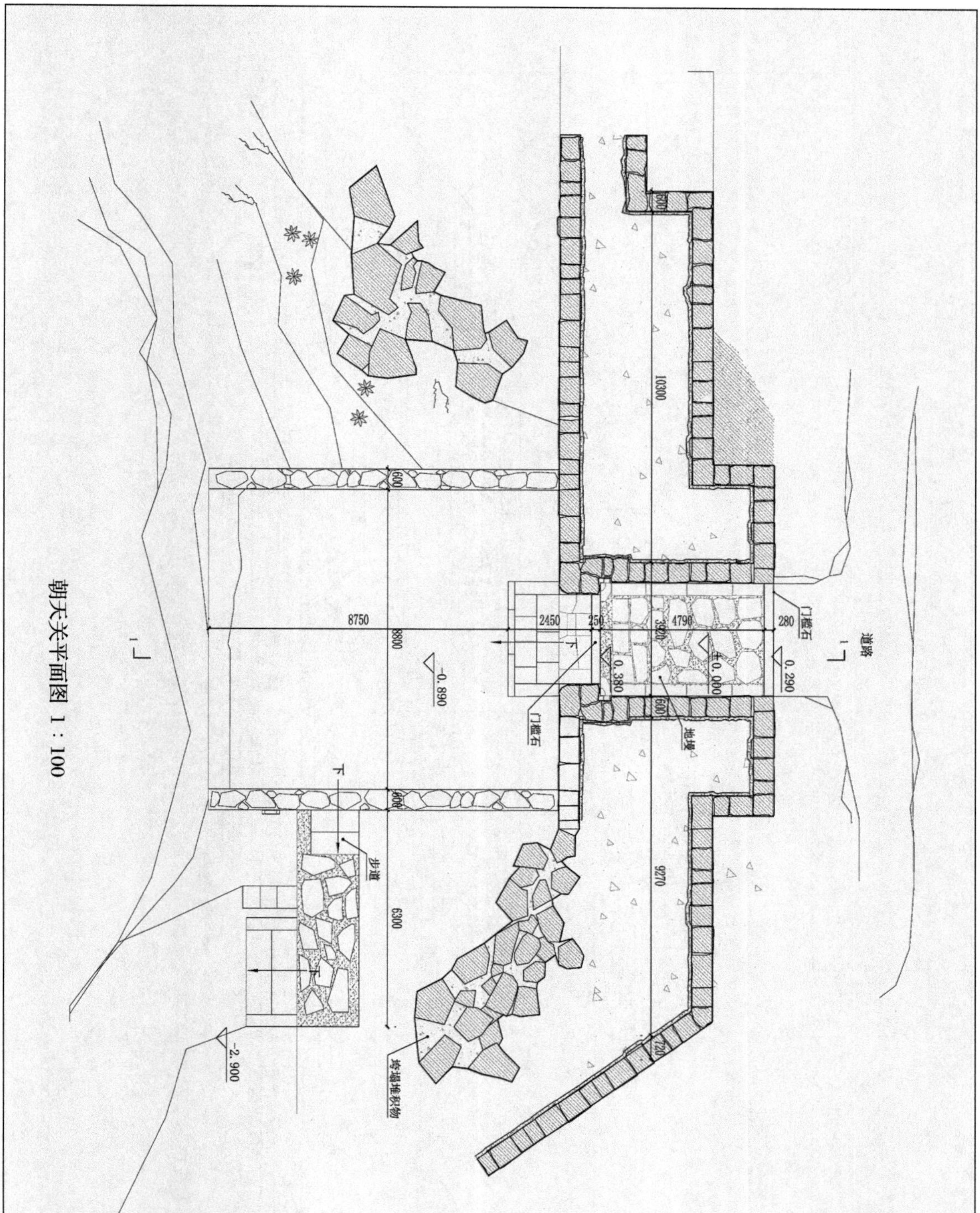
道路
门槛石
门槛石
地墁
步道
垮塌堆积物
下
下
北
10300
9270
8750
8800
6300
2450
250
4790
280
3920
600
720
±0.000
0.290
-0.380
-0.890
-2.900

朝天关平面图 1:100

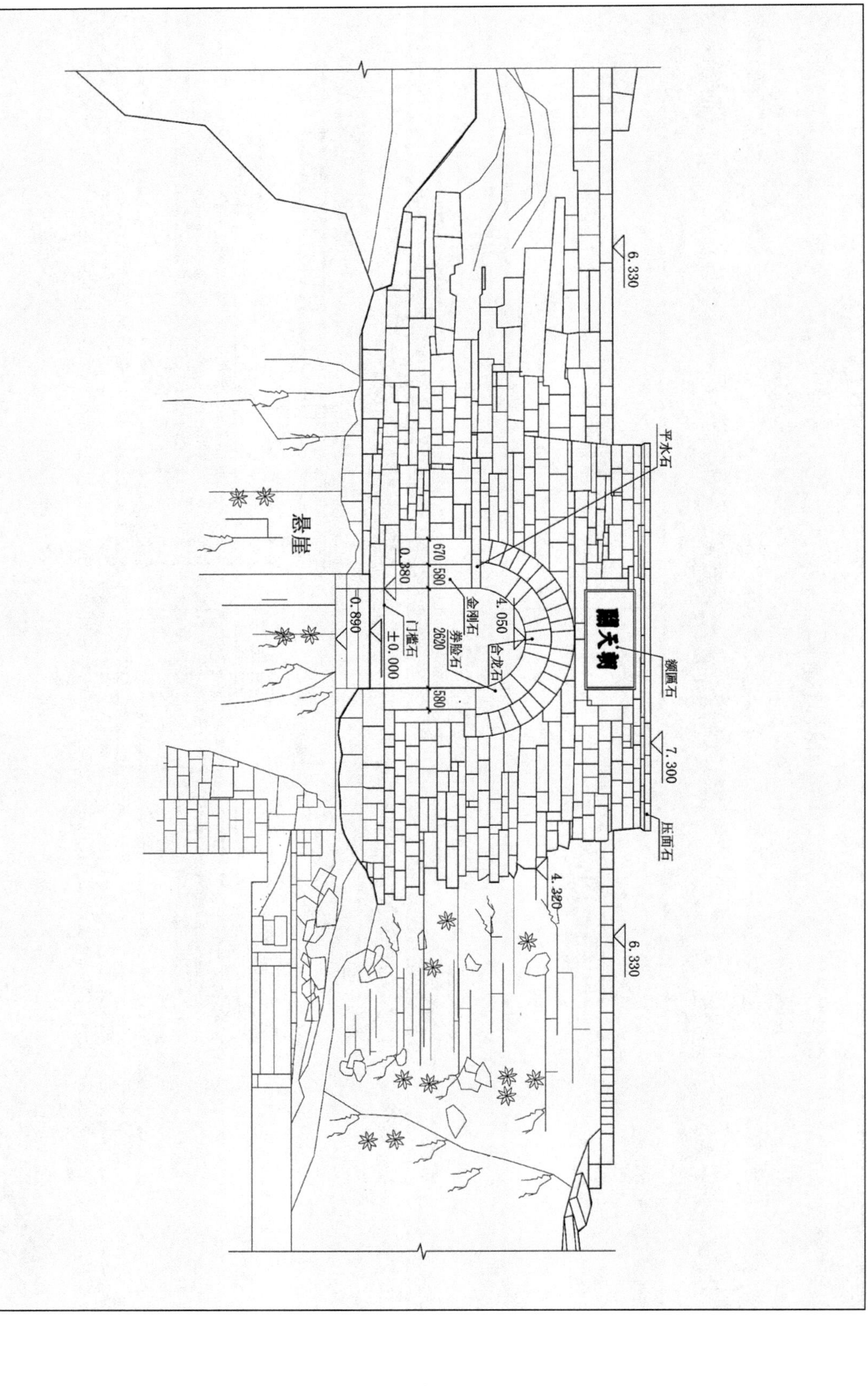

朝天关正立面图 1 : 100

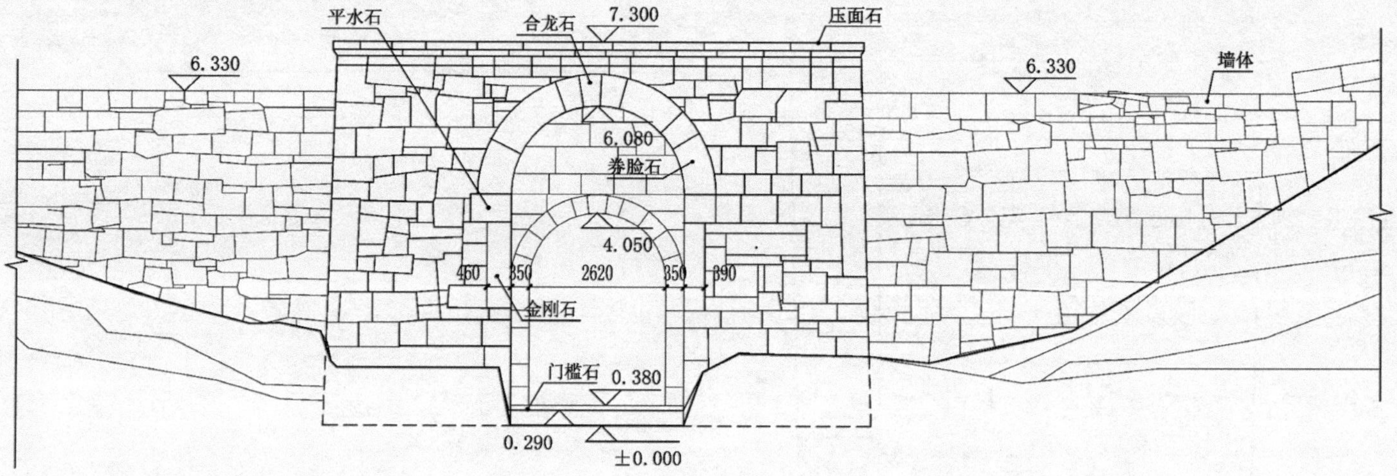

朝天关背立面图 1∶100

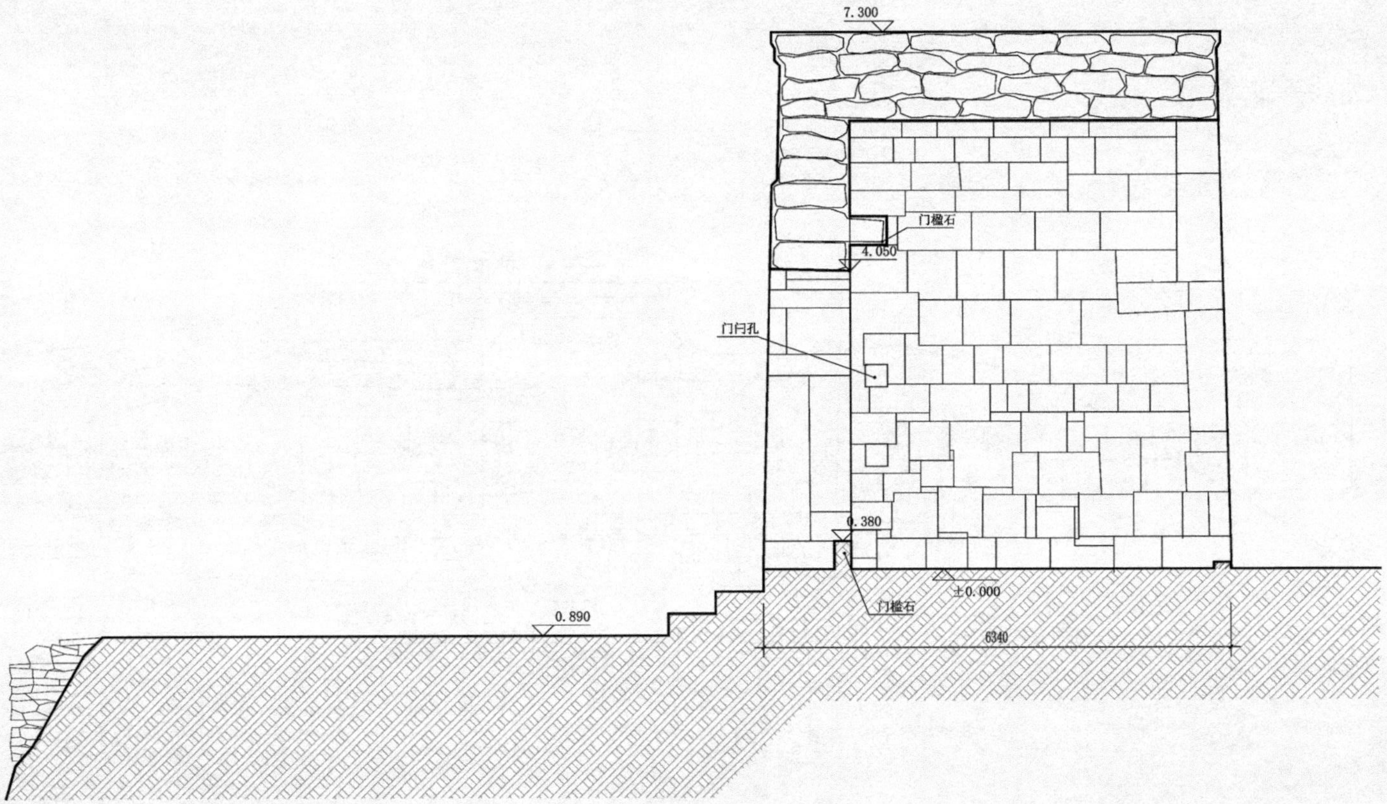

朝天关 1-1 剖面图 1：50

（9）瞭望哨亭

瞭望哨亭，当地人称之为转山，位于朝天关北侧的小山包上，处于北纬27° 48′ 55.6″，东经106° 49′ 06.2″，海拔1218.5米。瞭望哨亭视野开阔，北与飞龙关呼应，南与朝天关比邻。建于明代，是战时前沿指挥点。

瞭望哨亭现存16个柱础，直径为43毫米～46毫米，16个柱础按每4个一组呈正方形于四角铺设，其建筑在1600年平播战役中烧毁。现存地面为泥土台面，堆积了部分瓦砾。

从其16个柱础的位置和柱础直径尺寸研究，瞭望哨亭应该是至少为四角重攒尖顶建筑，还有可能四角三檐攒尖顶建筑。其功能一是可以作为战时前沿指挥点，并将其飞龙关以外的东外城军事防御区的活动观察清楚后传递给朝天关至飞凤关；二是从其位置与飞凤关东南侧一小山包成互为掎角之势，正是钟楼和鼓楼布局的最佳位置，飞凤关东南侧小包因农耕活动对其破坏较大，现也无法进行考古发掘研究。但古代有晨钟暮鼓的礼制，作为播州土司重要的军事防御阵地和离宫别宛的海龙屯，其对礼制的要求必不可少。

瞭望哨亭残损原因主要有两方面，一方面是植物生长破坏台面；另一方面是人为破坏因素：①平播战役烧毁建筑和烧裂柱础；②农耕作业对环境的破坏和台面破坏。

望哨亭遗址残存柱础

望哨亭遗址

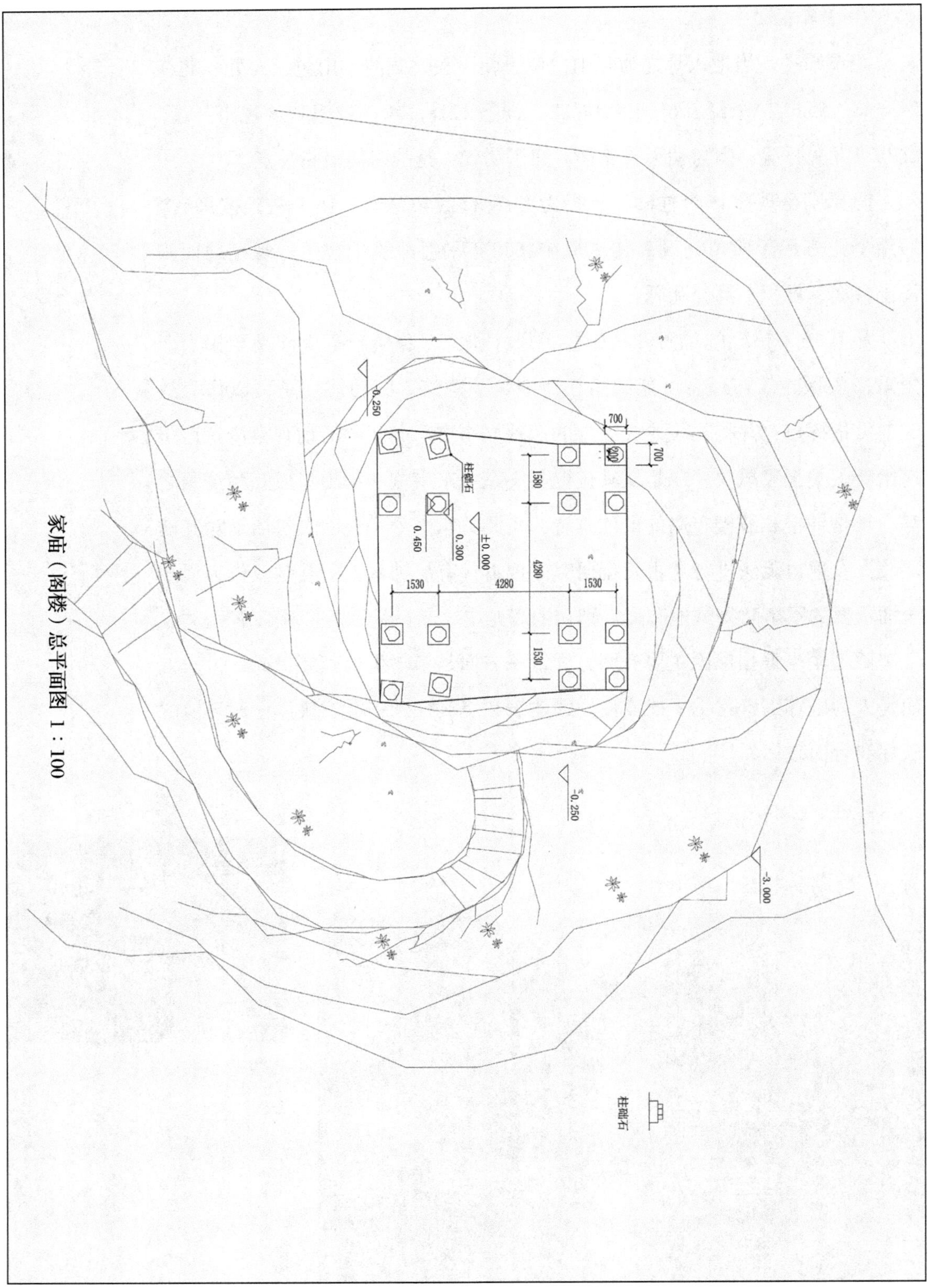

家庙（阁楼）总平面图 1：100

（10）飞凤关

飞凤关位于海龙屯朝天关南约50米，建在山梁上一缓坡地带，当地人称“楼子”和“五凤楼”，处于北纬27° 48' 50.1"，东经106° 49' 07.8"，海拔1236.9米，坐南向北，与朝天关紧邻，形成防御工事组合。始建于南宋，明代加固重建。通长17.68米，城门残高6.9米，面阔17.7米，进深9.55米。用青石与石灰糯米浆错缝砌筑而成。城门为单通道半圆形拱券顶石结构建筑，关顶建有城楼。关顶存柱顶石5个，直径为52毫米～56毫米，木结构建筑无存。天井内原立有杨应龙撰写并亲笔题书的《骠骑将军示谕龙岩囤严禁碑》[①] 一通，现藏于囤顶的海潮寺内。

飞凤关是一组宏大的建筑群，北面与朝天关和飞龙关三关连成一体，高低相属，互成犄角之势，构成前沿指挥军事体系。一进东侧开一方形门洞进入朝天关城墙，经城墙进入朝天关楼台顶与瞭望哨台相通；西侧开一方形门洞通过五级台阶与朝天关内侧连接，也是经朝天关通道后进入飞凤关的唯一入口；南上三级台阶进入二进平台，以一进平台与二进平台形成方形的院落，院落北墙与城门形成两进方形闭合空间。院落南为城关主城楼，城楼下为拱券顶通道出城楼，城楼两侧分别建石质台阶上城台顶。

飞凤关匾额无存，当地人十多年主要称“楼子”或“五凤楼”，贵州省文物考古研究所副所长、研究员、海龙屯考古队领队李飞先生在“海龙屯关名考译”中这样描述：郑珍在《遵义府志》里并无“飞凤关”记载，可见其被称为“飞凤关”是比较晚的事，可能是十余年前海龙屯旅游开发时所起的名。“五凤楼”的俗称不禁令人想到紫禁城的正门，它是仅次于正殿的重要建筑，不仅具有供出入的使用功能，还是遵照礼仪举行隆重大典的重要志所。海龙屯的“五凤楼”在平面上变大略呈“凹”字形，正城门顶设正楼，其前也左右两翼，可惜残破较甚，其是否设有方亭或明廊已不清楚。其内所立的杨应龙手书的规定进出海龙屯制度的“骠骑将军示谕龙岩囤严禁碑”，彰显了这处关隘非同寻常的地位。从形制到内出遗物，都表明这处关隘可能与紫

---

① 贵州省遵义县县志编纂委员会编著:《遵义县志》，贵阳：贵州人民出版社，1992年，第1165—1166页。

禁城的“五凤楼”一样，是海龙屯的正大门。①

从李飞先生的论述中来看，飞凤关原有的名称应该称“五凤楼”，且还是海龙屯的正大门，笔者对其观点较为支持，一是飞凤关在海龙屯的军事防御布局上，已经没有多大的军事防御功能了，只是一个指挥中心，所以称为“楼”，不应称为“关”；二是从飞凤关所处的位置来看，它已经进入内城区域的前端，所以李飞先生的“正大门”之说是合符海龙屯整体布局的。

飞凤关的保存状况较差，其四合院墙体垮塌约60%；城关两侧通体裂缝，东侧墙体垮塌80%，城关西侧墙体向外鼓彭现象严重，拱券顶合龙石松动，坍塌一块；南面西侧石踏步变形、残损、局部有坍塌。2017年启动对飞凤关保护性维修工程。

飞凤关残损主要因素有两方面，一是人为破坏因素：①平播战役中对城楼烧毁造成城楼无存；②烧毁城楼时造成石质构件开裂松动；③农耕生产中对其城关墙体石质构件拆除用于砌筑田埂堡坎或用农民砌筑炉灶等。二是自然破坏因素：①由于地形条件限制，飞凤关东西两侧无城墙，其城关拱券顶形成的向外的侧推力无以平衡，造成两侧墙体向外鼓彭、拱顶锁石坍塌、松动；②植物根系生产破坏墙体结构；③雷电等自然灾害对墙体造成坍塌以及石构件生长青苔等。

——相关链接：飞凤关传说

传说飞凤关之名背后有一个传奇的爱情故事。

播州土司杨应龙承袭播州宣慰司后，用他超人的智慧和超强的管理能力治理播州这块土地，随着事业的扩大和对朝廷的效忠，他又升任为都指挥使。但是他刚愎自用、骄奢淫逸、滥杀无辜，埋下了日后灭亡的祸根。思州田氏土司是杨氏世氏联姻的老亲，有一天，他去思州办事，思州府总管田雄接待了杨应龙并安排了一名女子为其服务，这名

① 李飞：《海龙屯关隘考》，载《贵州社会科学》2014年第1期，第115页。

女子是田雄的堂侄女叫田雌凤，自幼父母双亡，从小跟着堂叔田雄长大，后又在总管厅帮助他料理事务。雌凤长得颇有姿色，温文雅尔，处处透露出少女迷人的气息，杨应龙看得心花怒放，田雄也看在眼里，就给杨应龙说，这女子如你看得上就带回播州送给你吧，杨应龙听得这句，早就垂涎三尺，于是当晚就带回播州连夜成亲了。成亲后田雌凤见杨应龙妻妾成群，又是一个杀人不眨眼的魔头，非常后悔，但嫁鸡随鸡，嫁狗随狗的封建传统思想使她又无法解脱，只有认命了，于是田雌凤使出了女人的百般柔情拢络杨应龙的心，使杨应龙对这个女人百般疼爱，有求必应。杨应龙修建的飞龙关和朝天关即将完工，为讨好这个女人就给田雌凤说，我想在朝天关上面再修一关，下面有飞龙关，我叫杨应龙，这个关取名飞凤关，我俩“龙凤呈祥”多好，田雌凤非常高兴。于是就在这个关修好后由杨应龙亲笔手书了“飞凤关”三个大字镌刻在城楼上。

飞凤关东侧

飞凤关北侧

飞凤关南侧

朝天关和飞凤关

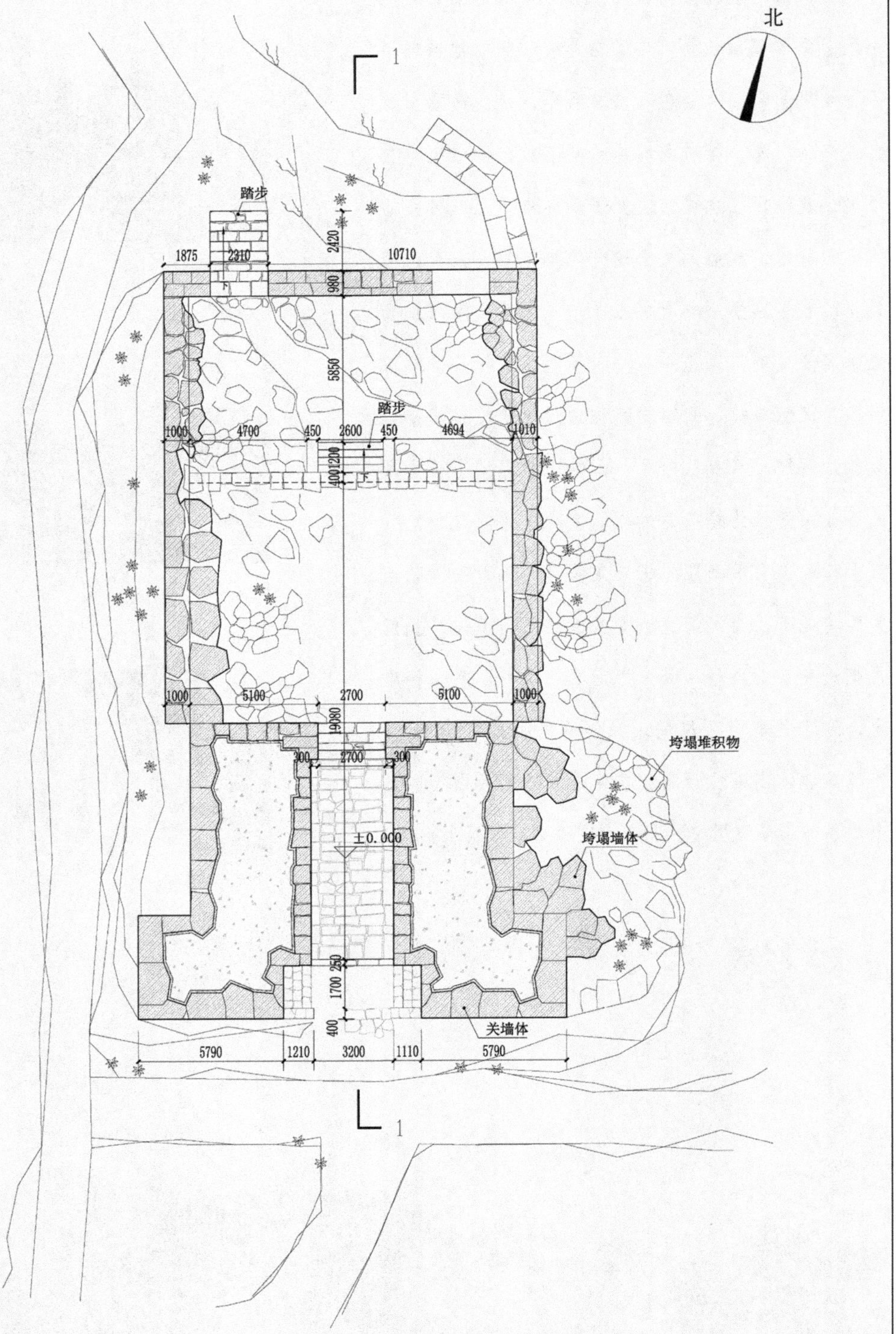
北
1
踏步
1875
2310
10710
2420
980
5850
踏步
1000
4700
450
2600
450
4694
1010
1200
400
1000
5100
2700
5100
1000
1080
300
2700
300
夸塌堆积物
±0.000
夸塌墙体
250
1700
400
关墙体
5790
1210
3200
1110
5790
1

飞凤关平面图 1：150

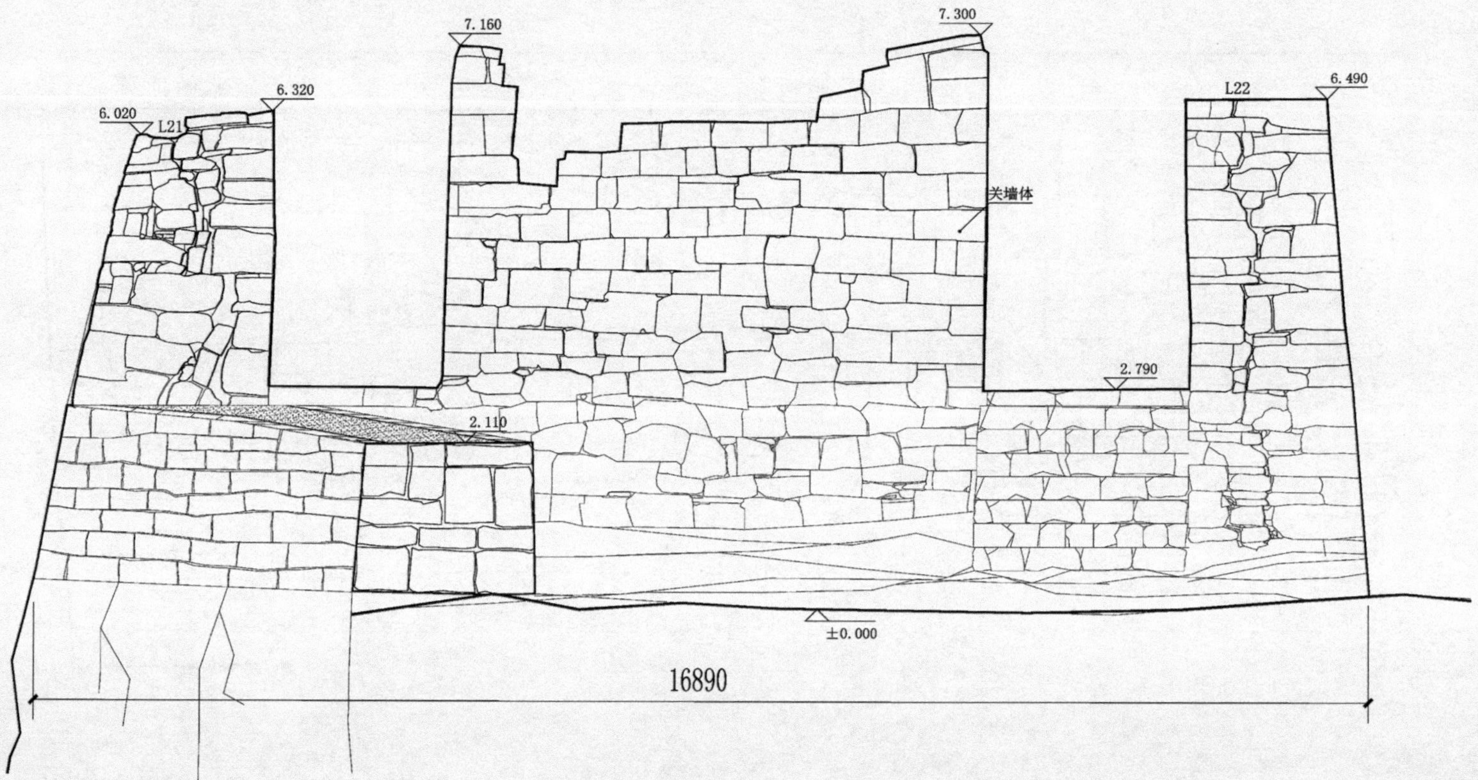

飞凤关正立面图 1：50

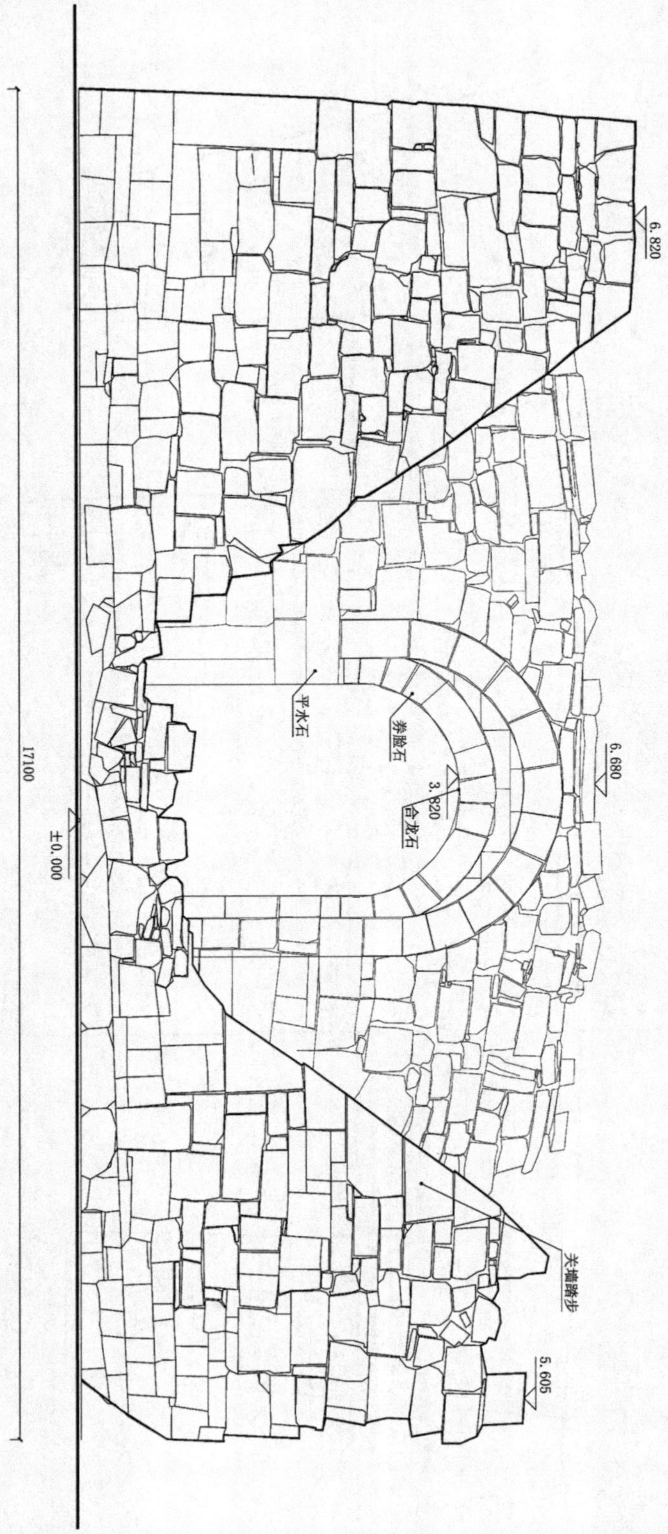

飞凤关背立面图 1：50

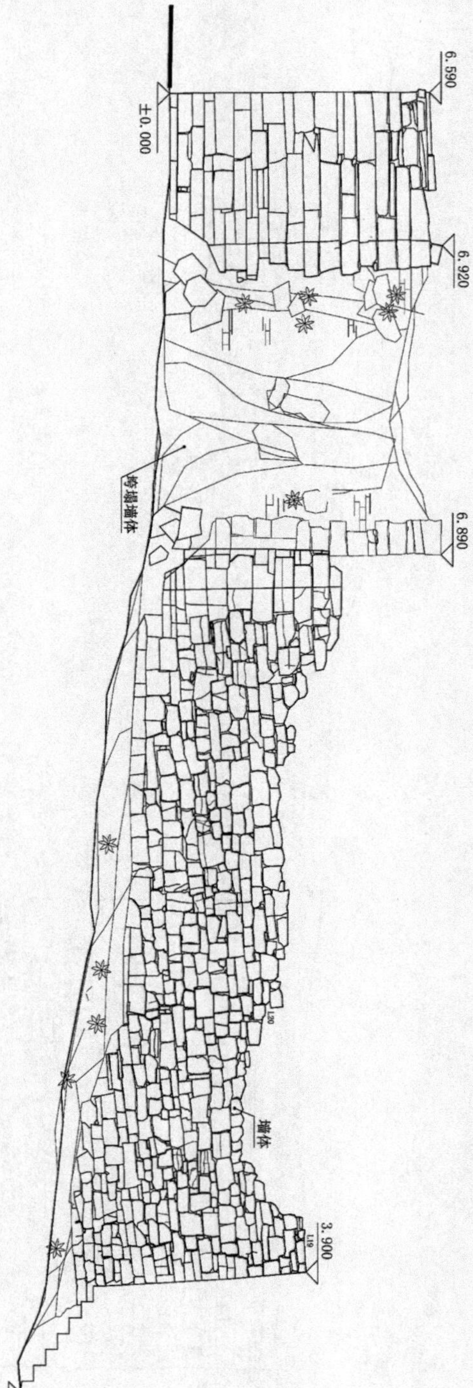

飞凤关东侧立面图 1：100

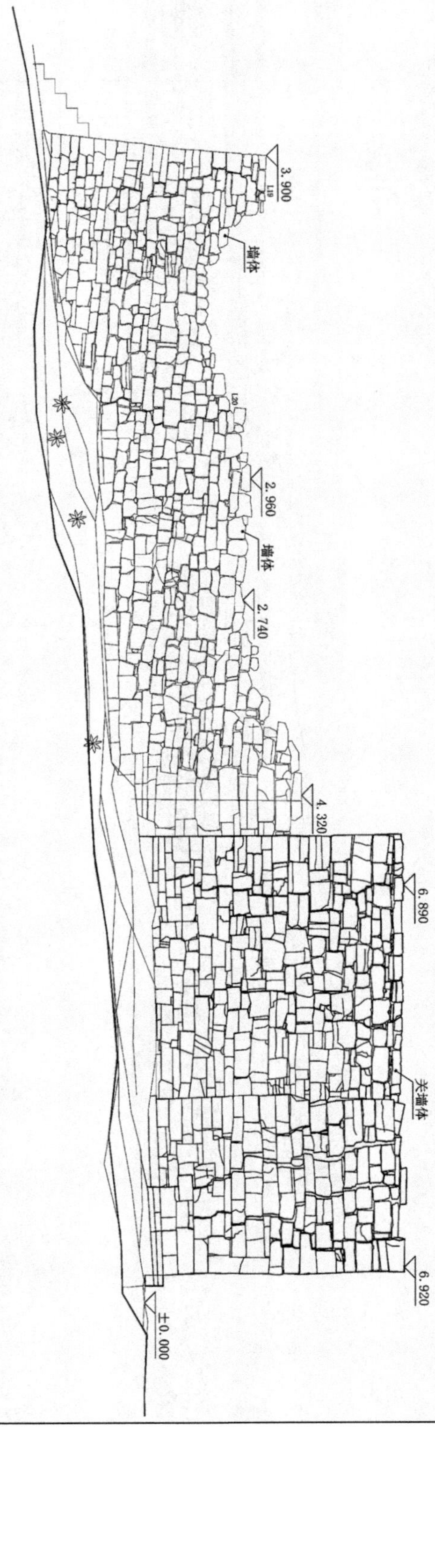

飞凤关西侧立面图 1：100

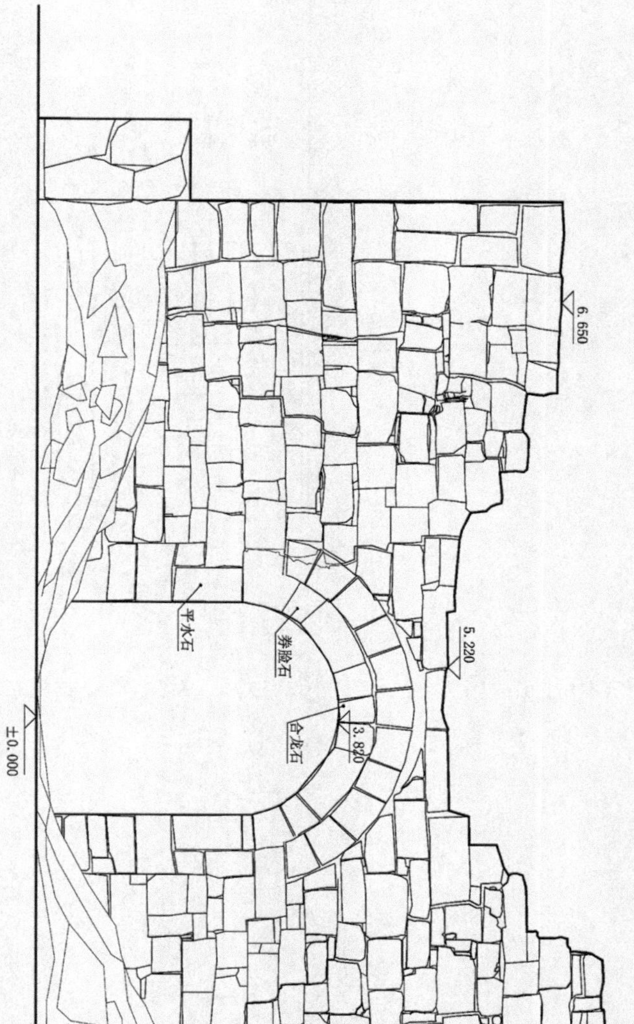

飞凤关过道正立面图 1：50

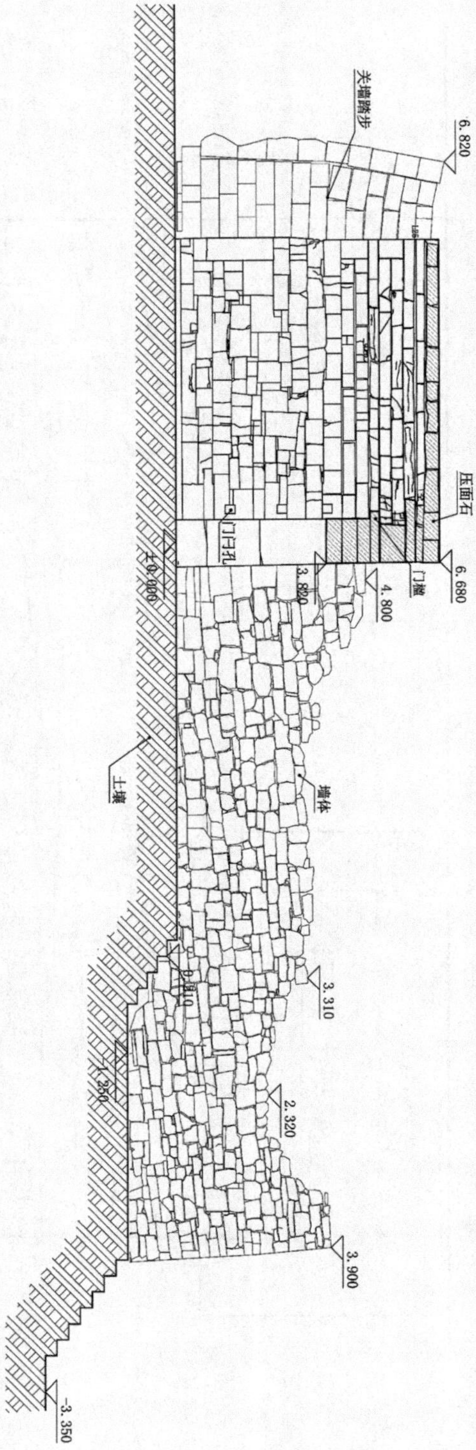

飞凤关 1-1 剖面图 1∶100

（11）万安关

万安关位于海龙屯西面，处于北纬27° 48' 39.0"，东经106° 48' 43.2"，海拔1335.3米，坐东北向西南，为单通道半圆形拱券顶带吊桥式石结构城门，残高5.58米，面阔9.65米，进深5.88米，是囤后防御工事的三个关隘之一。在建筑材料上选石材、石灰和糯米浆黏结材料错缝砌筑关体，北侧城墙部分砌体采用干摆砌筑方法。

万安关保存状况基本稳定，拱券顶、通道壁、金钢石、平水石和发券石等主要建筑构件保存较好，其门槛石和门臼风化和开裂，关体前壕沟堆积淤土，现残存石踏步三级和吊桥踏板石一方，踏板石南侧踏板础孔残损50%，北侧踏板础孔保持良好。关体城台顶垮塌70%，现遗存墁地砖一方及部分压面石，北侧城台垮塌较为严重。

万安关匾额风化较为严重，现仅存“安关”两字依稀可见，此关为吊桥关。

万安关以关体为中心并砌筑高大城墙向南北两侧延伸，墙体鼓胀严重，北侧墙体垮塌20%，南侧城墙垮塌25%。

万安关城台南侧建军营营房，主要驻守万安关；以万安关通道为中心和高大城墙向南北两侧延伸，北至悬崖瞭望哨台后向西侧延伸与二道关（当地人称西关）城墙连接，南至悬崖后，再向东南方向沿悬崖延伸，万安关南侧城墙下建外城护墙，护城墙向西南方向与二道关哨台连接至二道关顶以城墙向北延伸后与万安关组成一个合围空间形成瓮城。

万安关残损的主要原因是：①平播战役对关体城楼以及兵营建筑的烧毁；②平播战役损毁了吊桥；③农耕生产对遗址的破坏；④风雨侵蚀造成城台顶垮塌和城墙向外鼓膨；⑤植物根系生长造成城墙局部坍塌。

万安关与南侧城墙

万安关考古清理后

万安关台阶考古清理前

万安关考古清理后

—— 相关链接:攻破万安关

1600年五月初十，李化龙大发赏银，犒赏三军，增派兵力，多路进攻，明军在密集火炮、火铳支援下冒死冲锋，反复拼杀后，夺占了海龙屯以西三圆山高地。同时阻断播军砍柴汲水要道，控制了播军的生命线。播军退守土城后，被动应战，既无援兵，更无退路，四面受敌，军心动摇。官军发动招降攻势，大打心理战，每天高声喊话，瓦解苗兵军心，对投降者发赏银，许诺保命而且升官。五月二十九日夜，镇守万安关的播军提调舒自清率妻儿十一人出城投降[①]，泄露囤中机密，并为官军献策，亲自带路绕道攻城。5天以后，土城陷落。

美国和英国史学家合编的《剑桥中国史》记载，一批在朝鲜战场上被中国军队俘虏的日本兵参加了平播战斗。[②]

---

① （明）李化龙著:《平播全书》(点校本)，北京：大众文艺出版社，第149页。

② （美）牟复礼、(英)崔瑞德编:《剑桥中国明代史 1368-1644年 上卷》，北京：中国社会科学出版社，第545 — 546页。

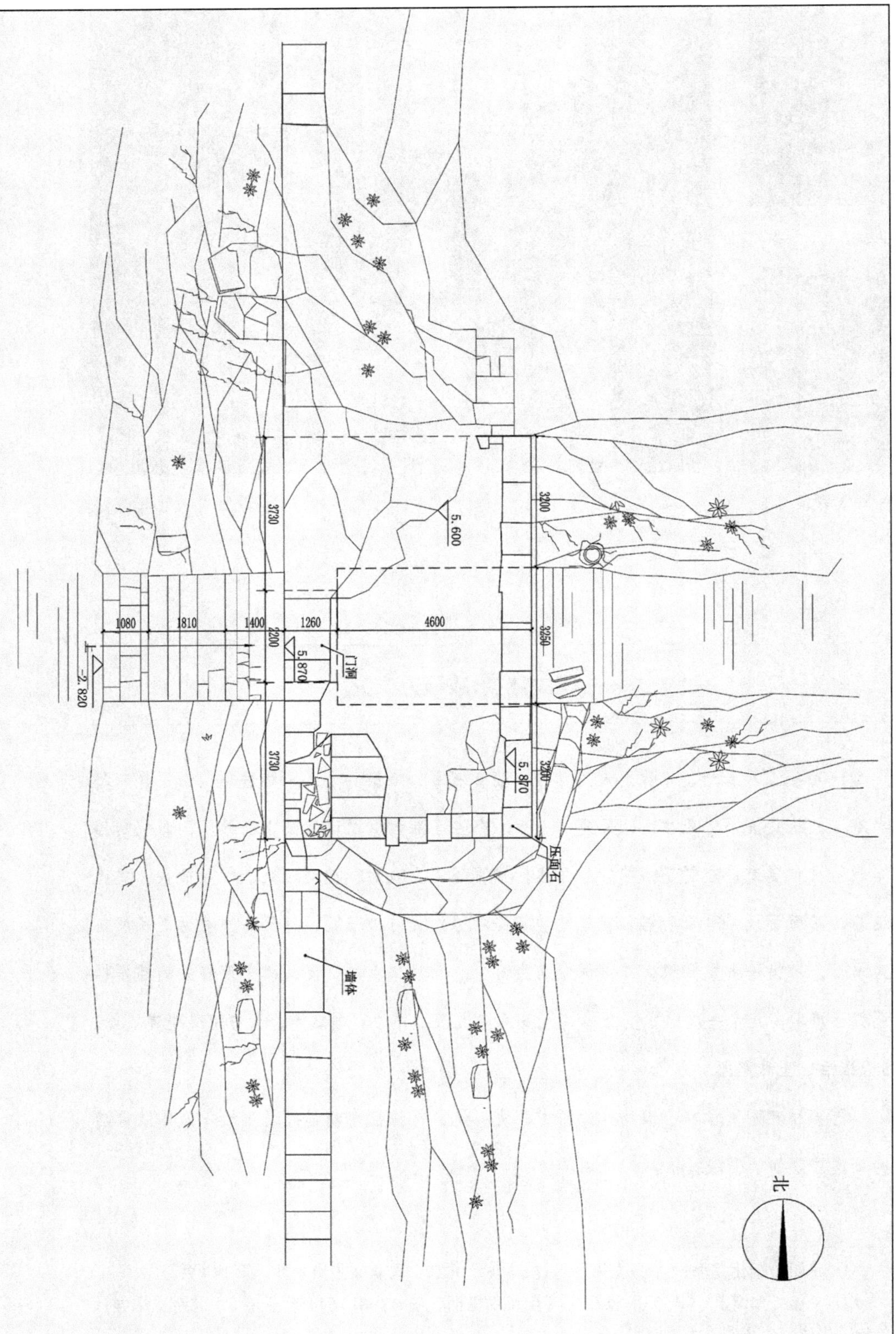
3730
3200
5.600
1080
1810
1400
200
1260
4600
3250
5.870
门洞
-2.820
3730
3200
5.870
压面石
墙体
北

万安关总平面图 1：80

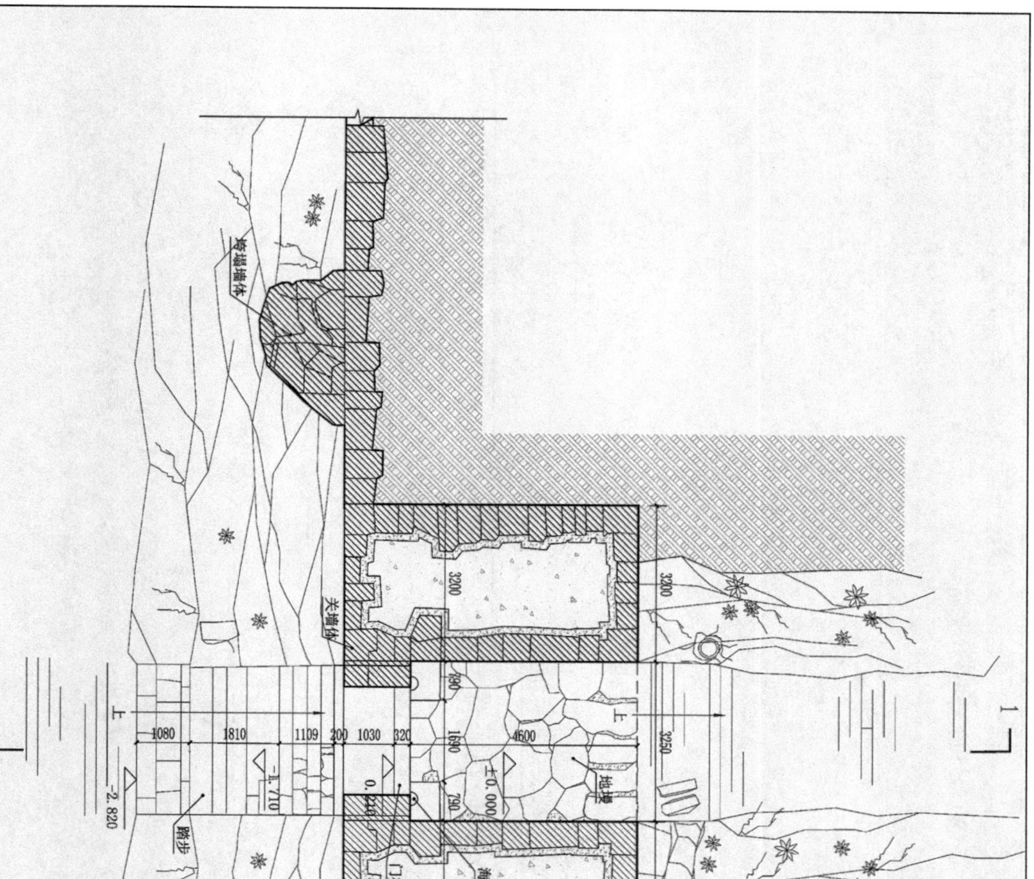
坍塌墙体
关墙体
门壁石
海漫石
地基
踏步
上
1080
1810
1109
200
1030
320
1690
4600
3250
3200
3200
3200
3200
790
790
-1.710
-2.820
0.210
±0.000
北

万安关平面图 1：80

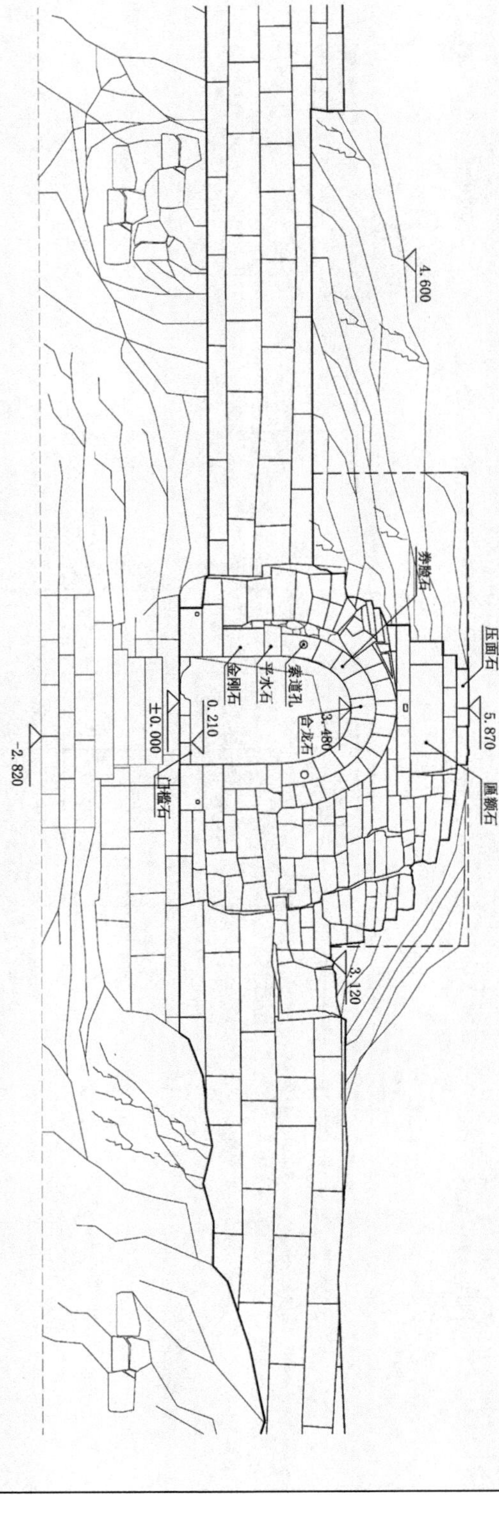
4.600
券脸石
压面石
5.870
匾额石
3.120
3.480
合龙石
索道孔
平水石
金刚石
0.210
±0.000
门槛石
-2.820

万安关正立面图 1∶80

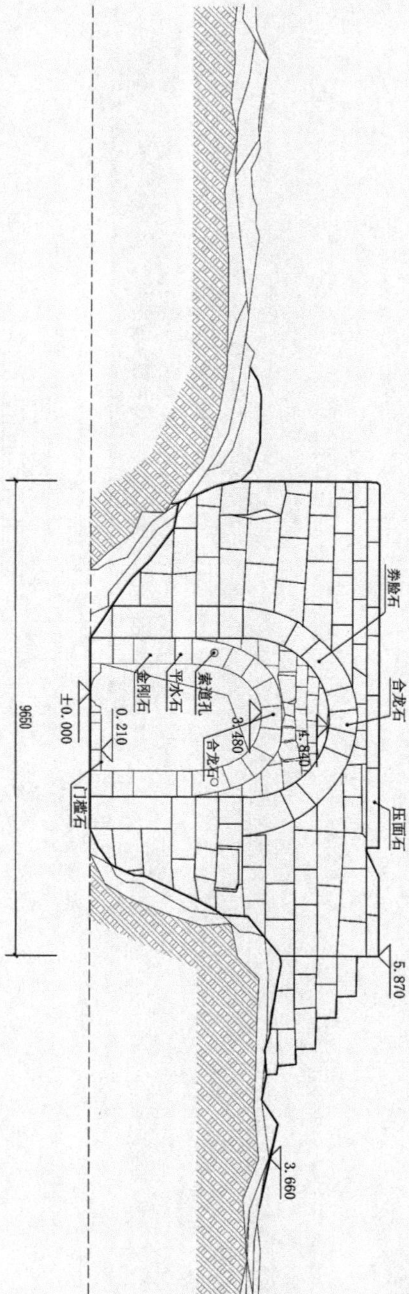
券脸石
合龙石
压面石
5.870
3.660
5.840
3.480
合龙石
索道孔
平水石
金刚石
0.210
±0.000
门槛石
9650

万安关背立面图 1：80

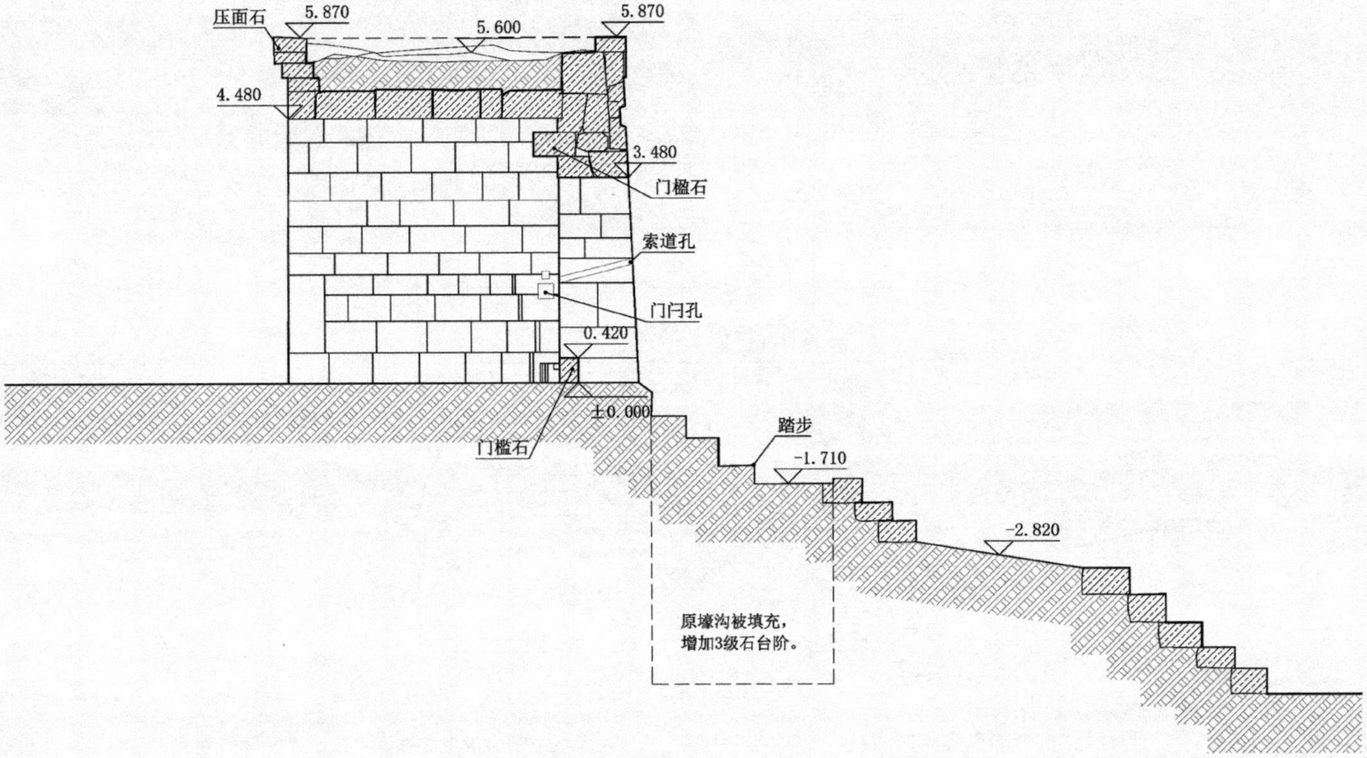

万安关 1-1 剖面图 1：80

播州第三十世孙杨应龙和其子见土城、月城陷落，披挂盔甲手执大刀，三次率苗军冲出万安关决战，官兵集中百子铳、鸟铳、大炮等火器对准关门齐射，播军武器落后，无法抵敌，退回关内。杨应龙彻夜不眠，提刀在囤前后营垒巡查，发赏银数千两。此时，守囤苗兵自知无力回天，军营中一片静默。下半夜，万安关播军弃阵奔逃，周围山岭上火光熊熊，海龙屯四面楚歌。

六月初六日黎明，官兵乘势攀云梯登上万安关大城，乱兵大开杀戒，劫取金银珠宝，烧毁城楼官室，俘获杨氏要犯100多人。将应龙尸首抬到万安关城楼上，验明正身，剖开肚腹，用盐腌渍，驮进京城，碎尸万段。杨应龙妾田氏、儿子、军师、总管等76名首犯献俘于朝，被斩于北京西市。

（12）二道关

二道关位于海龙屯头道关东侧，又称西关，处于北纬27° 48' 38.3"，东经106° 48' 40.1"，海拔1328.9米，坐东南面向北，为海龙屯西面第二道关口，与头道关（后关）合围形成土城。用青石与石灰糯米浆错缝砌筑而成，单通门道拱券顶门洞，在通道两侧各设有一拱券顶耳室用于藏兵，关墙体西侧体下设壕架吊桥，形成吊桥关，匾额无存。二道关是海龙屯西侧军事防御体系布局的三关之一，与万安关形成瓮城称为月城。现残高约6米，洞口宽约2.1米，面阔约22米，进深约8.4米。

二道关保护状况一般，其关体整体向西侧倾斜，城台顶西北侧坍塌40%，拱券顶坍塌25%，西侧石门拱券石松动和酥碱80%，金钢石、平水石、发券石酥碱60%，石门楣缺失80%，北耳室拱券松动向西倾斜，拱券顶下塌开裂。城台顶的木构建筑因战争等原因破坏，现仅存七个石柱础。2014—2015年对二道关进行保护性维修。

二道关属明代建筑，残损原因主要是两方面，一是自然破坏因素：①雨水侵蚀造成基础下沉使关体整体向西侧倾斜；②同时造成南北耳房和通道拱

二道关保护工程实施前

二道关保护工程保护工程实施前受损关顶

二道关关顶维修后

券顶向两侧鼓彭开裂、坍塌；③植物根系和雨水侵蚀致使西北侧墙体坍塌。二是人为破坏因素：①平播战争对拱券造成破坏和烧毁城台的木结构建筑；②丧葬民俗对墙体建筑构件拆御后砌筑墓冢造成关体损坏。

2014—2015年为排除二道关文物本体现在的结构性险情和安全隐患及病害，改善二道关的生存和保护环境，实施了二道关保护工程。

二道关保护工程实施后东南侧

二道关耳室

二道关保护工程实施后

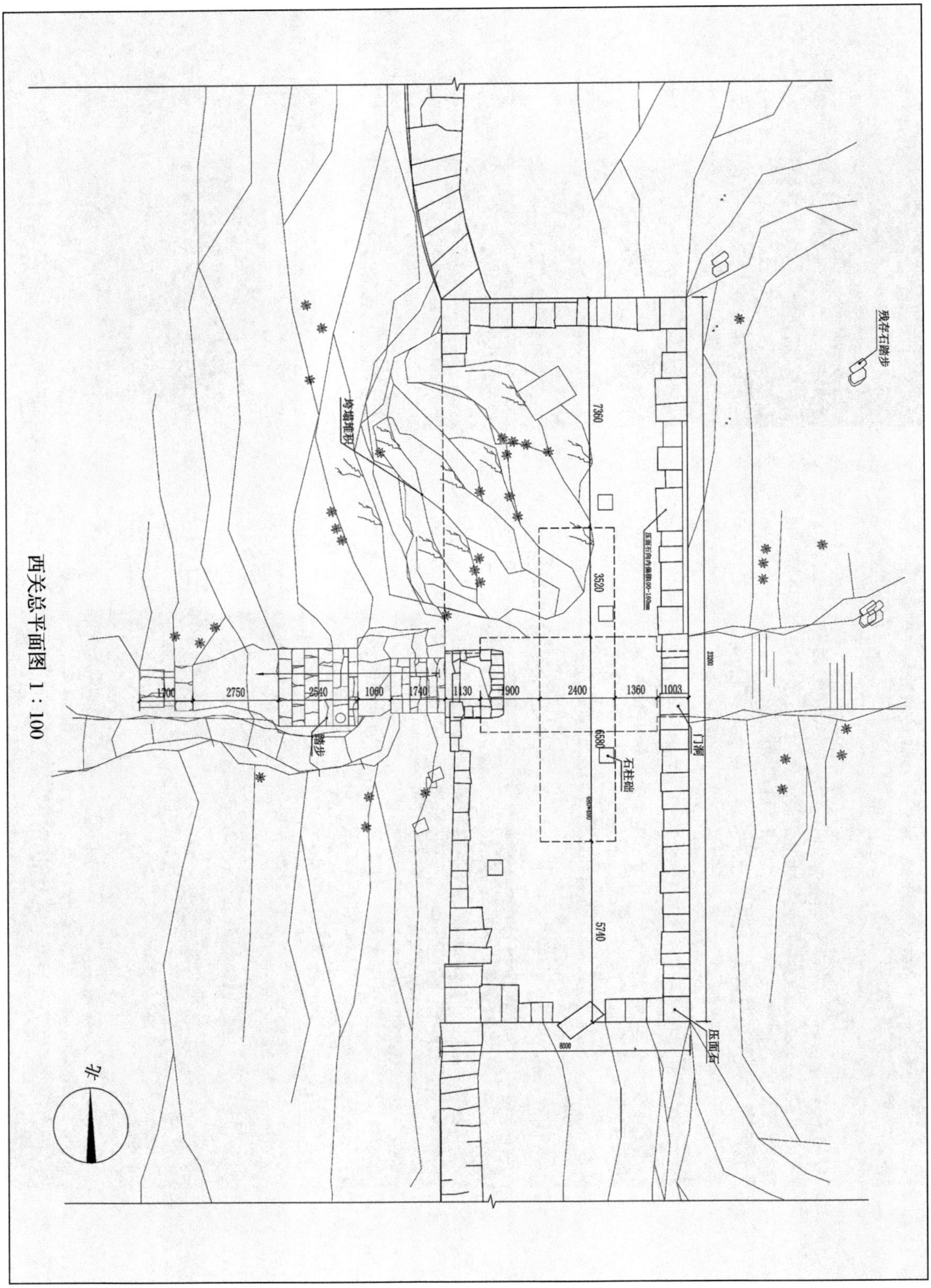
残存石踏步
坍塌堆积
7360
3520
5740
1700
2750
2540
1060
1740
1130
900
2400
1360
1003
门洞
6580
石柱础
踏步
8000
压面石
北

西关总平面图 1：100

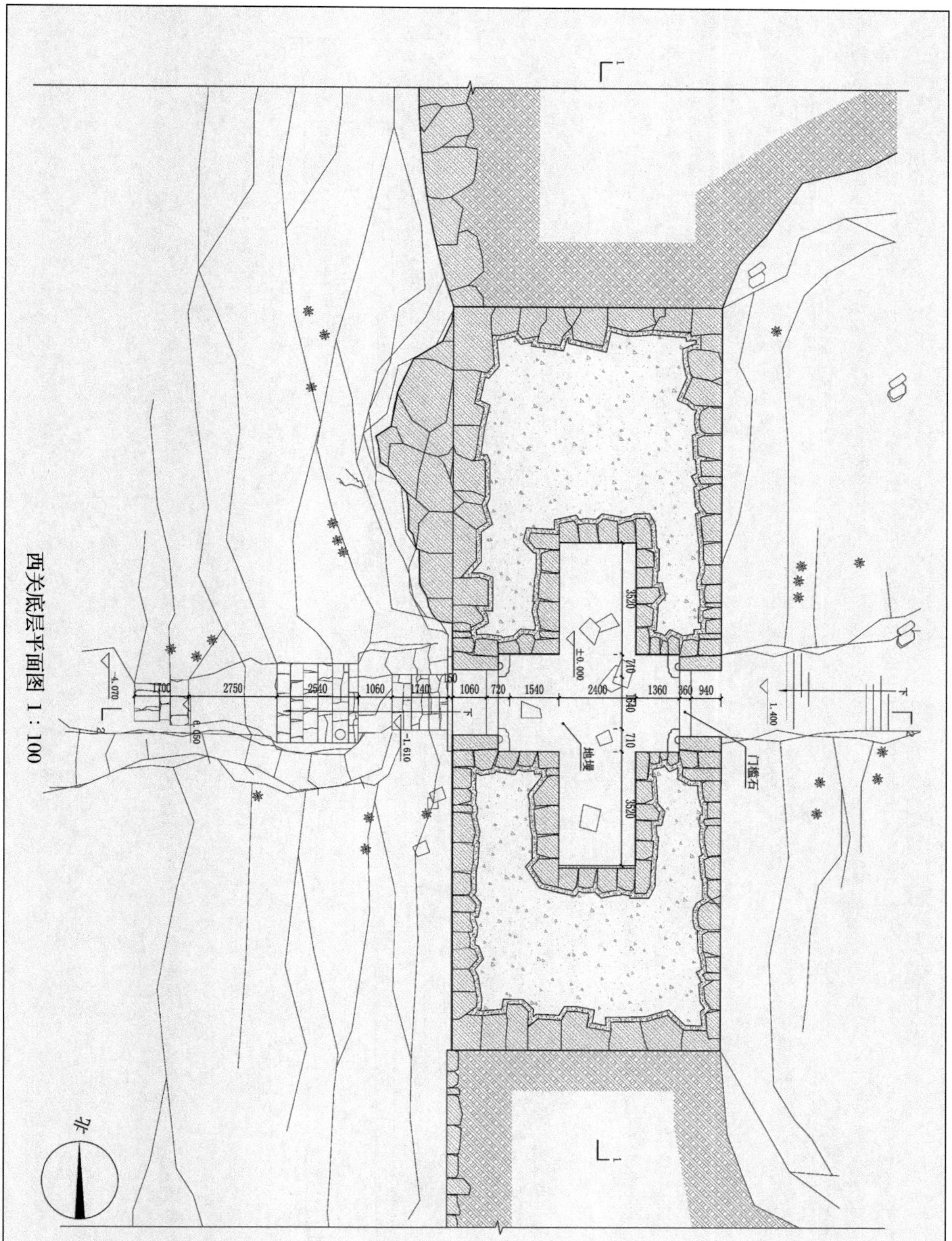

西关底层平面图 1：100

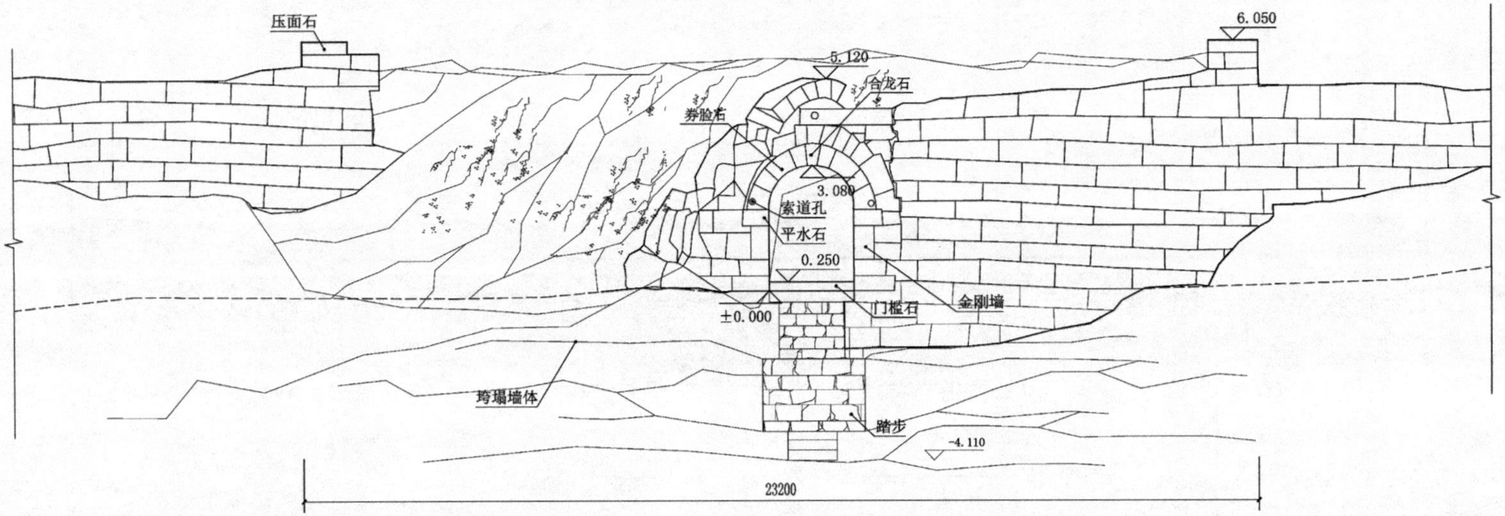
压面石
6.050
5.120
合龙石
券脸石
3.080
索道孔
平水石
0.250
±0.000
门槛石
金刚墙
垮塌墙体
踏步
-4.110
23200

西关正立面图 1：100

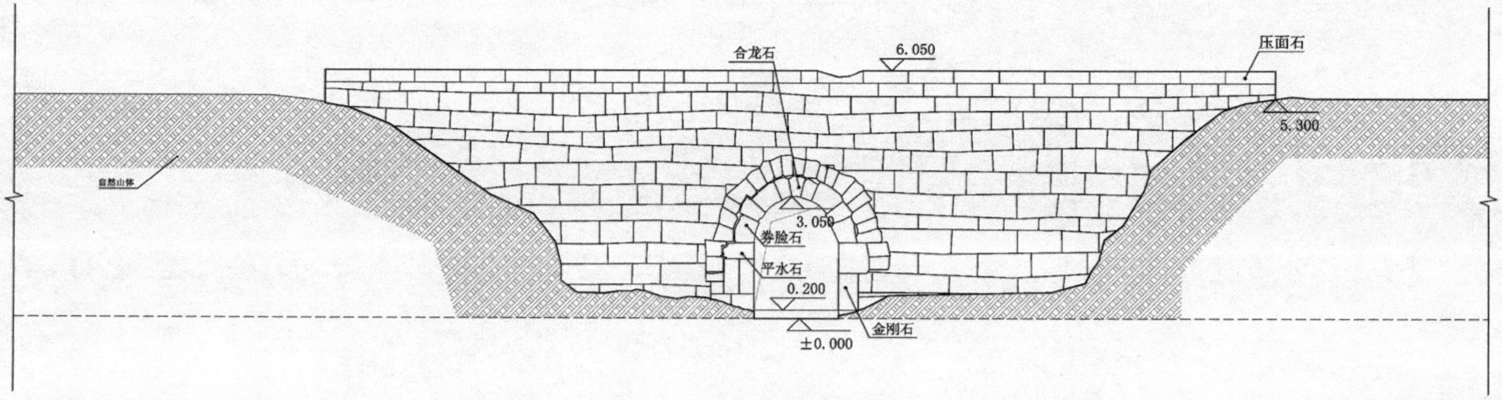

西关背立面图 1：100

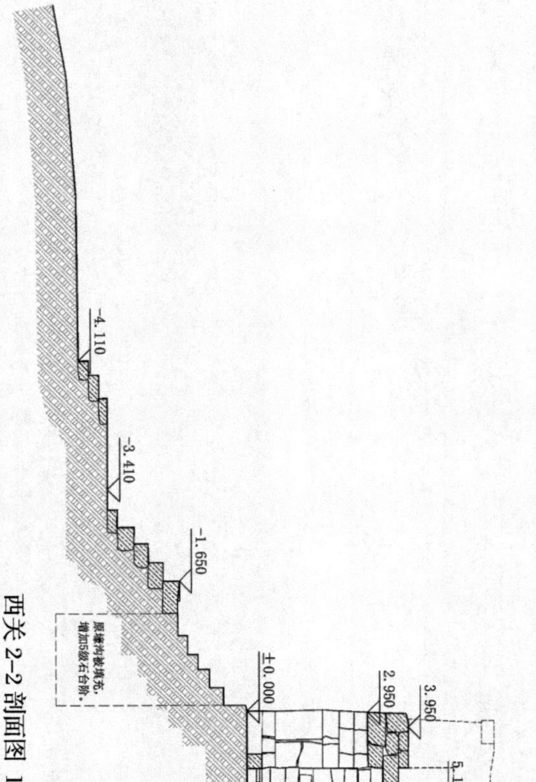

西关 2–2 剖面图 1：100

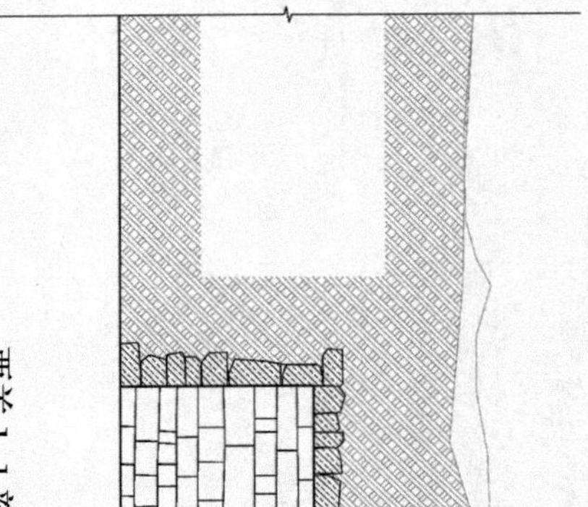

西关 1–1 剖面图 1：100

（13）头道关

头道关位于海龙屯西端，是海龙屯军事防御体系布局西部防御区最前端的第一道关口，又称后关。始建于明代，处于北纬27° 48' 38.9"，东经106° 48' 38.7"，海拔1322.9米；坐东北向西南，用青石与石灰糯米浆错缝砌筑而成，为单通道半圆形拱券顶。残高4.6米，面阔13.2米，进深2.25米。与二道关形成西部军事防御区的第一道瓮城。

头道关建筑形式独特，与现存的其他8个关隘有较大区别，其建筑布局以关体作为南北两侧土城墙的中心连接体，无城台顶，其木结构建筑建于关体内侧，现存柱础11个，面阔三间，与关体紧贴。其主要功能用于军事防御守卫。

头道关考古清理前

头道关保护工程实施后

头道关考古清理前

头道关考古清理后

头道关保存状况较差，木结构建筑损毁、地幔无存、东北侧关体坍塌75%、石门楣无存、门扉石酥碱60%、发券石坍塌损毁严重。2014年对头道进行保护性维修。

头道关残损原因主要有两方面，一是自然破坏因素：①雨水侵蚀使关体东北侧墙体坍塌；②植物根系造成墙体松动和部分垮塌。二是人为破坏因素：①平播战争对拱券造成破坏和烧毁关体内的木结构建筑；②当地居民为砌筑墓冢等对墙体建筑构件拆卸而造成关体损坏。

2014年，实施头道关保护工程，对坍塌部位进行适当修复；关门西侧沉陷散乱石阶拆砌、重做基础；东侧建筑遗址进行积土清理，使关体现存历史信息完整显现。

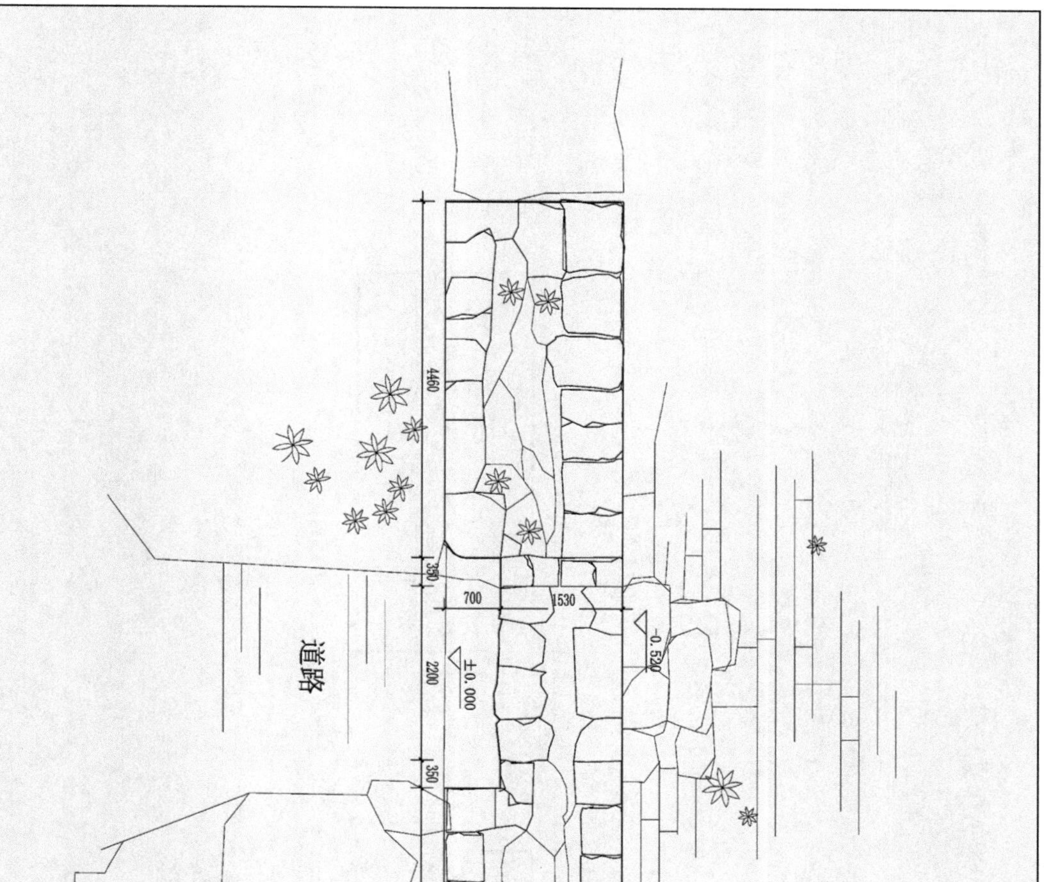

后关总平面图 1：50

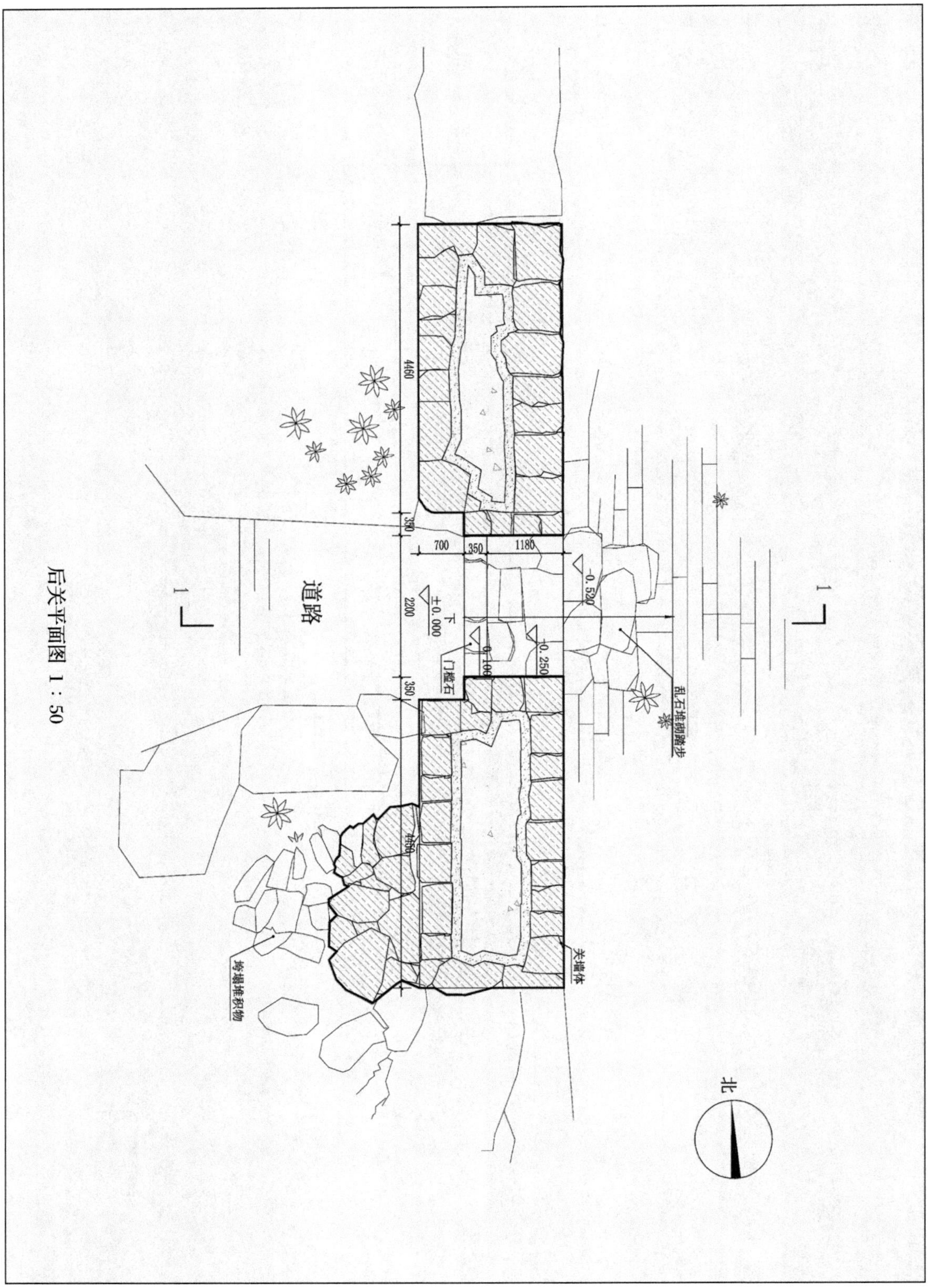
道路
4460
350
700
350
1180
2200
下
±0.000
−0.520
−0.100
+0.250
门槛石
乱石堆砌踏步
关墙体
垮塌堆积物
1
1
北

后关平面图 1：50

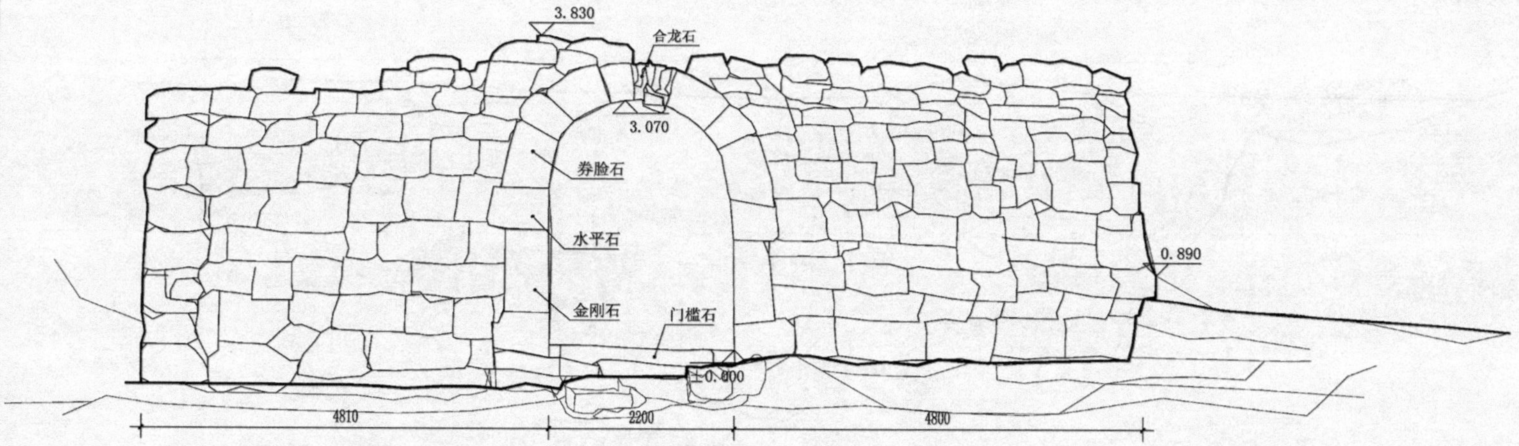

后关正立面图 1：50

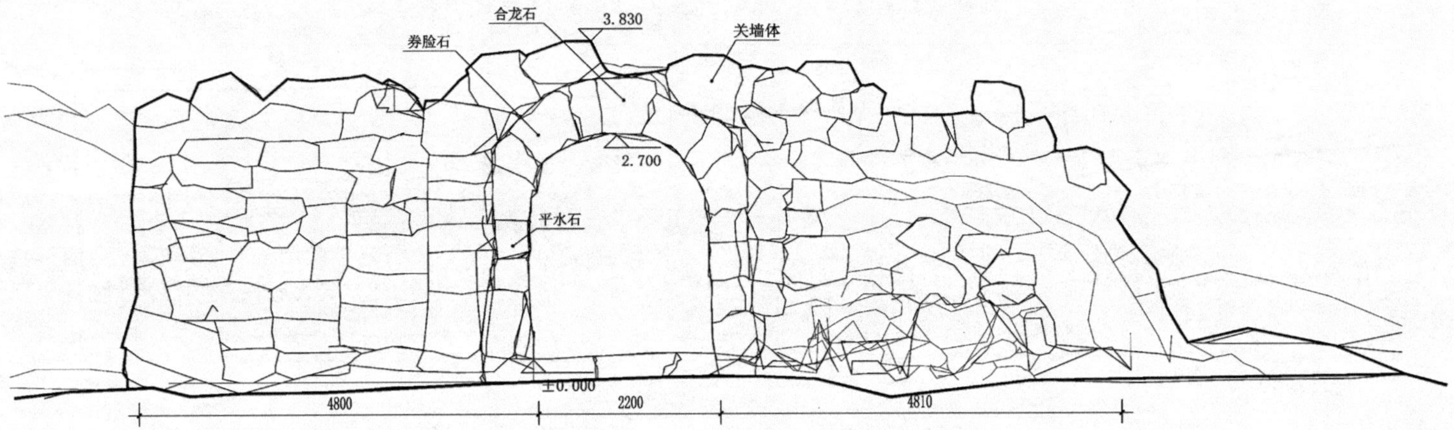

后关背立面图 1：50

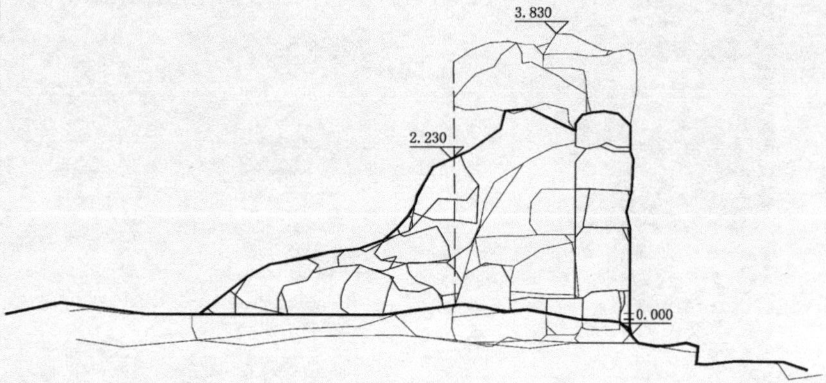

后关北侧立面图 1∶50

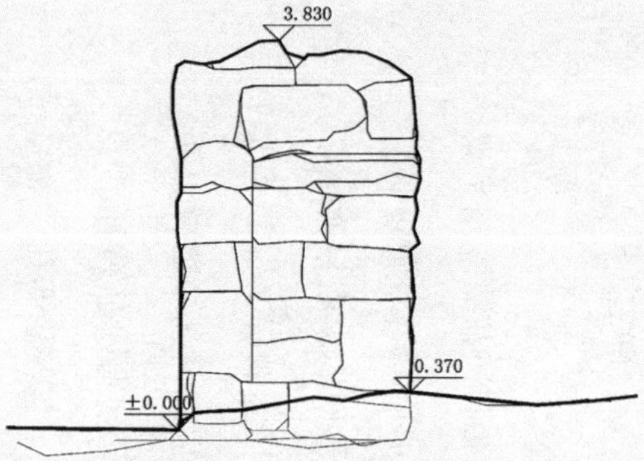

后关南侧立面图 1∶50

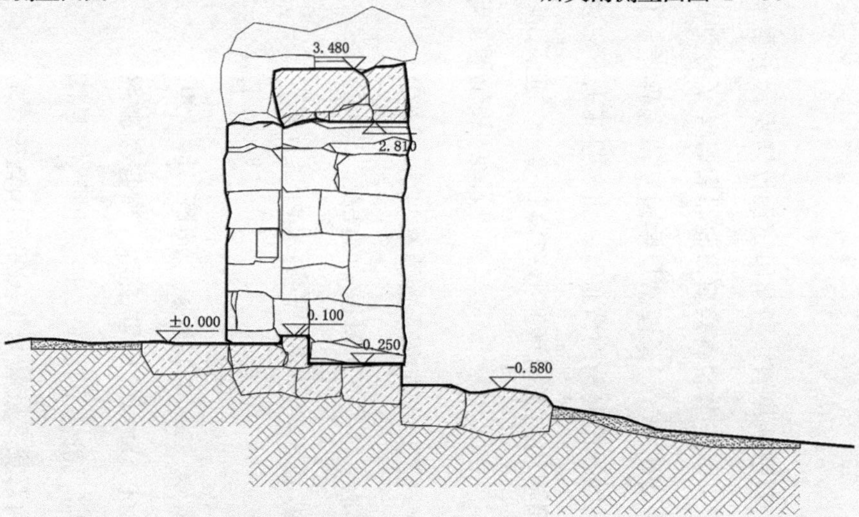

后关 1-1 剖面图 1∶50

月城遗址南侧

月城遗址西南侧哨台

（14）月城

月城位于位于海龙屯西侧军事防御体系布局西部防御区二道关与万安关之间，西至二道关和二道关向南北两侧延伸的石城墙，东至万安关和以万安向南北两侧延伸的石城墙，北至北部沿山脊城墙与东西城墙相连接，南至南部沿山脊城墙与东西城墙个连接成的一个围合空间，在军事防御体系建设布局上称为瓮城，形成海龙屯西侧军事防御体系布局中西部防御区的第二道瓮城。其所围合的空间形如“月”之形状，所以称此瓮城为月城。处于北纬27° 48′ 39″，东经106° 48′ 39.3″，海拔 1300米，面积约9127平方米。

月城保存状况一般，城内建筑和建筑基址，西部城墙残损30%，北部城墙残损10%，南部城墙残损40%，东部城墙残损20%，哨台建筑无存，哨台遗址残损80%。

月城残损原因主要有两方面，一是自然破坏因素：①风雨侵蚀造成东南部城墙鼓膨；②植物根系造成东北部城墙、北部城墙等开裂松动和部分坍塌。二是人为破坏因素：①平播战争对石城墙造成损害；②平播战争损毁哨台和城台顶木结构建筑；③近年人为种植杜仲造成遗址破坏；④农耕劳作造成遗址破坏；⑤当地居民为砌筑墓冢而对建筑构件拆御后造成遗址损坏；⑥游人踩踏造成遗址破坏。

（15）土城

土城位于海龙屯西侧军事防御体系布局西部防御区头道关与二道关之间，西至头道关和土城墙，东至二道关和二道关向南北两侧延伸的石城墙，

月城遗址全景

址城墙

月城遗址局部

海龙屯囤西三关全景

土城遗址

土城哨台遗址（一）

土城哨台遗址（二）

北至北部沿山脊城墙与东西城墙相连接，南至南部沿山脊城墙与东西城墙相连接形成的一个围合空间，在军事防御体系建设布局上称为瓮城，形成海龙屯西侧军事防御体系布局西部防御区的第一道瓮城。所谓土城，因北部沿囤城墙由夯土砌筑而成称其瓮城为土城。处于北纬27° 48′ 38.8″，东经106° 48′ 42.6，海拔1300米，面积约5022平方米。目前尚未做考古发掘，具体建筑有无不详。

土城保存状况较差，城内建筑和建筑基址，西部土城残损60%，北部城墙残损40%，南部城墙残损20%，东部城墙残损30%，哨台建筑无存，哨台遗址残损60%。

土城残损原因主要为两方面，一是自然破坏因素：①风雨侵蚀造成土城城墙坍塌严重；②风雨侵蚀造成石城墙开裂松动和部分坍塌。二是人为破坏因素：①平播战争对土城墙和石城墙造成损害；②平播战争损毁哨台和城内木结构建筑；③近年人为种植杜仲造成遗址破坏；④农耕劳作造成遗址破坏；⑤当地居民对建筑构件拆御后砌筑墓冢造成遗址损坏。

—— 相关链接：瓮城与两重瓮城

瓮城是指为了加强城堡或关隘的防守，而在城门外（亦有在城门内侧的特例）修建的半圆形或方形的护门小城，属于中国古代城市城墙的一部分。瓮城两侧与城墙连在一起建立，设有箭楼、门闸、雉堞等防御设施。瓮城城门通常与所保护的城门不在同一直线上，以防攻城槌等武器的进攻。

瓮城是古代城市主要防御设施之一。在城门外口加筑小城，高与大城相同，其形或圆或方。圆者似瓮，故称瓮城；方者亦称方城。瓮城设在侧面，从而增强了防御能力。目前发现较早的是高句丽国内城6个城门口所置瓮城，辽代及其以后的城市设置瓮城较为普遍。西汉昭宣时期，甘肃居延甲渠侯官治所坞门门外，有类似瓮城的曲壁，可能是瓮城的雏形。

瓮城，又称月城、曲池，是古代城池中依附于城门，与城墙连为一体的附属建筑，多呈半圆形，少数呈方形或矩形。当敌人攻入瓮城时，如将主城门和瓮城门关闭，守军即可对敌形成"瓮中捉鳖"之势。

中国古代城池中，瓮城的设置兴盛于五代和北宋时期。在曾公亮所著的《武经总要》中，第一次出现关于瓮城的记述："其城外瓮城，或圆或方。视地形为之，高厚与城等，惟偏开一门，左右各随其便。"① 北宋东京城依照这一原则设置了瓮城。《东京梦华录·卷一》记载"……城门皆瓮城三层，屈曲开门，唯南薰门、新郑门、新宋门、封丘门皆直门两重，盖此系四正门，皆留御路故也。"② 北宋州府城市也多有瓮城之设，其代表如平

---

① 张蓉著：《先秦至五代成都古城形态变迁研究》，北京：中国建筑工业出版社，2010年，第237页。

② 孙富山、郭书学编：《开封府志 整理本》，北京：北京燕山出版社，2009年，第123页。

江府（苏州）和襄阳城池。

明朝重视对城市的防御，在南京应天府、中都凤阳府、北京顺天府，以及西安、归德（今河南商丘）、平遥等府、州、县级地方城市，以及长城山海关、嘉峪关等关城，均设置了瓮城。其中，以南京聚宝门（今名中华门）瓮城最为庞大复杂。

海龙屯西侧军事防御体系布局西部防御区的瓮城规划理念吸收中国传统瓮城规划布局思想，在传统的“瓮城”规划中结合海龙屯西侧地形特征进行了科学的规划提升，体现出“两重瓮城”的规划思想，进一步增强了军事防御能力。所谓“两重瓮城”，是指在向外凸出的瓮城之外，再建造一层与瓮城效果相类似的围合空间，使各单体军事防御建筑之间相互照应，形成更加强大而富有整体性的攻防能力。海龙屯西侧的月城和土城各自向西凸出的城墙所围合的两层防御空间，形成了“两重瓮城”的军事防御体系。其中，头道关和二道关之间的土城空间形成第一重瓮城，万安关和二关之间的月城空间形成第二重瓮城。“两重瓮城”规划建设，使海龙屯西侧军事防御体系更加完备，让平缓的海龙屯西侧防御区固如金汤。

（16）海龙屯古步道

海龙屯古步道建于海龙屯东面山腰北侧飞虎关以上，处于北纬27° 48′ 39.8″，东经106° 48′ 45.7″，海拔1200米，全长298米。步道在原生基岩上人工开凿而成。侧建护墙，是连接飞虎、飞龙二关的重要军事通道。平播战役后被淹没于地下，1999年对此进行了清理发掘重现。古步道主要功能：一是作为飞虎关和飞龙关的连接；二是因东侧天然防御能力薄弱，建造者利用天然的岩壁开凿一通道用于藏兵，又增加其防御功能，弥补了海龙屯东侧天然薄弱环节。

海龙屯古道保存较好，其踏步、踏道路面基本保护明代时期原状，排水沟渠保存较好，护墙损坏较大，部分岩体松动。岩壁现存明代时期修建通道留下的槽口、钎眼等重要遗迹，这些槽口、钎眼遗迹的发现，对研究海龙屯明代时期的建筑工艺、建设艺术、生产力水平及古播州政治、军事和文化等有较高的科学价值和历史价值。

古道残损原因主要为两方面，一是自然破坏因素：①岩体长期滴水对遗

开凿于岩壁间的古道

古道局部

古道石阶

古道钎眼遗迹

古道一侧的排水沟

古道外侧护墙

1999年古步道清理现场

址造成一定损害；②岩体松动部分坍塌。二是人为破坏因素：①平播战争对护墙造成损害；②农耕劳作拆除护墙石构件。

（17）海潮寺

海潮寺位于贵州省遵义市汇川区高坪街道办事处海龙屯社区龙岩山，海龙屯为明代建筑群遗址的中心位置，处于北纬27° 48′ 44.3″，东经106° 48′ 53.3″，海拔1300米。

1600年“平播战役”后的第二年，遵义兵备道傅光宅为安抚在平播战争中死去亡灵，在明代建筑群遗址上修建寺庙一座。[①] 2012年5月，贵州省考

① 中国人民政治协商会议贵州省遵义市委员会宣教文卫委员会编:《遵义文史2遵义胜境》，1998年，第41页。

海潮寺修缮后（一）

海潮寺维修前

海潮寺修缮后（二）

古研究所海龙屯文物考古队根据调查，对海潮寺右前方猪圈粪坑进行发掘，出土了一断作4截的石碑（尚缺一角）。碑通高1.74米，宽0.98米，厚0.14米，两面阴刻文字。据出土碑、现存碑和海潮寺墨记综述：海潮寺始建于万历二十八年至三十一年间（1600–1603），初为茅庵，由遵义兵备道傅光宅所建。此后至少进行过三次修葺。一次是弘光元年（1645）的重修，并增设田产；二是乾隆三十八年（1773）的改造；三是民国时期。重修后的寺庙是“一口井”，即由上殿、下殿、左右厢房四面围合，中有天井。20世纪60年代“四清运动”时，海朝寺的左右厢房和下殿被拆除。

海潮寺抬梁式梁架

海潮寺六合门之一

民国时期竹夹泥墨

海潮寺槛窗

现存的海潮寺选址于“新王宫”[①]中轴线、主殿基址“龙位坪”下级台地上，为一座木结构瓦葺佛殿，坐西南向东北，与遗址“新王宫”朝向一致。佛殿下有台明，面阔七间（为面阔五间之两次间加一槅屋架成七间）、进深六椽、四阿顶。室内空间中，明间、次间共三间为供佛之中室，两稍间、尽

① 贵州省地方志编纂委员会编著:《贵州省志·文物志》，贵阳：贵州人民出版社，2003年，第193页。

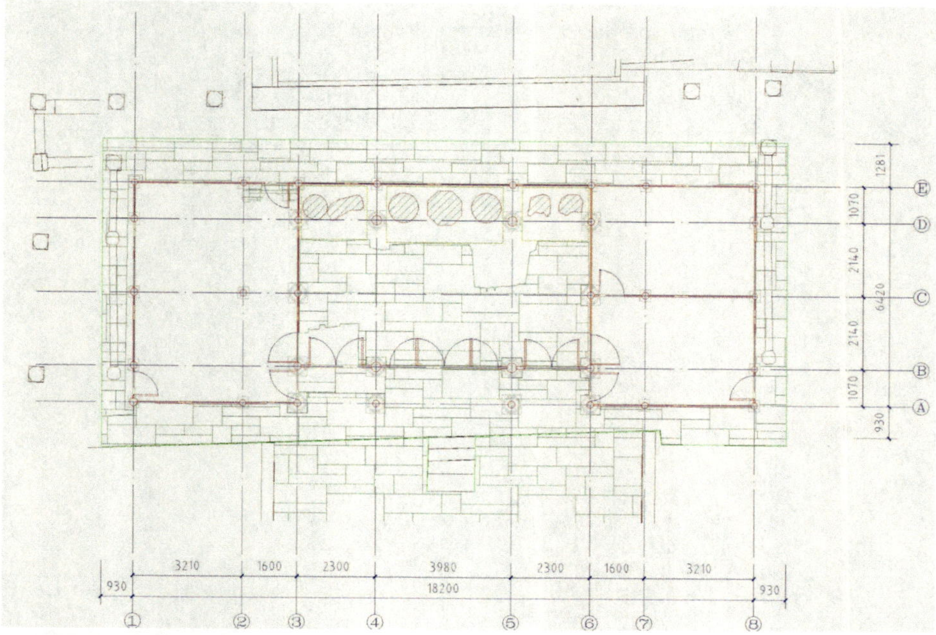

海潮寺平面图

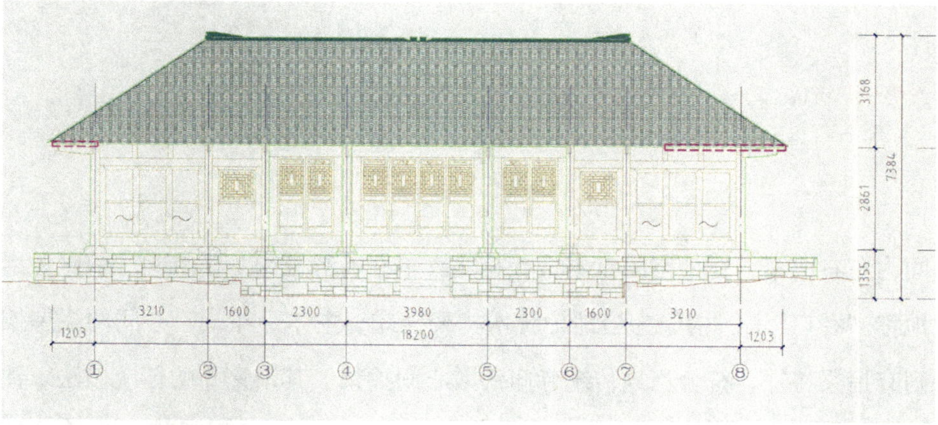

海潮寺正立面图

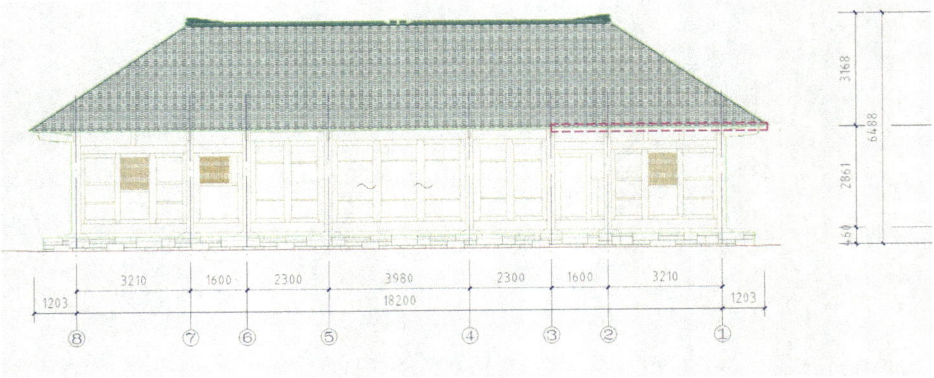

海潮寺背立面图

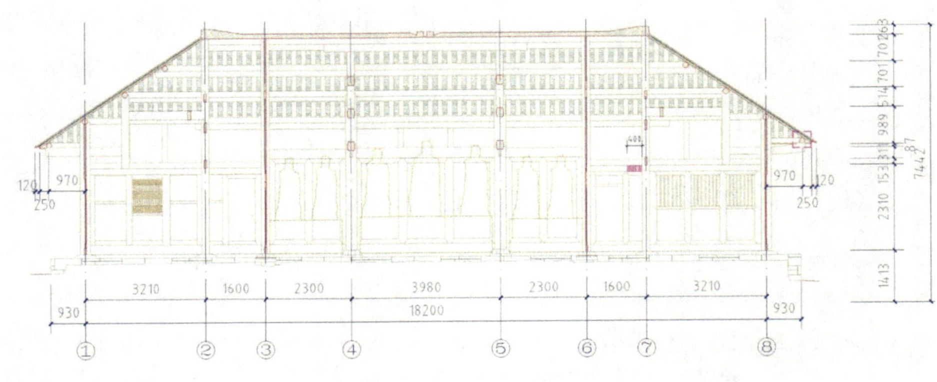

海潮寺透视图

间为左右两室，三处空间以木板壁相隔。中室前部进深一椽空间为前廊（当地称“吞口”）。构架为当地传统木构架样式，主体穿斗式，心间两榀屋架则有抬梁特征，符合当地传统寺庙佛殿心间抬梁、其余穿斗的传统做法。柱间以穿枋连结，自下而上称“一穿”、二穿、三穿……”挑檐皆自檐柱插挑檐枋木（当地称向上弯者为“弯挑”、平直者为“直挑”）向外承托檐檩，向内穿过檐柱插入内柱。现场测绘表明，该殿屋面平直无举折，屋檐亦无生起。彻上明造，正面五间为槅扇门窗，其余墙壁大部分为木板壁或编竹夹泥墙，开板门。额枋以上、檩以下均为编竹夹泥走马板。屋顶覆小青瓦，正脊斜叠小青瓦成脊，两端叠高，以成起翘之势。

据相关初步研究，现有建筑年代约略为民国时代。目前主体构架及大部分装修尚存，少量装修缺失部位已经现代粗糙补装。佛殿明间、次间所供佛台及神像为近年新塑，装塑粗糙拙劣。右佛台正面镶嵌一早期碑刻。现佛殿四周除正面前一与寺院基本同期的下凹天井及右侧面（因佛殿坐西南向东北，现均以东北面称正面、西南面称背面、西北面称左侧面、东南面称右侧面，下同）一近现代石墙外，均已进行考古发掘，揭露至明代“新王宫”基址遗存面。天井为石铺，四面条石构筑台帮，东北两角各有一排水口。

海潮寺保存现状不佳，一是台明（从檐柱向外延伸至台基边沿部分，当地人称“银檐坎”）不良：海潮寺台明利用早期建筑废墟瓦砾杂土略加修整边缘形成，且因气候常年潮湿，考古发掘又形成多处断壁，不利于自身稳固，也不利上部建筑稳定；二是木构架局部变形：左侧山面两角部檐口局部下垂变形，同时木柱向同一方向倾斜，同部位弯挑年久下垂，另一处早期弯挑构件下垂，同时上部瓦件缺失，构件保存与结构不稳定；三是木柱柱脚糟朽：木柱共7根柱脚糟朽，导致柱脚悬空，使上部构架受力不均匀；四是局部装修缺失形成空洞，部分装修夹杂现代临时粗糙木棍、塑料布修补材料，破坏了建筑形制的完整，建筑结构的整体性与受力的均匀性不平衡；五是瓦面松散缺失，十余处漏雨，危及下部木结构安全。

2014年，由中国文化遗产研究院负责勘测设计，贵州祥和古建筑有限公司进行了维修，使海潮寺保持了民国时期的风貌，整体较为稳定。海潮寺其设计采用“原工艺、原材料、原手法”和“不改变文物原状”的原则：实施了台明维修加固、倾斜木柱调正、檐口维修、糟朽劈裂木柱及缺损纵梁维修、装修维修、屋面揭瓦和木材防腐等工程。

（18）*采石场*

采石场遗址位于海龙屯囤顶南侧，与校场坝相邻的小石山上，危岩裸露。处于北纬27° 48′ 38.3″，东经106° 48′ 54.9″，海拔1300米。面积约1000平方米。

2012年，贵州省考古研究所海龙屯考古队对该石山进行了局部清理，采

采石场一侧

采石场楔眼（一）

采石场楔眼（二）

采石场楔眼（三）

采石场

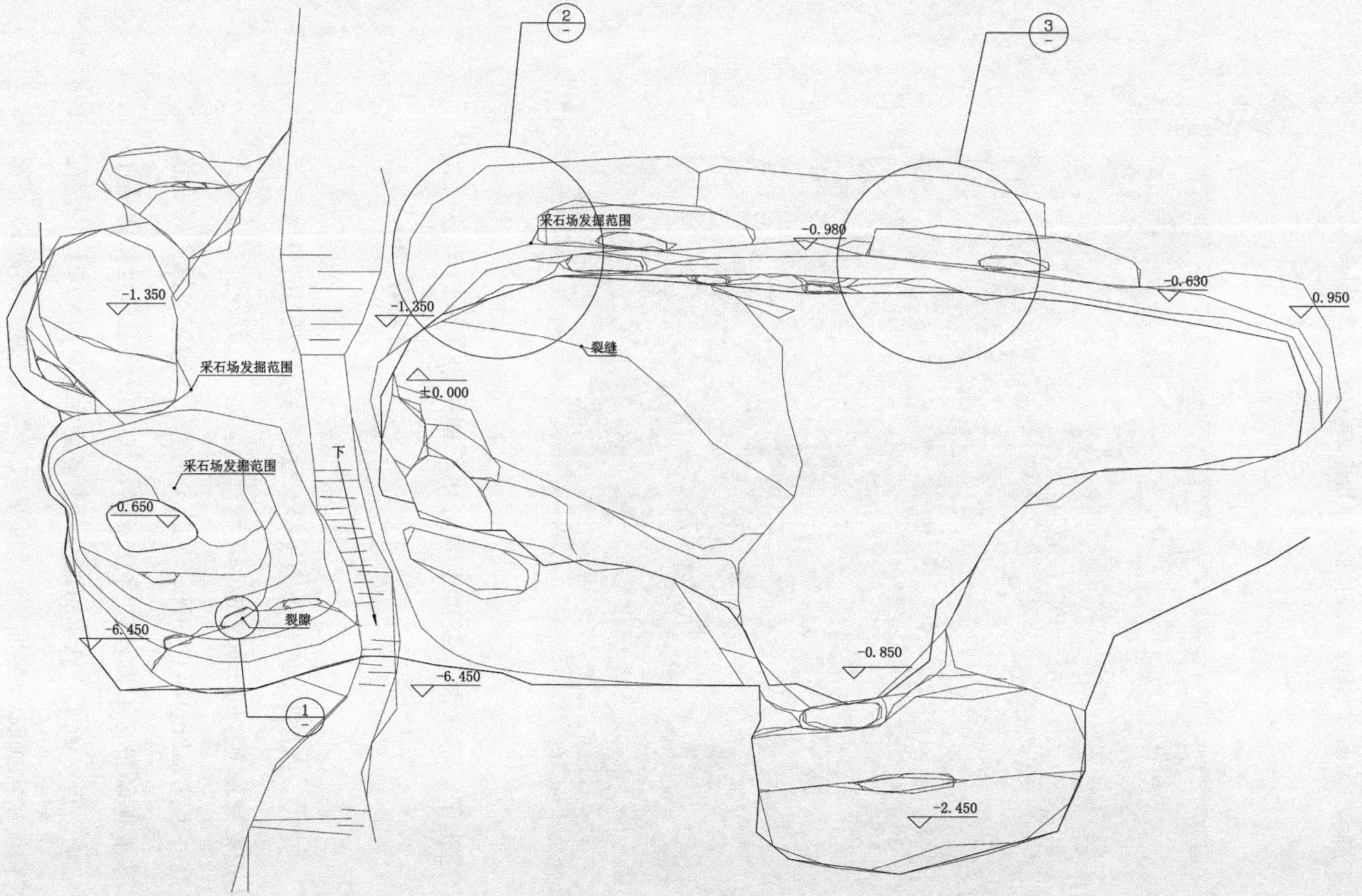

采石场总平面图 1：200

石遗迹清晰可见，发现各类楔眼120余个，较明显者80余个。楔眼长9厘米～85厘米、宽2厘米～21厘米、深5厘米～23厘米，而以长30厘米、宽5厘米、深10厘米左右者为多。楔眼的形状、大小，与“新王宫”部分石材上所遗者可完全对应。通过对采石场石材材质分析为泥灰岩，与现存老王宫、新王宫、飞凤关、朝天关和飞龙关的石构件材料完全一致，可以推定老王宫[①]、新王宫[②]、飞凤关、朝天关和飞龙关的石质材料来源于这个采石场。

采石场保存状况较好基本保持明朝时期的原状。

（19）练兵场

练兵场遗址位于海龙屯顶端平坦处，其东北侧为采石场。处于北纬

练兵场遗址

① 贵州省地方志编纂委员会编著：《贵州省志 文物志》，贵阳：贵州人民出版社，2003年，第193页。

② 贵州省地方志编纂委员会编著：《贵州省志 文物志》，贵阳：贵州人民出版社，2003年，第193页。

27° 48′ 35.8″，东经 106° 48′ 55.4″，海拔1300米，长200余米，宽150余米，占地面积约3万余平方米。练兵场上有一小型平台，当地人称点将台。是播州土司杨氏官兵习武训马和演练兵法之地，宽敞的马道和操场随处可见。

练兵场遗址保存状况较差，原因主要有两方面，一是自然因素：①长期的风雨侵蚀造成遗址坍塌；②植物根系生长对遗址造成破坏。二是人为因素：①平播战役后农耕劳作对遗址造成坡坏；②1999年当地村民种植了大量杜仲林木对遗址造成二次损害；③平播战争损毁了遗址上建筑物和构筑物。

（20）窑址

窑址位于海龙屯宋代建筑群遗址东北侧，窑址为椭圆形窑室，当地人称“馒头窑”[①]。长5.34米，宽3.32米，残高1.56米。处于北纬27° 48′ 43.1″，东经106° 49′ 6.2″，海拔1300米。2012年，海龙屯文物考古队对其进行文物考古调查共发现窑址3座，并对其中一座（Y 1）进行清理发掘，出土大量砖屑及未经火烧的砖坯。所出砖块尺寸与新王宫出土砖块相同，部分砖阴刻“初一号”“十六”“验”等铭文，其年代下限为明代。

窑址

该砖窑遗址保存较好，一直埋于地下，其形制基本保持明代时期原状。2014年，对其采用了覆罩式保护展示。

① 吕波主编：《陶艺制作》，北京：人民美术出版社，2010年，第97页。

（21）新王宫遗址

新王宫位于海龙屯顶西南侧的山梁上，地处北纬27° 48′ 42.5″，东经106° 48′ 53.2″，海拔1300米。其地势东北低、西南高，东西两侧为冲沟。建筑因山取势，于斜坡上筑石堡坎，摊平地面而成台基。台基粗分五级，层层向上抬升，房屋即坐落其上，道路与排水设施纵横其间。

新王宫坐西南向东北，是一组四周有封闭城墙、以中央踏道为中轴线的大型建筑群遗址，围墙周长504米，呈不规则圆形，围合面积1.8万平方米。由土、石混筑而成，局部地段尚高出地面0.5米～1.5米，部分则已坍塌并掩于土下，墙宽1.9米～2.4米。1999年，曾清理300平方米，出土遗物有陶器残片、铁制工具、围棋子等。另有做工精美的覆盆形柱础，以及线条粗犷、造型简洁的阶条石等。原勘察面积占地约1.2万平方米。2012年5月，贵州省考古研究所海龙屯考古队新勘察面积为2万余平方米，发现“行宫”周围设内城墙，城墙东南角和西北角建有角楼。截止到2014年，“新王宫内共探明现房址29座、排水沟19条、路6条、灶台4个、池沼9个”①，并出土大量建筑构件、生活用品等遗物。

整个新王宫遗址在大体上呈中轴对称的格局，分中、东、西三路建筑。其中，中路清理出踏道、角楼、仪门、厢房、庭院及中央甬道、大堂、二堂等遗址，西路清理出“回”字形院落、回字形建筑、卧房、厨房、厕所等遗址，东路清理出药房、府库等遗址。从各路建筑功能及出土遗物来看，中路建筑是新王宫内的行政办公场所，东路、西路及其他建筑以土司生活、休闲功能为主。

从地层堆积判断，新王宫毁于大火（灰烬层），房屋在焚毁过程中屋顶先坠，砖砌墙体随之慢慢倾圮（砖瓦混合的建筑废墟，上层以砖为主，下层以瓦砾为主，乃普遍现象），大约在崇祯至隆武年间（1628–1646），部分废弃的房基因耕种和山洪等而被泥土掩埋。文物遗存本体地面建筑完全损毁，仅存基址，局部可以看到露出地面的建筑构件。考古工作揭示该处是集

① 李飞:《海龙屯考古揭示的土司军事遗址》，载《中国文化遗产》2014年第6期。

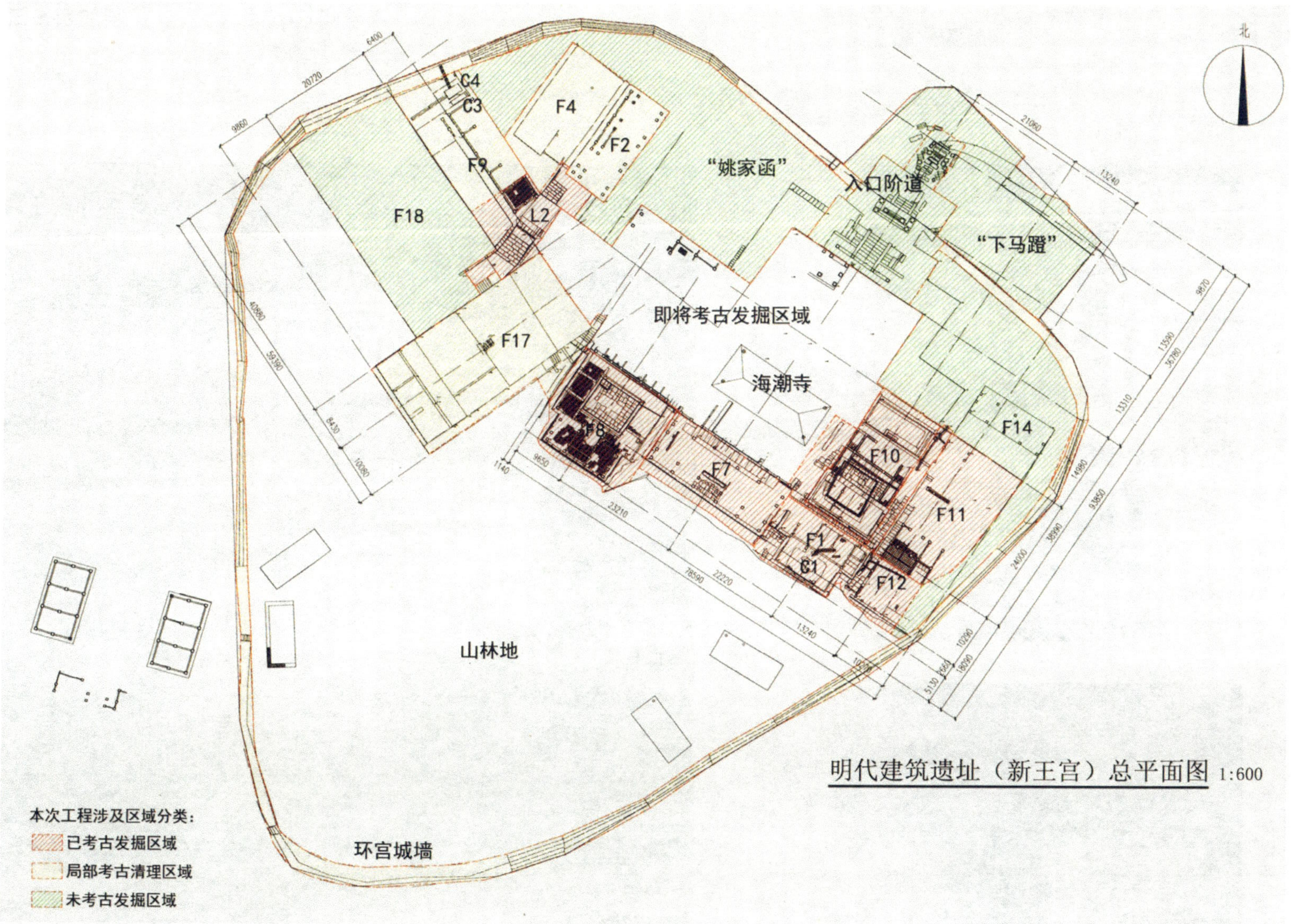

明代建筑遗址（新王宫）总平面图 1:600

《海龙屯明代建筑群遗址抢救性保护工程方案设计》中国文化遗产研究院制图

新王宫遗址航拍

新王宫九级与五级台阶全景

新王宫遗址考古发掘前

考古发掘现场（一）

新王宫厨房遗址

考古发掘现场（二）

新王宫库房遗址

新王宫土司茅房遗址

新王宫书房遗址

考古揭露出“水牢”实为通道

厨房遗址保护

考古关键柱保护

新王宫遗址墙体保护

行政办公与生活休闲为一体的土司衙署建筑遗址，现存为明代遗迹，明嘉靖至万历年间（1522 — 1600）是遗址使用较为兴盛的时期，于平播之役期间（1600）毁于大火。

2014年针对新王宫已发掘遗址、局部发掘遗址、未发掘清理遗址的不同现状，实施了相应的保护、展示工程。

（22）老王宫遗址

老王宫位于海龙屯顶中部偏南的山脊上，地处北纬27° 48′ 40.2″，东经106° 48′ 58.9″，海拔1300米。与其西北侧的新王宫遗址隔沟相望，相距约200米。其地势西南高、东北低，与新王宫的选址类似。经初步考古勘探，老王宫占地约2.5万平方米，发现建筑台基、踏道、柱础等遗迹，出土陶瓷器、瓦当、滴水、吻兽、板瓦、铁件等遗物。老王宫遗址现出于保护的考虑，暂未开展系统的发掘工作，原海龙屯考古队领队李飞在其所撰写的《海

老王宫遗址垂带踏道（一）

老王宫遗址垂带踏道（二）

老王宫遗址局部城墙

龙屯考古揭示的土司军事遗址》一文中提到，海龙屯考古队2012年针对老王宫进行了小规模的试掘与勘探，确定老王宫在明万历时期仍在使用，并提出老王宫的两种可能性：一是宋代的衙署所在地；二是老王宫与新王宫之间并无年代的早晚关系，只是功能不同而已。

老王宫遗址现所见的柱础、出土的建筑构件等遗物与新王宫遗址类似，其建筑年代尚待考古明确。

2. 周氏民居

周氏居民位于贵州省遵义市汇川区团泽镇洪村，地处东经107° 04′ 13.9″，北纬27° 46′ 35.8″，海拔840.9米。建于清光绪年间，坐西北向东南，面阔19.5米，进深12.6米，房屋建筑实为一个整体，为一进院落，其结构为木瓦结构，屋面为悬山顶穿斗式，由倒座房、正房、厢房、龙门围成院落，中设有天井，外侧有圈舍（已改造）。龙门呈“八”字形，门顶部装饰有门簪。整个建筑保存较好，总建筑面积为364.65平方米，现天井地面、部分房屋改造为砖结构。具有清代典型的黔北民居建筑特征，对研究黔北民居有较高的价值。

周氏民居

周氏民居八字龙门

周氏民居建筑局部

3. 吴氏民居

吴氏民居位于贵州省遵义市汇川区高坪街道办事处永胜村，地处东经106° 54′ 26.8″，北纬27° 50′ 33.8″，海拔934米。建于清道光年间，建筑坐南向北（高坪镇志里的朝向为坐北向南，需核实），面阔23.5米、进深21米，由正厅、厢房、通道、下厅组成；正厅坐北向南，7柱5间，两侧厢房各3间。正厅和厢房窗户雕刻图案丰富，分别刻有梅、兰、竹、菊等花卉图案。院门呈“八”字形，为带有垂柱装饰的垂花门，垂柱4根，下垂的柱头

吴氏民居正厅

吴氏民居八字龙门

吴氏民居窗户雕花

吴氏民居院门垂柱雕花

雕有莲花图案。院门及正厅门顶部装饰有门簪，院门门簪呈圆形、正厅门簪呈菱形，正面均刻有花卉图案。

该四合院现已分为四户，现仍有两户在此居住。建筑因年久失修及平时在建筑内的生活活动对建筑存在一定的影响，导致部分木柱柱身存在虫蛀、腐朽、劈裂等现象。吴氏民居是目前汇川区境内发现保存较好的清建筑之一，对研究清建筑有一定的历史价值。

4. 狮子湾古民居

狮子湾古民居位于贵州省遵义市汇川区高坪街道办事处新黔村新村组，处于东经106° 54′ 53.2″，北纬27° 47′ 11.4″，海拔906米。年代在清末民初，该建筑是黔北民居的典型代表，保存着黔北民居建筑形式与结构的原始风貌，其槛窗雕刻精美。正厅为四列七柱三间、左右厢房为五列七柱四间的三合头木瓦结构民居建筑，半天井由规整料石铺幔，阶条石、踏跺石、好望石保持完好。正房面阔16米、进深7米，厢房面阔11米、进深7米。正房中堂壁雕5块，左右次间壁雕和镂空雕5块，左右厢房壁雕和镂空雕36块，占地面积288平方米。

5. 刘等熬民居

刘等熬民居位于贵州省遵义市汇川区沙湾镇混子村街上组，处于东经106° 46′ 04.2″，北纬27° 53′ 18.3″，海拔797.4米。坐北向南，木瓦结构，东厢房已毁仅留基础，正房六列五间，西厢房为刘等熬居住，保留较为完整，在“文化大革命”时曾作为乡里的文化室，现保留了大量标语，院坝为方条石砌成，窗户上保留部分窗雕。

现状：整体布局有改变，东厢房已毁仅留基础，正房西窗部分有改修，西厢房基本保留原貌。

狮子湾古民居

刘等熬民居局部

刘等熬民居窗花雕刻

6. 观音寺民居

观音寺民居位于贵州省遵义市汇川区芝麻镇观音寺老街组，处于东经106° 35′ 15″，北纬27° 53′ 32.7″，海拔614.4米。观音寺河南岸，有二十六栋建筑，约1300平方米，均为木瓦结构，初建于清末，有观音庙，“文

观音寺民居远景

观音寺民居内部街道

观音寺民居建筑构件
——石柱础

化大革命”时观音庙已毁，现有11户村民居住在此，其他多数村民已搬至上面或其他地方。这个街区是清末至民国时期重要的川盐散卖地，街北为观音寺河，是通往仁怀的重要道路，由于大量的川盐在此进行交换，盐商在这里修建了房屋，形成了街道。这是汇川区川盐入黔的又一重要证据之一，同时又具有浓郁的民居建筑，有一定的历史价值。

7. 高崖祖庙

高崖祖庙位于贵州省遵义市汇川区董公寺街道办事处割麻村，地处东经106°57′31.3″，北纬27°44′44.5″，海拔1170.9米。距遵义市汇川区政府所在地9.5公里，坐东向西。始建于唐贞观八年（634），主要为祭祀蜀太守李冰及其子二郎。据《遵义府志》记载：“庙为唐贞观八年创建，祀蜀太守李冰及子二郎。乾符中补修，自后修葺无考。明万历四十六年戊午，遵义知县刘人表、崇祯四年辛未，四川按察使卢安世、国朝康熙三十二年癸酉，总兵王国忠、五十一年壬辰，总兵魏相、知府王元弼并重修，有记。乾隆三年戊午，知府苏霖泓复整祀田，重加增拓，迄今递有修补。”① 高崖祖庙经明、清时期多次修葺，现存戏台两个、二郎殿、高崖殿及左右侧殿，总占地面积为1583平方米。庙前有明清古碑三通，主要记载重修高崖祖庙历史，是贵州最古老的庙宇之一。高崖祖

① （清）郑珍、莫友芝纂：《遵义府志》（上册），遵义市志编纂委员会办公室，1986，第233页。

高崖祖庙正殿

高崖祖庙现存古碑

庙是研究贵州寺庙文化的实物资料，具有较高的历史价值。

高崖祖庙石狮

—— 相关链接

李冰，号称陆海，战国时代著名的水利工程专家。公元前256年—前251年被秦昭王任为蜀郡（今成都一带）太守。李冰任太守期间，治水创建了奇功，其建堰的指导思想，就是道家的“道法自然”“天人合一”的思想。他征发民工在岷江流域兴办许多水利工程，其中以他和其子一同主持修建的都江堰水利工程最为著名。几千年来，该工程为成都平原成为天府之国奠定坚实的基础。后世为纪念李冰父子，在都江堰修有二王庙。都江堰也成为著名的风景名胜。

李冰在修完都江堰后，在四川什邡洛水镇修建水利工程，后病逝于此，葬于洛水镇旁边的章山之上。被后人尊为川主。在洛水旁边的高景关和洛水之间的地段关口两侧后人修建有大王庙、二王庙纪念李冰父子。

《遵义府志》记载:“李冰《史记 · 河渠书》于蜀，蜀守冰，凿离堆，避沫水之害，穿二江成都之中。此渠皆可行舟，有余则用溉浸，百姓享其利。至于所过，往往引其水益，用溉田畴之渠以万亿计。注《汉书》曰:冰姓李。《华阳国志》:周灭后，秦孝文王以李冰为蜀守。《续文献通考》:元至顺元年，封冰圣德广裕英惠王。子二郎，英烈昭惠显灵仁祐王。《旧四川通志》:冰子二郎，助父治水，厥功懋焉。我朝雍正五年，封冰为敷泽兴济通祐王，二郎为承绩广惠显英王。”①

8. 黑神庙

黑神庙位于贵州省遵义市汇川区板桥镇娄山关村，地处东经106° 51′ 45.4″，北纬28° 00′ 24.7″，海拔1095.9米。黑神庙距全国重点文物保护单位娄山关红军战斗遗址2公里，前为将军岩，庙后为“三仙石”，东为210国道与崇遵高速公路，南北两侧为民居。始建于明万历年间，传说是为纪念刘綎手下的一名王芬将军而建。黑神庙坐西向东，面阔23米，进深8米，占地面积184平方米。单檐悬山顶木结构建筑，门、窗上均有雕花。门前踏垛为6级，无垂带，纵1.1米，横4.2米。

1935年2月，红军二渡赤水回师黔北，黔军扼守娄山关，黔军旅长杜肇华退驻关南黑神庙指挥。2月26—27日，在娄山关战斗中黑神庙一带成为战斗最激烈的战场之一。最后红军在彭德怀指挥下，采取迂回战术，将国民党指挥部和黔军阻击部队击溃，确保了娄山关战斗取得胜利。现黑神庙主体结构基本保持原貌，梁架和基础较好，2009年汇川区文体广播电视局对黑神庙残损部分按原样进行了修复。

现状：建筑保存较好，平时在庙内进行的宗教活动和生活活动对建筑存在一定的影响。

---

① （清）郑珍、莫友芝纂:《遵义府志》（下册），遵义市志编纂委员会办公室，1986，第873页。

黑神庙全景

9. 白云寺

白云寺位于贵州省遵义市汇川区团泽镇洪江村新江组凤山小学内，地处东经107° 04′ 29.2″，北纬27° 47′ 06.5″，海拔891.7米。西距中心城区30公里，北距团泽镇中心街区1.5公里，南紧临红花岗区新蒲镇3公里，G50县道于寺庙前经过。

修建于清光绪二十三年（1897），原有正殿、后殿和前厅，规模较大。现存遗迹为正殿一栋三间、抱厦两间，后殿一栋三间，基本保持原状，但左次间和右抱厦因原木板糟朽改变其原状，四列上方石灰壁不同程度损坏，四列后挑和明洞落地木方糟朽。

据白云寺前殿中次梁记述：“白云寺修建于大清光绪二十三年”，中首梁记述：“1993年维修改建”，后殿中次梁记述：“大清光绪三十年孟冬修建”，

白云寺现存正殿

由此可见，白云寺有优久的历史。迄今已有100余年，于清光绪三十年全部竣工，经现场勘察，白云寺分为正殿、后殿和前厅的一个复合式木瓦结构建筑。正殿为“四合天井”，天井用天然石材铺设边长为10.3米的正方形凹型采光台基，用石材镌刻“地漏”与地下井型石材管道组成了地下排污系统；当地一彦语：“苦练寺的银子，积章寺的谷子，白云寺的庙子”可见其建筑工艺独特，设计精巧，是在黔北寺庙群中保持原状较为完好的寺庙之一。

寺庙建成后，供奉着“如来佛祖”“三清”“观音”“十八罗汉”等大小菩萨像50余尊，成为当地佛教圣地、辰钟暮鼓、香烟缭绕、热闹非凡。1906年兴办白云小学，设于寺内，以寺校结合之用，遵义县志记载：“1941年实施新县制，遵义县设白云乡，乡公所设白云寺”，“1950年，遵义解放，中国共产党接管旧制乡保政权，设立二区于新卜，烧毁寺内所有塑像，并继续设学校，沿直至今”。白云寺占地面积20余亩，建筑面积1000余平方米，现存前殿长19.86米，宽12.25米，面积243.285平方米，后殿长11.74米、宽7.2米，面积84.528平方米，抱厦面积为101.92平方米。

1949年11月21日，中国人民解放军第二野战军第五兵团第十六军解放遵义；25日，中共遵义县委和县人民政府成立，县委派南下干部和西进干部董云升、仲肇进、余翼、姚合方、游雨进、刘来荣等20余人到新蒲宣传党的路线、方针、政策，同时接管国民党地方乡保旧政权，开展征粮支前、清匪反霸、减租退押、土地改革等一系列的政治斗争；可是，当地国民党反派的残渣余孽、土匪等乌合之众，乘解放军大部队开赴四川解放重庆、成都之机，反动活动十分猖獗，气焰十分嚣张；并四处出击骚扰，妄图颠覆新生的各级人民政权。

1950年3月11日，南下干部董云升（当地群众称之为董政委）、刘来荣、游雨进、杨肇新等，在白云乡公所组织了100余人当地群众和国民党乡保职员参加动员大会，宣传党的有关政策。匪首李训、杨芝福于16：00 — 17：00时纠集了200余名土匪分成若干反动小组（每一小组5 — 7人），分别从杨家祠堂、花龙门、壮观堂等路道向白云寺疯狂射击，参会群众惊慌失措四处隐匿；董云升根据敌众我寡的实际情况，急中生智，一方面命令在场干部不准开枪，另一方面千方百计诓住国民党乡保人员的头目胡应祯，实行阵地转移，保存实力；土匪攻击了三四十分钟后不见动静，心生疑惑，恐遭伏击，不敢贸然前进，于是狼狈撤退。党的干部免遭袭击，安然无恙。

1950年3月，中国人民解放军特三连连长林凤山，奉命率领100余人，在四面山、仁江、团泽、九龙、河包、洪江等地开展清剿土匪的斗争；为了弄清土匪的兵力和武器装备及活动情况，他和班长张金全一起深入虎穴，以召集土匪头子李训、杨芝福等到白云乡公所开会共商如何攻打遵义县政府为诱饵，把土匪一网打尽。4月26日，林凤山、张金全等身着便衣，和匪首杨芝福等按时来到白云乡公所，刚要开会时，匪首杨芝福突然从衣兜里向坐在同一条凳子上的林连长开了一枪，激烈的战斗持续了30多分钟，匪众伤亡惨重，狼狈逃窜。现存寺庙的木板壁和木柱子上还保持当年枪击的遗迹若干处。

白云寺战斗，歼灭匪徒14人，伤5人、击溃匪众150余人。连长林凤山、班长张金全壮烈牺牲。李训、杨芝福等大小匪头匪众终被人民解放军和广大人民兵全部镇压。为了纪念林凤山同志，当地政府和人民把和平村更名为凤山村（1953年又改名为凤山乡）以表世代缅怀林连长和张班长，其遗体安葬在高坪镇金塘中学旁。

2005年9月9日，遵义市委书记付传耀率汇川区委常委、政协主席王晓东到白云寺调研，对白云寺的抢救性维修提出指导性意见，并补助维修资金2万元；9月12日，汇川区委常委、区政协主席王晓东同志率汇川区文化、林业、建设、教育等相关部门和团泽镇政府到白云寺现场办公，就白云寺的抢救性维修进行了专题部署，并补助维修资金2万元；2005年10月，对白云寺进行保护维修。

2005年8月10日，白云寺列入汇川区文物保护点。

10. 朝阳庙

朝阳庙位于贵州省遵义市汇川区团泽镇四合村朝阳组六塘河西侧200米处，地处东经107° 07′ 57.2″，北纬27° 47′ 32.8″，海拔942.6米。朝阳庙由山门、正殿、石塔组成。正殿坐西北向东南，面阔18.2米，进深11米，为单檐悬山顶，月梁上雕有蝙蝠图案等，殿内外柱础上有人物、动物、花草图案；山门由门柱、门梁、门顶五块巨石组成，高32.米，宽2.5米；庙后石塔为楼阁式石塔，塔高6.6米，七层六角柱体石塔，塔身刻有文字，第二层孔上石匾额刻“字库”①，在第一、第二层有U形小孔，第四、第五层有圆形小孔。此庙为黔北现存的庙塔结合的建筑之一。距团泽镇政府13公里。该庙是遵义市汇川区目前庙塔结合的典范，是研究黔北寺庙建筑的实物资料。

现状：早年未按原状修缮保护，长年失修，未得到妥善保护。庙正殿木结构面壁已毁，部分改成砖壁。石山门门顶巨石断裂。石塔已严重风化，塔

① 字库塔，也称字库、惜字塔、焚字炉、敬字亭，等等，是古时焚烧字纸的塔形建筑。

“字库”塔

塔身局部

朝阳庙正殿

向东北方向倾斜，第一层台基西北面被破坏。

11. 弘源寺

弘源寺位于贵州省遵义市汇川区团泽镇洪江村桂花组观音山坡脚，又名苦练寺，距团泽镇政府8公里，地处东经107° 02′ 44.1″，北纬27° 45′ 50.7″，海拔790.5米。该建筑始建于明代，基础保存完好，现有正殿、厢房，均为悬山顶小青瓦木结构，建筑面积为453.2平方米。正殿坐东南向西北，面阔24.5米，进深9.2米；两侧厢房对称，面阔13.4米，进深8.5米。该寺庙建筑部分为1971年改建。

现状：早年因生产生活活动造成一定程度的破坏。该寺为1971年改建，现正殿主体按原形制修建，基础为原基础，保存完整。

弘源寺正殿

弘源寺厢房

12. 云峰山寺

云峰山寺位于贵州省遵义市汇川区板桥镇板桥社区云峰山上，北距娄山关10公里，地处东经106° 54′ 26.02″，北纬27° 58′ 36.8″，海拔914.8米，寺北侧为悬崖，寺后山顶为水牛城遗址。始建于明洪武七年（1374），当时名为“玄都观”，清康熙、乾隆年间进行扩建，现建筑面积有394.56平方米，面阔14.4米，进深23.9米。由山门、天王殿和大雄宝殿组成。天王殿为歇山式建筑，坐西向东；大雄宝殿为重檐式建筑。殿内均塑有神像。天王殿台阶石壁上存有清乾隆五十一年石碑一通，内容是“永垂万古”。

现状：1994年对寺进行了维修，重新扩充，新建了大雄宝殿。

云峰山寺远景

云峰山寺山门

云峰山寺柱础

云峰山寺天王殿

云峰山寺古碑

13. 九龙寺

九龙寺位于贵州省遵义市汇川区板桥镇长田村九龙组川黔铁路225公里处，仁江河左岸，地处东经106°53′59.0″，北纬28°01′57.6″，海拔969.7米。寺前左侧建有山门，右侧立有石碑两块，镌刻《九龙寺简介》及捐建寺庙人名。据碑刻所记载九龙寺建于清朝初年，面阔17.5米，进深16.3米，台明高1.6米，占地面积587平方米。现九龙寺为木瓦结构，由前殿、正殿及玉皇阁、南北厢房四面围合，中为天井。天井内上有三层阁楼，为穿斗式建筑。除玉皇阁为两重檐四角攒尖顶外，其余均为悬山顶。

九龙寺远景

九龙寺前殿

1944年九龙寺内设有私塾，1946年后改为国民学校，1951年改为初级小学，1972年学校迁走，恢复寺庙宗教活动。1993年，经中华佛教协会和省、地、县相关部门批准，对九龙寺进行改造维修。

—— 相关链接：九龙寺传说

清代初年，有一银发老翁，手执拂尘，乘龙降临，百姓朝拜。须臾，老翁飘然而去。为了追念老翁，遂建一庙于小山上。据九龙寺大梁书题，该寺建于清光绪二十年

水源寺下殿

水源寺古碑

水源寺柱础

（1894）。庙一正两横，门向仙翁来去方向，九株翠柏环绕庙宇，周围冒出九孔清泉，传说为九龙吐水，引来文人墨客吟诗作赋，增添寺庙风采。①

14. 水源寺

水源寺位于贵州省遵义市汇川区泗渡镇幸福村龙井坡组，地处东经106° 52′ 50.8″，北纬27° 56′ 43.4″，海拔957.1米。建于大木林山脚下，坐北向南。始建于明万历年间，分别于清道光三年和光绪三十一年重修。为四合院建筑，其结构为悬山顶、穿斗式与抬梁式相结合的木瓦建筑，建筑面积

① 遵义市汇川区板桥镇志编纂委员会编著：《遵义市汇川区板桥镇志》，2012年，第222页。

水源寺全景

668.5平方米。正殿面阔30.6米，进深11米，九柱六间，由明间、左右次间、左右稍间组成，东西厢房对称，进深6.3米，面阔7米，七柱四间，下厅八柱五间。现存鼓盆式柱础18个，雕刻花草等精美图案，天井用青石铺成，正梁上有佛画，山门墙壁有遗存的壁画图案；石碑两通，一通立于大殿左前侧，石碑高2.32米，宽1.07米，另一通“重修水源寺碑叙”嵌入下殿的台基中，记载重修时间及人物耗资等情况。

水源寺为湘山寺等黔北名寺联合捐建的寺庙，其佛画和彩画是遵义境内唯一保存的彩画古建筑，是研究宗教文化、佛教制度和彩画艺术的重要实物资料；建筑形式为两进四院落式建筑，是黔北传统建筑的典型代表性建筑，对研究黔北传统建筑具有较高的历史价值。

2015年11月9日，由遵义市人民政府公布为第二批市级文物保护单位。

现状：建筑主体结构基本保持原貌，正殿右间木质板壁无存，屋顶破损，右厢房面壁已坏。曾为遵义市娄山关林场水源森林管护站管理用房。

15. 延寿庵

延寿庵位于贵州省遵义市汇川区泗渡镇麻沟村永隆组风门垭东面300米观麻公路边，距离泗渡镇政府6.5公里，地处东经106° 57′ 09.7″，北纬

水源寺古碑

水源寺山门

水源寺下殿遗址

水源寺铁钟

27° 57′ 37.7″，海拔1043米。延寿庵当地俗称矮子寺，寺坐西向东，始建于明末，清同治二年（1864）重修，由山门、下殿遗址、中殿、天井及上殿组成，建筑面积581.68平方米。山门为半圆形石拱门，门前左右有石礅两个都有雕刻，一个为二龙戏珠，一个为双凤朝阳。下殿建筑已毁，仅存基址。中殿为新修的砖瓦结构建筑。上殿保存较为完好，为悬山顶木瓦结构，五柱四间，面阔17.3米，进深11米；上殿左次间前有清道光五年（1825）铸造的铁钟一口，钟通高1.3米，口径1.17米，钟顶部铸兽钮，兽钮下第一弦纹间铸有“皇图巩固、帝道遐昌、佛日增辉、法轮常转”16字，钟身外壁铸有铸钟缘由、主持法名、徒众及捐资信善名单等。该寺的发现，特别是铁钟的发现，作为汇川区境内唯一的清朝铸钟，是研究汇川区清代铸造技术的实物证据。

银盘寺大雄宝殿

现状：水源寺上殿保存完好，下殿、中殿原有房屋已损坏，中殿原址现为新修砖混结构房屋，下殿仅存基址，山门、天井保存较好。

16. 银盘寺

银盘寺位于贵州省遵义市汇川区董公寺街道办事处建国村桃子坪组银盘山，地处东经106° 56′ 02.6″，北纬27° 45′ 35.8″，海拔966.6米。距董公寺集镇3公里。始称净土庵，始建于明崇祯四年，清康熙、嘉庆三次重修和补修。部分建筑为单檐硬山式砖瓦结构，占地面积621平方米，分为上下大殿、左右厢房。上殿为大雄宝殿，正中设八级踏步，两侧护栏石狮四只；院落由青石铺设；下殿为天王殿。寺内现存有可移动古碑四通，为明崇祯、清嘉庆四年、七年所立。

现状：1990年进行了维修和改建，上下殿及左厢房为砖木结构，右厢房基本保持原貌。

银盘寺石狮

17. 观音阁

观音阁位于贵州省遵义市汇川区高桥街道办事处高泥小区天津路喇叭河与高坪河交汇处西北侧山上，地处东经106° 54′ 40.2″，北纬27° 42′ 54.5″，海拔851.8米。观音阁始建于明，坐北向南。清康熙年间重修，光绪年间又将阁增高。观音阁原由明次三间组成，通面阔12.6米，进深7米，呈“凸”字形，明间为木结构两层阁楼，为四角攒尖顶，高约10米，两次间屋顶低于明间，阁内原供奉有观音等神像。此阁特殊

银盘寺古碑

的建筑形式是研究遵义市明清时期的宗教建筑的实物依据。

现观音阁原址已拆除用于建设污水处理厂，另行选址新建，新建的观音阁占地面积3000多平方米，位于河对岸的文昌阁下。

观音阁远景

18. 皇经殿

皇经殿位于贵州省遵义市汇川区高坪街道办事处清溪村杨家湾组24号，地处东经106° 59′ 11.7″，北纬27° 40′ 56.4″，海拔849.3米。原名遵义四面山大佛殿。始建时间无从考证，重建于清光绪二十六年（1900），坐东南向西北，由上殿、下殿及左右厢房组成四合院，为悬山顶抬梁式木瓦结构，两侧厢房对称，部分建筑后期改为砖瓦结构。占地面积639平方米，建筑面积420平方米。殿内有木雕菩萨24尊，高约0.71米至1.35米不等。正殿内现存有：民国时期大鼓一个，鼓面直径87厘米，高95厘米；古磬一口，直径32厘米，高20厘米，磬面铸有“绥阳县城内，轩辕门下众弟子，生意兴隆，人人清吉，户户平安，老安少怀，永远去发，富贵双全……共起义建□同治年□□”；古铁钟一口，铸有捐资人名单及铸造时间“丙寅年六月十五日”等内容。

皇经殿远景

皇经殿上殿

现状：北面为李家湾组，东为唐家湾，西面100米处207省道东西穿越，殿前为水泥硬化村级公路。现房屋主体结构保存完整，右边厢房柱头有蛀虫及屋顶漏雨。

19. 高岩寺

高岩寺位于贵州省遵义市汇川区高坪街道办事处永胜村玉平组大山堡山下，地处东经106° 54′ 18.4″，北纬27° 50′ 37.3″，海拔947.9米。高岩寺依山而建，坐西向东，现占地面积约3500平方米，建筑面积约1000平方米。因寺内始建古碑于“文化大革命”期间损毁，现从寺内“亘古为昭”碑文记载寺庙在道光三年已建寺100余年，在清同治、咸丰、光绪均重修；另一古碑为乾隆四十七年（1782）遵义府官员视察，献赐寺“是一洞天”；从以上两古碑内容推断其始建年代为清乾隆初期。现遗存上、中、下三个大殿，为两进院落式木瓦结构穿斗式传统建筑。下殿面阔三间，明间南北中缝为抬梁式梁架，弯挑肘湾处均有莲瓣垂花柱作装饰，湾挑与檐柱配板式浅浮雕撑拱檐檩下以游龙图案花牙子浮雕相连接，其雕刻精细，质量上成。正殿为面阔五间，进深一间，北南中缝为抬梁式梁架，檐檩与柱与下殿相同，装饰雕刻和构件，明间窗花雕刻精细，次间绦环板雕刻梅兰竹菊和生活用具。上殿面阔五间，进深一间，檐柱均以圆形深浮雕撑拱装饰。上、中、下殿以石台阶连接，两侧均嵌有石狮，右边嵌有乾隆四十七年碑刻和光绪年间的碑刻各一通，20世纪80年代对寺院进行了扩建。

高岩寺是较为典型的黔北传统建筑，其雕刻艺术为黔北传统建筑之精

高岩寺全景

高岩寺古碑（一）

高岩寺古碑（二）

高岩寺建筑构件

品，是遵义市保存不多的黔北传统建筑，其建筑形式代表黔传统建筑典范、建筑艺术较高，保存较为完好，是研究遵义市传统建筑文化、宗教文化和雕刻艺术的重要实物资料。2015年11月9日，由遵义市人民政府公布为第二批市级文物保护单位。

20. 报恩寺

报恩寺位于贵州省遵义市汇川区高坪街道办事处双狮村紫霞山脚下，地处东经106° 53′ 39.3″，北纬27° 48′ 57.0″，海拔939.4米。原名东岳庙，据寺内古碑记载建筑最早年代为明崇祯八年，后清乾隆三年、同治年间重修。建筑坐西向东，现由天王殿、观音殿、大雄宝殿组成，占地面积3671平方米，建筑面积1348平方米。2005年，对寺庙进行改建，原木结构改为砖混结构，大雄宝殿前廊檐上木雕内容丰富，门窗均有人物雕刻。现庙内存有《东岳庙碑记》《重修东岳庙碑记》古碑两通，分别记述了东岳庙在不同时期的修缮情况。东岳庙碑高1.28米，宽0.77米，厚0.12米，碑文为行书阴刻；重修东岳庙碑高1.46米，宽0.77米，厚0.05米，碑文为正楷阴刻，字迹风化严重（碑文内容见《可移动文物》）。

报恩寺远景

报恩寺

21. 观音山庙

观音山庙位于贵州省遵义市汇川区高坪街道办事处鸣庄村点灯山，地处东经106° 53′ 29.1″，北纬27° 50′ 10.7″，海拔972.9米。占地面积430平方米，建筑面积350平方米。始建于清乾隆年间，现存建筑为1981年后重建。建筑倚天然岩溶洞所建，分上下两层，上层建筑功能主要为大殿、休息室，下层建筑功能主要为厨房、休息室。现存大部分建筑为1981年后修建。大殿后为一天然溶洞，洞口前为溶岩大厅，现建有水池三个，洞内泉水注入水池，为庙内提供生活用水；岩溶洞内壁形成有钟乳石，形似观音菩

观音山庙古碑

观音山庙正殿

萨，“观音山”称谓源于此。

观音山庙内有高坪乾隆年间进士杨傅所撰文的碑刻一通，碑高1.67米，宽0.87米，厚0.13米，文字阴刻于碑面，记述修庙事宜和捐建人。另有1994年重修庙宇所立石碑二通位于古碑一侧。

—— 相关链接

观音山亘古以来，荆棘之以生，狐狸之所掩息。达士游人所不到之区，而一旦焕然发其光，宣照其盛，□□□□□□□。航天玲珑洒普陀之甘露，有求必应，左阙君邑之佑士女顶焚，无感不通，五城之官民辐臻虽为祸，为福不□□□□□□。救难容有感然之理，但其地僻其山之果，非有以增修而润己之，则望而思返者教苦众矣，诸君子有见斯集□成，□□□□□，修其庙观，命匠勒石，鸿工取材，雒事犹未意，而好善者□□助观成，何偿无碑于天地之精，山川之秀也哉是□□□□□。[1]

22. 盖闻山川主庙

盖闻山川主庙位于贵州省遵义市汇川区毛石镇毛石村庙子湾村民组，地处东经106° 42′ 13.1″，北纬27° 49′ 52.9″，海拔

盖闻山川主庙正殿

盖闻山川主庙下殿

盖闻山川主庙正殿大梁题记

---

① 遵义市汇川高坪镇编:《遵义市汇川区高坪镇志》，北京：方志出版社，2012年，第527页。

天凤山观音庙远景

天凤山观音庙局部窗户雕花

天凤山观音庙下殿局部

944米。修建于清光绪二十九年（1903），建筑坐东北向西南，由正殿及下殿组成。正殿中供奉川主，下殿供奉观音。在正殿的大梁题记上有："盖闻山，川主庙"，大清光绪二十九年癸卯岁月孟冬月中浣日谷旦。正殿面阔一间5米，进深5米，高5.2米。下殿面阔一间4.8米，进深5.2米，高6米。此庙虽然规模不大，但给我们研究当地佛教文化提供了重要的实物依据，有一定的文物价值。

现状：建筑屋架装修大体上保存完好，但屋面局部漏雨造成木构件糟朽，近年来，附近群众在正殿右侧搭建一偏厦，作为厨房。

23. 天凤山观音庙

天凤山观音庙位于贵州省遵义市汇川区毛石镇中坝村新庄村民组，地处东经106° 40′ 25.3″，北纬27° 47′ 11.1″，海拔1154.1米。始建于光绪四年（1878），于清宣统元年（1909）、民国六年（1917）、民国十五年（1926）进行过维修。坐北向南，由正殿、两厢、下殿组成。占地面积780平方米，

天凤山观音庙正殿局部

天凤山观音庙古碑

观音庙厢房局部

建筑面积320平方米。在正殿及厢房的窗子上，有精美雕刻。整座建筑依山而建，沿中轴线左右对称，正殿为阁楼式建筑，阁楼于正殿明间起柱，建于1.65米高的台基上，面阔三间16.8米，进深4.8米，高9.2米。厢房面阔两间7.8米，进深3.8米，高6.2米。下殿面阔三间16.8米，进深3.6米，高6.2米。该寺庙为研究当地宗教文化具有重要意义。

现状：整体建筑屋架装修均保存尚好，局部地方当地群众进行过加固修缮，现由于缺乏专人管理修缮，部分屋面出现下沉渗漏现象，小木构件糟朽。

24. 张家祠堂

张家祠堂位于贵州省遵义市汇川区毛石镇台上村王家院子村民组坪上，地处东经106° 44′ 16.8″，北纬27° 49′ 39.6″，海拔987米。始建于清光绪三十三年，坐东向西，原建筑由正

张家祠堂远景

张家祠堂殿内柱础

张家祠堂局部横枋壁画

张家祠堂正殿

殿和两厢组成，现仅存正殿部分，为当地张氏宗祠，民国年间曾作过国民学校。中华人民共和国成立后，改为台上小学使用，1999年，台上小学迁出，现一直无人使用。在建筑南侧，有民国时期和尚墓四座。在其横枋及灰壁上有壁画，柱础上有雕刻，有一定的文物价值。而祠堂改做学校，对提高当地教育做出一定贡献。

现状：横枋及灰壁上壁画因民国期间装修学校时受损，现部分柱础散落佚失。

25. 王家祠堂

王家祠堂位于贵州省遵义市汇川区毛石镇毛石村景家岩村民组，地处东经106° 43′ 19″，北纬27° 49′ 38″，海拔1069.3米。该祠堂坐西北向东南，为当地王姓人家祠，修建于清光绪年间，占地面积206平方米，建筑面积142平方米，由前厅、两厢、正殿组成。正殿为悬山顶穿斗式小青瓦结构，总面阔12.8米，

王家祠堂八字朝门

王家祠堂前厅

王家祠堂正殿

王家祠堂远景

进深4.5米，在大梁题记上依稀可见“大清光绪□□年建”等字样；两厢房左右对称，也为悬山顶穿斗式小青瓦结构，总面阔7.8米，进深3.5米；其八字朝门与两次间组成前厅，前厅总面阔12.8米，进深2.6米，也为悬山顶穿斗式小青瓦结构，在其垂柱上雕有“百代芳名，三槐庭植”文字。在祠堂的灰壁上还残存部分壁画，有吉祥文字及图案。

现状：祠堂两厢及正殿的屋面已发生部分坍塌，大部分柱子及椽皮糟朽，院落内杂草丛生，外围平地被开垦为耕地，环境杂乱。

26. 许家祠堂

许家祠堂位于贵州省遵义市汇川区松林镇丁台村上半坎组，地处东经106° 38′ 5.7″，北纬27° 45′ 26.3″，海拔1076.6米。为三开间穿斗式建筑，坐东北向西南，面阔11.7米，进深6.5米，大梁题记为大清宣统元年建造。前有一泥院坝，大门南侧立有碑一通，碑高122厘米，宽74厘米，厚11厘米，碑座长106厘米，宽53厘米，高22厘米。

现状：祠堂西北侧立柱和部分板壁、檐柱为现在改装，其他均为初建时的形制与构造，碑为民国六年所立，屋面局部渗漏，木构件糟朽。

许家祠堂大梁题记

许家祠堂宣统年间碑

许家祠堂

李梓回龙寺全景

李梓回龙寺正殿阁楼

李梓回龙寺木刻神像

27. 李梓回龙寺

李梓回龙寺位于贵州省遵义市汇川区山盆镇剑坝村红星组水竹孔，地处东经106° 37′ 37.6″，北纬28° 0′ 22.7″，海拔716米。寺周崇山峻岭，水抱山环。寺始建于明代，由正殿、下殿和左右殿组成，属穿斗悬山建筑，盖小青瓦。正殿面阁11.4米，进深6.7米，顶上二、三层为阁楼，高耸于正脊中部，以下层金柱作上层转角檐柱。二层阁楼有四面瓦檐，第三层阁楼为四角攒尖顶，顶饰宝珠，通高12.8米。正殿脊和阁楼翘脊端均有凤尾，施白灰，十分醒目。

李梓回龙寺最大的特色是保存了许多历代木刻神像。寺前左侧距寺200米处，有一对“夫妻”黄秧树，树龄达500年以上。右下侧100米处，有一涌泉。

李梓回龙寺于明末清初由遵、仁、桐三县善男信女捐款建成，咸丰黔北劫乱，该院受兵火灾。同光之际（1873—1875）再次募款维修。“文化大革命”中该寺又遭严重毁坏。1983年，由住持奈国华、刘文光、龚治能、刘孝鉴等为首，发动临近民众筹资献料、投工修建正殿。1996年9月修建下殿。下殿设“十二殿朝王”，置有油煎锯解、碓舂、磨推以及绞、剐、奈何桥等各类刑具和百余大小阴司神像。

现状：建筑整体布局未改变，前木楼一层改为砖体墙，正殿改为水泥地面，存在油漆脱落等现象。

28. 宝华山寺

宝华山寺位于贵州省遵义市汇川区山盆镇剑坝村水井湾组宝华山，地处东经106° 40′ 18.4″，北纬28° 1′ 26.5″，海拔890.9米。寺庙始建于明初，起初为一座小山王神，后毁于清咸同之乱。同治七年（1868），当地群众募资重修，命名雷主庙。光绪十四年（1888），由山盆黄天仁、李梓马元年、丁村贾云清为首募资建阁，改名回龙寺。继于光绪二十四年改名宝华山寺，即建中殿、下殿，雕塑神像满堂。又于宣统二年（1910）重修玉皇阁，连年铸造钟鼓，寺院始具规模。“文化大革命”该寺被毁大半，现仅存中殿、神台

宝华山寺全景

碑碣和部分石刻，中殿供有4尊神像。

宝华山寺中殿

民国时期，这里常住僧人10余人，暮鼓晨钟，香烟燎绕，热闹非常。周围数十里的善男信女，来此还愿祈福，降乩銮，祈晴祷雨，络绎不绝。农历六月十九，传为观音寿诞，该寺列为香会，其时朝山拜佛者，从四面八方蜂拥而来，可谓人山人海。商民小贩趁机罗列百货、饮食，相互易售，以应香客之需。香客尤以女性居多，皆因旧时妇女多无赶场之机，唯赶香会将其全年积累来此消费。赶香会虽带迷信色彩，却是山区妇女难得的自由之日、盛大集会，过去有一条谚语叫“要得会，除非六月十九赶香会”。民国年间这里还办过戒烟所，四川僧人释戒鼎在此办过“阴阳普度”。迄至土地改革，香火逐渐冷落。

宝华山寺下殿遗址

山门左侧有民国三年（1914）《善与人同》碑，为清代府学生员杨光远撰写的《宝华山庙序》。右侧立《同结善缘》碑，是清末候补儒学杨怀轩撰写的《宝华山回龙寺赞》，二碑均高1.4米，宽0.77米，阴刻楷书，字迹清晰完整。绕殿回廊全用细錾石铺成，檐柱下的鼓形柱础上有石刻镂空海螺，吹之发声。中殿有陡峻的21级石阶通往上殿。上殿仅存三座石雕神台和4个雕刻八仙神像的精美柱础，以及石墩围墙。于上殿遗址处，可俯瞰桐梓河高岸深谷，绿野平畴，仰观仙人山麓，群峰插天，竹波荡漾，满目

宝华山寺神台碑碣

画意诗情。寺院北石墙基，高10余米，长40米，由巨石垒砌。

现状：整体布局已变，“文化大革命”该寺被毁大半，现仅存中殿、神台碑碣和部分石刻，中殿供有4尊神像。上殿仅存三座石雕神台和4个雕刻八仙神像的精美柱础，以及石墩围墙。正殿剩部分木墙体及瓦屋面，其余石砌地面与墙础基本完好。

29. 莲花山寺

莲花山寺位于贵州省遵义市汇川区松林镇新庄村联合组莲花山，地处东经106° 35′ 58.9″，北纬27° 48′ 5.3″，海拔1048.7米。坐西南朝向北，四合天井，总面积630平方米。正殿为四层阁楼式建筑，顶楼高3.1米，宽3.1米，进深1.7米；三层高2.3米，宽4.1

莲花山寺阁楼

莲花山寺神台碑刻

莲花山寺大梁题记

莲花山寺

米，进深2.5米；二层高3米，宽7米，进深5.4米，底层高4.2米，面阔18米，进深6.8米，厢房面阔9米，进深4.5米；下殿宽9米，进深4.5米。神台下有碑刻三通，高均为0.66米，分别宽1米、1.2米、1.1米。

现状：二、三、四层板壁为木板简单镶构，结构不紧密，整组建筑立柱、横梁构造坚固，无雕刻，正殿神台下有碑三通，很多字迹已经模糊。

30. 普陀岩寺

普陀岩寺位于贵州省遵义市汇川区芝麻镇芝麻村龙厂组卧龙山，地处东经106° 38′ 33.8″，北纬27° 53′ 28.4″，海拔1113.1米。坐西向东，原由山门、钟鼓楼、前殿、两厢、正殿组成，“文化大革命”时前面建筑均被拆掉，仅存现在正殿的三层塔式建筑，该塔为呈梯形逐级收分，石砌石灰黏结，一层高约3.8米，里面除有观音像外，还有当地村民立的三块功德碑；二层高约2.8米，三层高约2.2米，有碑刻“合龙山”“普民寺”等字样，落款：大清光绪二十八年，还有“二龙抢宝”图案。三层高约2.2米，正中正面有“瑶池殿”三字。普贤陀岩寺留下的建筑，对于研究石构建筑提供了实物资料，有一定的文物价值。

普陀岩寺现存建筑

普陀寺碑刻

普陀寺残存石狮

31. 普济桥

普济桥位于贵州省遵义市汇川区洗马路街道办事处高泥小区，地处东经106° 54′ 16.3″，北纬27° 42′ 22.7″，海拔797.4米。桥建造在高桥河（原名竹鼬溪）上，系跨度不大的实肩式单拱石桥。桥东西向横跨于高桥河上，桥东100米处为湘江河，东面相距

普济桥全景

普济桥桥拱及护栏

普济桥摩崖石刻（一）

普济桥摩崖石刻（二）

约1000米处为国家级森林公园凤凰山。

桥长14米，宽6米，跨度9.63米，桥面由青石板铺成，两侧为石板护栏，护栏上镌刻莲花图案。该桥为播州土司杨氏十三代孙——南宋播州沿边安抚使杨粲始建，元、明时期多次维修。1999年，为加强对桥的保护，将普济桥桥面升高0.94米，加宽1米，在桥头北面增加了引洪渠，普济桥基本保持原样。桥北岸民房石壁有摩崖石刻6方，记载有明清增修普济寺的文字。

普济桥是遵义最古老的石桥之一，也是杨氏土司统辖播州700余年的实物遗存与历史见证。1985年11月2日被公布为省级文物保护单位。

现状：普济桥位于城区，桥两端为高桥街，四周为砖混结构的居民住宅区。桥东50米为洗马路，桥南100米为高桥街道办事处所在地，东南面500米为遵义医院，东北面500米为遵义师范学院。因自然洪水影响对西北桥头有冲击，加之城区建设发展，桥两头建有住宅，平时的生产生活活动对桥面及桥身存在一定的影响。

—— 相关链接1：增修普济桥记

记刻府城北三里石壁上，其语多鄙赘不可晓，兹节其足备考证者，云：去城北三里许，有桥，曰普济。先侯六世祖忠烈公肇修郡之儒学及琳宫梵刹桥道，普济桥其一也。既建普济桥，于崖涘建庵宇为壮观，久而浸废。及忠宣公，复重修。今郡侯仁斋公，叹先侯所建之迹，时往来期间而游玩焉。尝曰："肇基郡治，此先族焉。予欲继述先志未遑也。"迨对天子之弘治元年，蜀播土人石永安、杨忠，感侯之德，兼亦有寄迹久远意，于是捐次丐工，增桥葺庵，建僧堂、经阁，廊厢、斋厨，种植花果树木，寄乐其间。又舍田数亩，延僧住持。云云。大明弘治九年丙辰岁夏四月既望，冠带官李敬德撰并书。是刻之侧，又有嘉靖三十年《修桥记》。①

—— 相关链接2：

竹鼯溪摩岩

溪水绿，溪山青，桃源竹鼯识山经，更愿桑田遍沧海，麻姑还为织女星。末题二酉山人，印为"八林"二字。

摩岩二

原源混混流，饮之必多寿。三百六十年，我来又逢戊。末题光绪戊寅（光绪四年，1878）秋九月，大汭山题。又刻明正德十三年（1518）戊寅白真人到此。距今计三百六十年。②

---

① （清）郑珍、莫友芝纂：《遵义府志》（上册），遵义市志编纂委员会办公室，1986年，第342–343页。

② （民国）周恭寿等纂：《续遵义府志（点校本）》，成都：巴蜀书社，2014，第256页。

32. 会川桥

会川桥位于贵州省遵义市汇川区高桥街道办事处高桥村，地处东经106° 54′ 47.9″，北纬27° 43′ 9.7″，海拔806.9米。桥东西横跨于高坪河上（又名喇叭河），南面500米高坪河、湘江河交会，故该地称会川坝。该桥始建于明崇祯十五年（1642），由里人陈舜道等募修，因造桥时于桥上获鹿，故名“得鹿”；乾隆年间贡生张之遂募修，更名“得禄”；道光三年，里人募，建石栏。该桥为三孔石拱桥，桥面长35米，宽4.9米，单孔跨度5.9米，墩高2.3米，矢高3米；桥面两侧为石护栏，高1.3米，设有石望柱16根，有栏板衔接。桥面原用青石板铺墁。桥西原有8步石阶拾级而上，现已填土修成公路。桥东有“得禄桥”石碑一通，已损坏成3块，有2块用作墙石，文字依稀可见。原桥东有“得禄碑”一通，记载修桥事宜，现已毁。

会川桥三孔石拱

会川桥远景

因工农业生产对桥面人为改造，成交通运输通道，对桥的整体结构造成安全隐患及周围环境排污系统改变，市政工程蓄水坝建设水位线升高，加大对石桥的浸泡等原因，遵义市汇川区文体广播电视局于2006年4月对桥进行了保养维护。该桥为遵义市古老的桥梁建筑之一，是研究播州明清时期建桥艺术的实物资料，具有一定的历史和艺术价值。2015年11月9日，由遵义市人民政府公布为第二批市级文物保护单位。

现状：桥墩基础已被混凝土加固，桥身裂隙，用高压水泥浆填充，露外2.5厘米用石灰浆处理，桥面和护栏为混凝土，桥主体结构稳定。

洪江村跳磡桥

洪江村跳磡桥古碑

33. 洪江村跳磡桥

洪江村跳磡桥位于贵州省遵义市汇川区团泽镇洪江村，地处东经107° 2′ 38.3″，北纬27° 45′ 48.2″，海拔790.3米，距团泽镇政府6.5公里。东西横跨于洪江河上，是连接两岸经济和文化的纽带，修建于清道光二十二年（1842），下游300米处为洪江桥。石磡共72个，每个高1.4米，宽0.6米，长1.1米，两磡间距为1.5米，现保存完好的48个。河西岸有碑两通：一碑立于清道光二十二年（1842），高1.5米，宽0.33米；一碑高1.68米，宽0.5米，两碑碑面字迹风化严重，是兴修此地水利的功德碑。该跳磡大部分保存完好，是研究当地人们生产生活和社会活动的实物资料。

现状：跳磡共72个，现48个完好，24个长期受河水冲刷，现已垮掉。两石碑碑面脱落、风化。

赵家坟山石拱桥

34. 赵家坟山石拱桥

赵家坟山石拱桥位于贵州省遵义市汇川区高坪街道办事处永胜村，地处东经106° 54′ 20.1″，东经27° 50′ 08.4″，海拔912.7米。桥横跨共和溪上，为单孔石拱桥，东向西，桥通高4.2米，跨度7米，桥面宽4.1米，长7.5米。桥建于清咸丰年间，由赵尚全等人组织捐资修建，该桥连接赵家坟山的石岩壁。桥东石壁原嵌有石碑一通，现石碑无存，桥中段两侧石头上均刻有文字，记载捐资修建人及修建时间等。

现状：桥主体结构较好，两侧护栏石损毁。

—— 相关链接：赵州桥

拱桥是指在竖直平面内以拱作为上部结构主要承重构件的桥梁。

我国现存最早的石拱桥不早于隋代，为著名的赵州桥，建成于606年。

赵州桥本名安济桥，坐落在河北省赵县洨河上。赵州桥始建于隋开皇十五年（595），完成于隋大业二年（606），由著名匠师李春建造。赵州桥是一座圆弧石拱桥，全长50.8米，净跨37.02米，净矢高7.23米，在拱圈两肩各设有两个跨度不等的腹拱，大拱净跨3.8米，小拱净跨3.8米，小拱净跨2.8米。这样的设计既减轻了桥身重量，节省材料，又便于排洪，增加美观。文献一般称赵州桥为世界现存最早的敞肩圆弧石拱桥。赵州桥拱肩开孔范围大，小拱桥墩的五角石嵌填在护拱里，构造完善，传力途径清晰。赵州桥最大的贡献在于开创了拱桥另外一种结构形式——“空腹式”，是石拱桥由实腹向空腹转变的真正开端。另外，赵州桥的先进性还体现在跨度大、矢跨比小及其完善、周密的构造措施等方面。[①]

35. 四面山桥

四面山桥位于贵州省遵义市汇川区高坪街道办事处双江村，地处东经107° 0′ 35.9″，北纬27° 50′ 18.9″，海拔823.2米。由北极、镇阳桥两桥组成，北极桥南北横跨于仁江河上，为三孔石拱桥，西南向，桥全长40.3米，宽6.4米，桥高13.3米，桥两侧为石质护栏，桥南竖有古碑一通，石质为青石，碑面阴刻《补修四面山北极镇阳桥记》，碑高1.28米，宽0.75米；镇阳桥西南向东北横跨后水河，全长41.1米，宽6米。两桥始建于清乾隆二十九年（1764），由乡人王召廷倡议募建，道光二十九年（1849）进行了补修。镇阳桥民国三十八年拆掉原木质护栏改建为石质，并改名为中正桥，竖有石碑一通，后被撤毁。2008年对桥面及护栏进行了改建，改为水泥和混凝土。四面山桥为遵义至绥阳的古道，规模较大，至今桥仍为当地生产生活的主要通道。

现状：镇阳桥2008年对桥面和护栏进行了改造，改为水泥与混凝土结构。北极桥主体结构完整，桥面为泥石，平整较差。

① 徐勇：《拱桥的起源与石拱桥的发展》，载《世界桥梁》2013年第3期，第85-87页。

四面山桥——北极桥

四面山桥——镇阳桥

北极桥古碑

——相关链接:《补修四面山北极镇阳桥记》

遵与绥接壤，去遵之东北隅四十里，曰四面山，双流拱合跨以两桥，曰北极，曰镇阳，遥遥对峙，相距各数百武，为遵绥之衡要，文檄之咽喉，商贾之橐籥。道光二十八年四月二十二日雨集水涨，两桥软侧数寸，石裂墩坏，势欲全圮，十五阅月，鸠补始就。初桥之未设也，詹君讳英，以康熙庚寅，任绥邑县尉，出俸金二十余，剂田置渡寻，于乾隆二十九年漂失船筏。居民王廷召等乃倡募建桥，一高四丈，长二十二丈，径二丈五尺，额以北极。一高四丈，长十五丈，径二丈二尺，额以镇阳。累资数万，尚缺千金，王廷召尽户以济，七载告成，后亦钜矣。酌以詹君所施，建祠祭赛，输赋纳穗，盖又能勿忘所自焉。

道光二十九年春，民以桥经水损，补葺无力悯状，禀报遵义县主周公，公即捐百金。会绥邑县主李公路适经过此，民仍以悯闻，闻亦捐俸百金，民等复欣然乐输，共成三佰有零。两县遂会勘核办，裂者弥之，斜者正之，少者增之，缺者全之，石之小者易以大，土之腻者易以石，增石以灰浆，界马以石条，而又在空址，高树楼楹添设。李、周二公长，生位自计材，至□工总为八十有三，□□一百二十九日□落成，道光二十九年四月初十日戊申，盖起徙下石之年月□□共七月十三日戊申，则即匠卒等，公官民踏试之，旦也昔，□□以乘兴桥。

大清道光二十九年己酉岁孟秋月中浣日吉旦。①

36. 大桥村石拱桥

大桥村石拱桥位于贵州省遵义市汇川区高坪街道办事处大桥村，地处东经106° 52′ 34″，北纬27° 50′ 18″，海拔920.8米。为单孔石拱桥，东西向横跨高坪河，始建于清乾隆二十一年（1756），由当地群众募捐修建。桥总长16.08米，跨度10.08米，桥面长8米，宽3.8米，桥高7.8米，桥两侧护栏高0.33米。1952年将桥名作为此地的行政称谓。现桥身保存完好，护栏石、两头踏步有缺损。

大桥村石拱桥

37. 枫香塘石拱桥

枫香塘石拱桥位于贵州省遵义市汇川区高坪街道办事处高坪社区，地处东经106°

枫香塘石拱桥

① 遵义市汇川区高坪镇编纂委员会:《遵义市汇川区高坪镇志》，北京：方志出版社，2012年，第541-542页。

53′ 56″，北纬27° 49′ 20.4″，海拔889米。桥身为东西向，桥全长12米，高4.4米，宽4.5米，跨度长11米。从《通志》记载“通济桥，城北三十里”，推测桥建于明朝早期。2005年高坪镇对桥护栏及桥面进行了改建，现为水泥护栏和水泥桥面。

38. 黄家大桥

黄家大桥位于贵州省遵义市汇川区高坪街道办事处海龙屯社区，地处东经106° 51′ 32.4″，北纬27° 47′ 53.5″，海拔898.6米，距高坪镇镇政府9公里。又名增益桥，始建于清道光八年（1828），由黄毓模捐修。为单孔石拱桥。桥全长17米，高6米，宽5.1米，跨度9米，南北横跨太平河（喇叭河支流）。桥东北岸台阶9级、西南岸台阶13级，桥面护栏高0.35米。

黄家大桥桥面

黄家大桥

39. 太平桥

太平桥位于贵州省遵义市汇川区高坪街道办事处海龙屯社区，地处东经106° 51′ 13.8″，北纬27° 48′ 30.9″，海拔907.5米，距高坪街道办事处8公里，处于世界文化遗产海龙屯二类缓冲区内。桥为单孔石拱桥，西北向东南横跨太平河，桥全长17.6米，宽4.75米，高6米，桥跨度长11.6米，桥护栏高0.4米。桥建于清道光八年（1828），由郑维旺、□朝忠等人捐修。桥两侧均有台阶，西北侧台阶14级、东南侧台阶13级。东南桥头有石碑一通，主要记载捐建人、修建时间等内容。

太平桥

太平桥碑

太平桥桥面

太平桥航拍

40. 山水桥

山水桥

山水桥桥身石刻

山水桥位于贵州省遵义市汇川区沙湾镇米粮村山水组，地处东经106° 49′ 6.8″，北纬27° 55′ 1.4″，海拔997.5米。为单孔石拱桥，石灰黏结石块砌成，桥面长5.2米，宽2.8米，高3.8米，矢高3.2米，始建年代不详，桥南北向，东西走向的小河从桥下流过，桥两侧为田畴，东西两侧为连绵的高山。

41. 长寿桥

长寿桥位于贵州省遵义市汇川区沙湾镇八一村小关组，地处东经106° 45′ 9.5″，北纬27° 52′ 29.1″，海拔1089.6米。桥头有碑一通，额题：“长寿桥”上有人名，方文秀，贾世位，落款“……九年……甲子……春……桥为石砌单孔桥：长15米，高4米，宽3.2米，矢高3.4米。为古时观音寺至遵义的必经古道。

长寿桥

长寿桥桥面

42. 山盆李梓铁索桥

山盆李梓铁索桥位于贵州省遵义市汇川区山盆镇太平村十组，地

山盆李梓铁索桥

处东经106° 41′ 7.4″，北纬27° 58′ 13.9″，海拔639.6米。桥面宽2米，长21米，高12米。铁链7根，每根30余米，由64节环扣相套。铁索凌架惊涛之上，两端贯入岸壁巨石中，铁索桥上固定木枋为桥面，旁设栏索遮护。七列二十八柱，桥面木板铺就，上为瓦盖，可以避风雨，混子河从西向东从桥下经过，东南岸为桐梓县官仓镇小河村雷叫组，西北为遵义县山盆镇太平村十组，建于清代，亦为风雨桥，下加铁索，上盖茅草，1955年维修为该桥式样。1935年1月22—24日，红军主力数万人马进入峡谷古道，从李梓铁索桥上飞越马路河，直下桐梓花秋坝，1月27日进抵赤水土城，一渡赤水河。铁索桥上过神兵的历史，为古索桥增添了几分豪壮。

山盆李梓铁索桥廊道

山盆李梓铁索桥局部铁索

现状：由于洪水冲刷，该桥桥柱支撑已倒斜悬吊在桥下，桥体下沉，风雨桥屋面变形。

—— 相关链接：泸定桥

泸定桥又称铁索桥，位于四川省泸定县大渡河上，相传康熙帝统一中国后，为加强川藏地区的文化经济交流而御批修建此桥，并在桥头立御碑。该桥始建于1705年，建成于1706年，是中国古代桥梁建筑的杰作，是国务院首批公布的全国重点文物保护单位。

泸定桥长103米，宽3米，13根铁链固定在两岸桥台落井里，9根作底链，4根分两侧作扶手，共有12164个铁环相扣，全桥铁件重40余吨。泸定桥两岸的桥头古堡为传统木结构古建筑，为中国独有。

虹桥

泸定桥自清以来，为四川入藏的重要通道和军事要津。1935年5月29日，中国工农红军长征途经这里，以22位勇士为先导的突击队，冒着敌人的枪林弹雨，在铁索桥上匍匐前进，一举消灭桥头守卫。“飞夺泸定桥”，打开了红军长征北上抗日的通道，谱写了中国革命史上和世界军史上“惊、险、奇、绝”的战争奇迹，使之成为中国共产党重要的历史纪念地。①

虹桥桥面

虹桥石碑

43. 虹桥

虹桥位于贵州省遵义市汇川区松林镇丁台村喻家坪组，地处东经106° 38′ 19″，北纬27° 43′ 55.9″，海拔1016.1米，修建于清代，桥长14米，宽3.9米，矢高1.9米，孔高5米，青石砌成，石灰浆勾缝。桥西南侧于1995年6月24日被洪水冲塌，桥体已成危桥，西南侧（上游面）石刻桥名已毁，桥西北20米处有一石碑，宽0.65米，高1.09米，厚0.1米，额题：同结，另有“……建造虹桥永垂万古……”“王显彬……”等人名。

现状：桥西南侧于1995年6月24日被洪水冲塌，

① 百度百科“泸定桥”词条[EB]/[OL]，https://baike.baidu.com/item/%E6%B3%B8%E5%AE%9A%E6%A1%A5/944710?fr=aladdin，2018-09-03

桥体已成危桥，西南侧（上游）青石质碑刻一通，碑文脱落四分之一，西南侧拱尖石上字迹模糊。

44. 大桥古井

大桥古井位于贵州省遵义市汇川区高坪街道办事处大桥村垭口组水井田，地处东经106° 52′ 34.4″，北纬27° 50′ 5.7″，海拔917米。古井为竖井。长2.2米，宽1.9米，高0.6米。上有一石质盖板，长2米，宽0.84米，厚0.1米，下有脚踏石质板，长2.2米，宽1.13米，厚0.15米，水质良好，是供给大桥村附近居民生活和生产用水的主要水源，年代为清代。

大桥古井

四、石窟寺及石刻

1. 灵壁峰摩崖石刻

灵壁峰摩崖石刻位于贵州省遵义市汇川区高桥街道办事处十字村八一组喇叭河（又名栗溪）灵碧峰上，地处东经107° 4′ 29.2″，北纬27° 47′ 6.5″，海拔834.8米。石刻面积2平方米，此地曾建有大觉寺，为康熙年间遵义规模较大的寺院之一，现已无存。灵碧峰有清代摩崖题刻6幅，为资中闵相、弼子甫、黔北文化名人郑珍等人题刻。题刻文有题字、诗词等，均为阴刻，字体有楷、隶、草、行、小篆。题刻内容为赞颂当地风景风貌及修建寺庙的文字记载，是研究黔北文化的重要实物资料。

—— 相关链接1：灵碧峰题刻

《续遵义府志》载有题刻“灵碧峰”“石隙游鳞”“栗溪吟”等。

栗溪吟 小引

相于乙巳仲春，值蒲柳节，来游此地，但见巉岩怪石孤峙。小庵创自古播，年来兵燹频仍，香火零落。是夜，寄宿僧床，雷雨骤至，风卷屋殿上重茅。余因矢愿力重兴□，

灵壁峰摩崖石刻

灵壁峰摩崖石刻局部

爰□□斩山填壑，作□□买田园，永定常住。迨殿阁粗成，亭台栏楯亦次第可观。庶栗溪八景不致湮没于荒草寒烟中也。遂成俚言，勒诸石壁。若夫登临吟咏，俾□□□，是所望于群公耳。(楷书)

初度来信游信宿还，夜□风雨□□□。□□花木僧□□，□□壑□□窗间。点缀虽□开新面，□□仍□□□□。尚余□□□□□，□□□□在此□。(草书)①

—— 相关链接2：石刻艺术

石刻艺术伴随中国文化、文字变革而发展，它与考古、书法、绘画、雕塑密切相关。中国文字最早是刻划的象形符号，原始人类的石刻符与刻画是未分的。石刻艺术中，石刻文字与石刻物象是两大类，其间有必然的联系，历代的雕塑石像中，常常刻以文字纪实。

中国石刻形制多姿多样，主要分为两大类：一是自然形刻石，如摩崖刻石和碣石；二是工艺造型刻石，如碑、墓志、阙、经幢、石柱、石器、造像（铭）以及近代各种造型刻石。

摩崖石刻依就山崖、石壁之自然石面，或稍加凿平，刻以叙事、纪铭、纪事、诗文、经文等内容的文字。最早的摩崖刻字，是远古的岩画中具有象征文字的符号。②

—— 相关链接3：赤水河葫市摩崖造像

位于赤水河葫市滩右岸石壁上、王爷庙遗址处。共有十余尊，分上下两龛，均为高浮雕全身像。大的石像高1.2米，小的高0.5米。大小不一，姿态各异。有侧身而立，有正面端坐。正中结跏趺坐像一尊，头戴宝冠，博衣大袖，着做领袈裟，坐于须弥座上，

① （民国）周恭寿、赵恺、杨恩元纂：《续遵义府志·点校本》，成都：巴蜀书社，2014，第252页。

② 《中国石刻艺术》，http://www.shiyizhang.com/kezizhishi/81.shtml，2018-09-03。

双目微合，两耳肥大，头稍前倾，表情严肃；莲花座上的观音，身披璎珞，体态丰腴娴静，面相慈祥；美髯关公，身骑枣红马，手提偃月刀，气宇轩昂，威仪可畏。所有造像，在艺术处理上各具特点，体形比例适当，雕工精湛，粗细得体，尤以面部造型独具匠心。

2. 劝世碑

劝世碑位于贵州省遵义市汇川区泗渡镇泗渡居委会飞钟组玉带桥南面桥头，地处东经106° 55′ 58.9″，北纬27° 54′ 45.8″，海拔889.2米。距泗渡镇政府1公里，面向东北，立于大清道光二十三年（1843）。石质为青石，高1.22米，宽0.47米，厚0.12米，碑文为阴刻楷书，文字基本清楚。碑文内容：“关圣帝君方便门二十四条”，均为道德规范，劝导世人，倡导文明为人处世的要求。该碑的发现，对研究汇川区明清时期的文明、文化、社会规范等有重要的考证价值和实物证据。该碑文内容劝导做人规范24条，是清朝时期人民渴望和倡导的社会道德，对研究明清时期人们的规范要求提供了一个实物数据。

劝世碑

大龙洞泰山石敢当

3. 大龙洞泰山石敢当

大龙洞泰山石敢当位于贵州省遵义市汇川区毛石镇毛石村枫香园组大龙洞，地处东经106° 43′ 27.5″，北纬27° 49′ 47.7″，海拔938.1米。泰山石敢当坐西向东，通高1.6米，宽0.39米，厚0.12米。石的正面书“泰山石敢当”五字，字体楷书阴刻，落款：大清　庚寅年月　谷旦。碑下部雕刻莲花图案，上部雕刻虎头图案，主要寓意辟邪镇邪，对我们研究当地民俗提供了实物依据。

现状：文物本体基本保存完好，立于毛石镇至芭蕉村的乡村公路上侧。

—— 相关链接：姜仔牙及来历

石敢当，又称泰山石敢当，中国旧时宅院外或街衢巷口建筑的小石碑。因碑上刻石敢当字样，故名之。作为民间驱邪、禳解方法之一。此风俗始盛于唐代。

石敢当立于街巷之中，特别是丁字路口等路冲处被称为凶位的墙上。石碑上刻有“石敢当”，或“泰山石敢当”的字，在碑额上还有狮首、虎首等浅浮雕。泰山石敢当习俗从内涵上体现的是“保平安，驱妖邪”，据考证来源自泰安市泰山区邱家店镇前旧县村，现已遍布全国，远播海外。传播过程中逐渐形成了丰富多彩的“泰山石敢当”故事群，在中国民间广为流传。“泰山石敢当”2005年12月列入国务院首批国家级非物质文化遗产名录。

关于“泰山石敢当”的来历，传说较多。有一种说法是姜太公就是石敢当。传说姜太公封神，封来封去，到最后不知道是因公而忘私，还是忙得糊涂了，竟然忘记了自己的名姓，最后只好自封为泰山石敢当。自唐代以来，很多地方大街小巷的要冲位置，都有刻着“姜太公在此，诸神归位”的砖砌于墙壁，用来降服鬼妖。传说周文王曾封太公为灌坛令，管理泰山地区。结果泰山周围风调雨顺，五谷丰登，万民欢庆。忽然一天晚上，文王做了一个奇怪的梦。梦中在他出巡的路上，有一个非常漂亮的少女当道而哭。文王问其缘故，那少女答道：“我是东岳泰山神的女儿，如今到了婚嫁的年龄，父王嫁我为东海妇。可我要去东海必须兴风作雨，这样势必要毁坏百姓的庄稼和房屋，姜太公的名声威望，也会一落千丈。我左右为难，因此而哭。”文王一觉醒来，见是一梦，急召太公来问。就在太公前来面见文王的当天，泰山地区便有大风疾雨出现，泰山神之女乘太公不在，兴风作雨去了东海。文王认为太公治理封地有方，政绩突出，于是封他为大司马。所以，中国民间便从这个故事得出结论，姜太公威镇诸神鬼怪，只要他在此，鬼神就不会兴妖作孽了。因此，人们纷纷把刻着“姜太公在此，诸神归位”的砖砌在屋外、路口的墙壁上，用来降服鬼妖。①

4. 天师石敢当

天师石敢当位于贵州省遵义市汇川区毛石镇中坝村马鞍山山脚，地处东经106° 39′ 57.7″，北纬27° 47′ 57.5″，海拔1020.8米。碑坐南向北，由碑座、碑身、碑帽三部分组成。碑座高0.2米，宽0.52米。碑宽0.43米，厚0.2米，高1.6米。碑帽为笔架形，高0.33米，宽0.85米。碑正面书“天师石敢当”，字体楷书阴刻，落款：大清□年六月□日。这座石敢当，为我们研究当地民俗提供了实物依据。

现状：碑面有风化现象，碑身结构基本保存完好。

天师石敢当

佛佑洞碑一

佛佑洞碑二

5. 佛佑洞碑刻

佛佑洞碑刻位于贵州省遵义市汇川区沙湾镇沙湾村厢房组佛堡山双眼洞，地处东

① 百度百科“石敢当”词条[EB]/[OL]，https://baike.baidu.com/item/%E7%9F%B3%E6%95%A2%E5%BD%93/79691?fr=aladdin，2018-09-03。

经106° 48′ 39.3″，北纬27° 53′ 4.7″，海拔982.6米。碑一为道光二十年（1840）立，高0.8米，宽0.9米，厚0.13米；碑二为道光二十年（1840）立，高0.95米，宽0.44米，厚0.07米，其碑文主要记述了修洞出资等事由。

碑一内容：

佛佑洞开辟以来，灵感最著者火□□□□□□□，不绝者以矣，然洞中有佛固足救世□□□□□□□□□□之灾殃而洞无神无以生人之数畏□□□□□□□□□□看竭烟只塑，灵官勒石以垂不朽……（省略为出资人姓名）道光十八年仲春月。

碑二内容：

洞中有溜滴，向□□□佛身前之人。于是乎，作瓦屋以覆之，历年既以不免毁坏，今得众姓捐资整理，气象复新，是亦善事之一端也。谨将众姓名号叙列于左……（省略为捐资人名），道光二十年岁次庚子仲春月闰一日谷旦。

6. 冯氏节孝碑

冯氏节孝碑位于贵州省遵义市汇川区沙湾镇米粮村芦竹组，地处东经106° 49′ 04.6″，北纬27° 54′ 9.9″，海拔1035.7米。碑面南而立，高3.8米，宽1.6米，厚0.27米，青石质，楷书阴刻，题：奉旨旌表处士王文星之妻冯氏节孝碑，堂弟文芹、菁姪成砚，媚铭谕敬立，大清宣统三年岁次辛亥闰六月廿八日谷旦。此节孝碑，在全区还是第一次发现，具有一定的文物价值。

冯氏节孝碑

现状：位于山腰原小路旁，现小路也弃不用，碑较好，碑体存在开裂和风化，碑文较清晰。

7. 回龙寺石敢当

回龙寺石敢当位于贵州省遵义市汇川区松林镇干堰村回龙寺，地处东经106° 40′ 54.6″，北纬27° 44′ 9.7″，海拔1149.8米。石敢当宽0.4米，高0.47米，厚0.1米。沙石质，底座长0.5米，厚0.14米，宽0.35米。上刻字迹已经风化，依稀可见碑北面正中上方刻“佛”字，两侧有“日”“月”，正中下方竖刻：石敢当。

现状：石刻处杂草茂盛，泥土将石刻底座掩埋，字迹风化模糊。

8. 凤凰阁碑

凤凰阁碑位于贵州省遵义市汇川区山盆镇落炉村先锋组，地处东经106° 33′ 26.9″，北纬28° 1′ 7.2″，海拔708.4米。立于凤凰山庙前，碑宽0.96米，高1.5米，厚0.15米，额题“凤凰阁碑”，首题“重新凤凰碑记……

凤凰阁碑

大正佛规碑

闻古之……有……落款：大清雍正国岁次乙巳年莫春月望前一日谷旦……紫霞……敬撰。主要记述重修凤凰阁事略。

现状：碑刻基本完整，存在风化现象，有些字迹模糊不可辨认。

9. 大正佛规碑

大正佛规碑位于贵州省遵义市汇川区芝麻镇大坪村团田组，地处东经106° 39′ 47.4″，北纬27° 55′ 18.1″，海拔1227.4米。碑坐北向南，青石质，高1.2米，宽0.5米，厚0.37米。碑正中题：大正佛规四字，首题：且……共……行，落款：光绪二十七年，楷书阴刻。主要记述了寺庙的佛规，这类碑在县境内很少见，对于研究佛教文化和寺庙管理有一定的价值。

五、近现代重要史迹及代表性建筑

1. 娄山关红军战斗遗址

娄山关红军战斗遗址位于贵州省遵义市汇川区板桥镇娄山关村与桐梓县交界处，地处东经106° 51′ 15.2″，北纬28° 1′ 31.8″，海拔1275.1米。娄山关，又名娄关，太平关，南距遵义市市区4万米，北距桐梓县城1.6万米，位于汇川区、桐梓县交界外，为黔北咽喉，是赤水河与乌江的分水岭，关口海拔1400米，最高处笋子山海拔1780米，最低处1050米。娄山关景区位于娄山山脉背脊的中部，位于溶蚀和河流切割作用强烈，地形相对高差达400～600米，山高谷深、险峻、奇峰耸峙，一线中分，构成了千资百态的峰丛、峡谷景观，从板桥至关口的十里峡谷较为典型。娄山关景区的自然景观独具特色，十里峡谷在川黔公路两侧，山势雄伟，峰峦叠嶂，峭壁绝立，山崖上林木茂密，满目青翠。登顶峰观日落："苍山如海、残阳如血"堪称一绝。

娄山关标志碑

娄山关悬崖绝壁，中通一线，自古为黔北之咽喉，是黔渝两地必经之路，素有“一夫当关，万夫莫开”之称，历为兵家必争之地。明朝万历二十九年（1599），播州第29代土司杨应龙反对明朝中央集权统治，在关上排栅挖坑，修建十三座木关，企图拒守；明朝廷四川总督李化龙受命平播，派蜀将刘綎率一路军从重庆出发，取道綦江，破九盘，攻娄山。攀藤缘壁，迂回关口，毁栅破关，直捣杨应龙老巢海龙屯，杨应龙自溢身亡，结束了杨氏在播州725年的世袭统治。

明朝中叶历史上多次农民起义军，在娄山关与朝廷官兵浴血奋战，大败官兵；清朝顺治四年（1674），李定国统一大西军，由北而南，攻破北关，横扫西南；咸丰四年（1854），关北桐梓县的杨隆喜和遵义大溪里（今遵义县山盆镇）舒裁缝同举义旗，率领一支农民起义军，一举攻破此关，直捣遵义府；清朝末期太平国后起之秀翼王石达开的增广依部队，率军攻破此关，

娄山关红军战斗纪念碑

同活动在四川的太平军一道浴血奋战，纵横驰骋，所向披靡。

娄山关，因红军长征途中在此取得著名的娄山关战斗胜利，当年毛泽东同志在此策马驻足写下了《忆秦娥·娄山关》一词而名扬天下。1935年2月，中国工农红军第一方面军长征途中二渡赤水，出敌不意，回师黔北，与黔军激战娄山关，歼灭和击溃其4个团，攻克娄山关。拉开遵义战役胜利序幕，这是长征以来，遵义会议后第一次伟大的胜利。

整个遗址面积约13.44平方公里，20世纪60年代以来，在娄山关口相继建有娄山关红军战斗纪念碑、毛泽东手书《忆秦娥·娄山关》词碑、娄山关摩崖石刻、陈列室等纪念设施。现存毛泽东词碑、娄山关红军战斗纪念碑、“娄山关”摩崖、小尖山战壕、大尖山战壕、观景台等。

（1）娄山关红军战斗纪念碑

娄山关红军战斗纪念碑位于娄山关关口西侧小尖山上，是为纪念遵义会议50周年于1984年12月由原四川美术学院叶玉山院长设计，遵义县人民政府修建。碑高11米，碑座宽6米，钢筋混凝土结构，整座碑象征娄山关万峰插天，中通一线之神奇、险峻，又酷似红军战士双足长征万里、踏破雄关的雄姿，同时蕴含红军“二渡赤水”“两克娄山关”的寓意。碑体南北两面，镶嵌着黑色长方形大理石，大理石上雕刻五角星和镰刀斧头图案，是当年的中国工农红军战旗。南面基座大理石上，镌刻有张爱萍同志“遵义战役牺牲的红军烈士永垂不朽”的鎏金题词；北面基座大理石上，镌刻张爱萍同志参加长征途经遵义县鸭溪时作的《西江月·遵义大捷》手迹。北侧为“红军攻占娄山关”英雄群雕汉白玉浮像，东侧为《娄山关战斗简介》石刻。

小尖山战斗遗址

毛泽东词碑

（2）小尖山战斗遗址

小尖山位于娄山关关口西侧，山顶现存有战斗掩体，又称为“战壕”，至今保存着当年的风貌。东面是大尖山，大尖山以东北是点灯山；点灯山、大尖山、小尖山这一带是当年红军与国民党军激战的主战场，像这样的战斗掩体都保存着当年的原貌。在这小尖山上，南北两面的公路尽收眼底，真是“一夫当关，万夫莫开”，清代诗人郑珍咏叹：“山势西来万马奔，大楼一勒九旗囤。天随人地藤萝峡，人共云争虎豹门。”

（3）毛泽东词碑

1973年，原中共遵义地委、行署根据中共贵州省委1966年的决定，在娄山关建造大理石词碑，该词碑由遵义设计二院设计，国家建委组织施工，削山为壁，建造成这座钢筋混凝土巨碑，碑下原铺水泥平台，台下砌成五级青石踏阶，两侧垒“八”字石墙护卫，碑宽25米，象征二万五千里长征，高13.55米，用396块云南大理石嵌成碑面，镌刻了毛泽东《忆秦峨·娄山关》手迹。

（4）娄山关摩崖

娄山关摩崖位于娄山关关口东北侧岩壁上，“娄山关”三字是老红军、原中国书法家协会主席舒同于1984年题书，1985年遵义县人民政府镌刻，每个字为2.3米，全长11米。

（5）娄山关红军战斗陈列馆

2007年于关口修建娄山关红军战斗遗址陈列馆；2008年8月娄山关红军战斗遗址向公众免费开放；2016年开始重建娄山关红军战斗遗址陈列馆，2017年4月29日建成对外免费开放，新馆建筑面积约6000平方米，采用了国内为数不多的下沉式建筑风格。陈列馆地上一层为景观部分，由水体、钢板红旗组成。地下为展厅、报告厅、办公区等功能室。其中作为核心部分的

娄山关摩崖

娄山关红军战斗遗址陈列馆

陈列馆展厅，面积约2180平方米，分四部分，第一部分为娄山关简介、第二部分首夺娄山关、第三部鏖战娄山关、第四部分主战部队简史。

1982年3月，娄山关被列为贵州省文物保护单位。

1990年8月28日，“娄山风景名胜区”被列为省级风景名胜区。1996年“娄山关风景名胜区总体规划”把娄山关片区确定为“娄山关景区”，申报为国家级风景名胜区。

2004年5月，毛泽东同志手书的《忆秦娥·娄山关》词碑，因山体下沉，有损毁词碑的迹象，板桥镇人民政府与汇川区文广局向市文化局申请专项经费，并请专家指导制订保护毛主席词碑的方案，以确保文物不被损坏。

2005年11月20日，娄山关红军战斗遗址列入第三批全国爱国主义教育示范基地名单。

—— 相关链接：娄山关战斗

红军首战娄山关

1933年下半年，蒋介石调集100万大军对中央苏区第五次大规模“围剿”。临时中央负责人博古，依靠共产国际派来的军事顾问李德负责指挥拥有8万多兵力的红军，放弃一、二、三、四次反“围剿”战争中行之有效的积极防御方针，主张御敌于国门之外，命令红军主力北上应敌，致使红军遭受挫折。4月中旬，国民党调集大军，进攻广昌，李德、博古不顾敌强我弱的实际情况，决定调集红军保卫广昌，广昌失守，敌军突击兴国、宁都、石城等根据地，红军陷入被动；10月初，国民党军队推进苏区腹地，红军被迫转移，10月10日晚，博古、李德、周恩来三人团决定率中共临时中央政府，中革军委的红军一、三、五、八、九军团和直属部门8.6万余人从瑞金、云都城区出发，带上印刷机器，军工机器等坛坛罐罐踏上向西征突围征途，计划转移到湖南同二、六军团会合。1934年11月，红军突破湘江，同敌人展开空前而激烈、损失而又最为惨重的战斗，付出了巨大的牺牲，红军从8万多人锐减到3万余人；但蒋介石已意识到中央红军意图是同红二、六军团会合，立即调集重兵布置好口袋阵，计划再次围歼红军，而博古、李德无视敌情，仍按原计划行军。12月12日，毛泽东根据敌我双方军事态势，在通道会议上建议转向贵州敌人较薄弱的地区开辟根据地和部队休整，遭到李德、博古的极力反对，但取得了洛甫、王稼祥、朱德的赞同，同时得到了“三人团”负责督促军事准备计划的实行者周恩来的赞许，为此红军迅速脱离桂军，西入贵州，寻求机动，以便转入北上。12月18日，中共中央在贵州黎平召开政治局会议，决定“新的根据地应该是川黔边地区，在不利的条件下应该转移至遵义西北地区。”

然而，中央对这样的行军始终没有一个明确的目标，引起了红军高级指挥员的重视，在王稼祥、洛甫、彭德怀和刘伯承的谈话中，大家认为:“这仗没有目标地打是不行的，还是要请毛泽东出来，他打仗有办法 ，比我们有办法，要开一个会，让毛泽东出来指挥红军。”

1935年1月1日，中央政治局在乌江南岸宋家湾村召开会议，史称“猴场会议”，批评了博古、李德不过乌江，要回头和二、六军团会合的错误主张，研究了强渡乌江和渡江后的行动问题，并通过《中共中央政治局渡江后新的行动方针的决定》，1月3日，红军强渡乌江全部通过。1月7日，红一军团二师师长陈光率部队智取遵义南门关，遵义城国民党川南边防军向北撤退至娄山关拒守。1月9日，中央军委纵队进驻遵义城，按“黎平会议”的决定在这召开政治局扩大会议，史称“遵义会议”。为保证这次会顺利召开，周恩来与朱德频频调动部门，将红三军团安排在遵义之南的乌江、南白一线，阻击国民党中央军周浑元、薛岳部队和黔军王家烈部队，提防其渡过乌江袭击遵义；五军团定军遵义东南面的珠藏、团溪一线，把守乌江的袁家渡、孙家渡、江界河各渡口；九军团驻守湄潭，警戒东面之敌；西面无敌军，暂不安排，先头部门一军团进军遵义以北，任务重大，一要歼灭和击溃娄山一线黔敌，二要占领娄山关，三要进军桐梓、松坎一线，警戒北面川军敌人。

1月7日，遵义南门关失守，坐镇遵义的第二十五军副军长兼教导师师长侯之担和国民党军前敌总指挥侯汉祐副师长慌忙中急率残部和守城特营第一营共2000余人，向城北娄山关方向撤退，1月8日囤兵驻守黔北名关 —— 娄山关；命其一个团和一营守娄山关口和大尖山、黑神庙一线，命另一个团经小箐、牛王囤，驻守娄山关关东一线的樟树坪、鹰愁涧一带，命桐梓城防做好后勤和支援准备。王家烈获悉遵义失守，一方面担心蒋介石的怪罪，另一方面自己的实力又受损失；于是急电蒋总部:“共匪已移师遵义城，我军扼守遵义北面黔北咽喉娄山关，协调川军支援，我军向南推进，南面周、薛纵队如能配合我军向北移师，两面挟击共匪，剿共有望成功”，其主要目的是夺回遵义城，系脱责任，保存守力。

同日，受军委安排，刘伯承和聂荣臻亲自部署：“一军团二师红四团团长耿飚、政委杨成武率部队从遵义出发，追击溃败黔军，当晚进驻川盐綦岸入黔驿站泗渡地域（泗渡、板桥一线）。”杨成武政委很快便和当地进步人士黄坤山取得联系；黄坤山向耿、杨介绍了溃败黔军的情况和娄山关地区地形地貌，并共同研究制订攻打娄山关行动方案。

1月8日，黄坤山、李焕章、邓石匠、赵大强等人在红军的安排部署下，分别和侦察连一起带路前往娄山关地区进行侦察，一路经关口以西，另一路经关口以东，两翼进行，掌握了敌情基本情况。当晚，部队分四个梯队前进攻打娄山关，一、二、三梯队直取关口，袭击大、小尖山，四梯队威逼关东鹰愁涧，袭击大尖山、点灯（金）山一线。1月9日凌晨，娄山关上枪声四起，惊恐未定的黔军慌忙还击，红军将士在重机枪的掩护之下，向关口发起冲锋，并组织60余名狙击手，专打黔军指挥官，残部退军大尖山以北一线。红军占领关口并乘胜追击，溃败黔军向北逃窜，上午10时许，四梯队从两翼合围至大尖山一线，挟夹黔军，黔军受到沉重打击，红四团直取桐梓城，取得了一克娄山的胜利，红四团驻地桐梓，确保遵义会议顺利召开。一克娄山关，共计歼灭敌军数百人，俘虏敌人100余人，并缴获大批的枪支和物资。

红军再战娄山关（娄山关大捷）

1935年1月17日，遵义会议召开结束。会议一致决定改变了“黎平会议”以黔北为中心来创造苏区根据地的决议。一致决定红军北渡长江，与红四方面军会合，在成都的西南或西北建立苏区根据地。

中央红军分别于2月19日、20日两渡赤水河后，向黔北重镇遵义开进。2月24日，红一、红三军团先后击溃黔敌四个团的堵截，向桐梓城急进。红军一师第一团在杨得志团长的率领下，昼夜兼程前进，当晚抵进桐梓县郊外，杨得志派员侦察，得知黔军驻守桐梓城防只有两个连的兵力，属黔军第四团蒋德铭之部下，趁夜深人静，攻其不备，向桐梓县城发起冲锋，不到两个小时，红军先前部队攻战了桐梓城，蒋德铭两个连的兵力落荒而逃，向桐梓以北的松坎方向溃退而去，援敌黔军三个团退守娄山关，企图凭险拒守阻止中央红军南下，掩护遵义城。

根据中央革命军事委员会的命令，红三军团团长彭德怀、政委杨尚昆统一指挥一、三军团和干部团攻占娄山关，再占遵义城。

2月25日下午2时，彭德怀亲临前沿命令红十三团：务必在天黑前占领点灯山，攻下娄山关。彭德怀最初部署，由彭雪枫、李干辉率十三团沿川黔公路跑步向娄山关行进。下午4时，十三团在红花园同黔敌第六团遭遇。黔敌退至娄山关，以1个营兵力分别在关口左右两侧构筑阵地，两个营在关口正面凭险阻击。彭雪枫、李干辉以避敌正面、攻敌侧翼的战术，指挥一营和三营从娄山关东侧北坡袭占点灯山。一营三连、三营九连和团直机枪连为突击队，在薄暮微雨中，向点灯山顶峰攀登，三连一排3名尖兵先敌几分钟占领制高点。一营登上山顶，连续拿下4个山头，遭敌1个营兵力阻击，双方僵持；三营和机枪连攻上山顶后，同一营一块向敌发起冲击，攻占第五个山头，占领点灯山。关口的守敌见点灯山丢失，不断向点灯山发起反扑，被红军炮兵营的迫击炮打退。夜幕降临，关口上枪声稀落。2月25日夜至26日清晨，十三团一营、三营和机枪连在点灯山上和关口的敌人对峙一夜，二营隐蔽露宿在娄山关北的黔川公路旁。

彭德怀根据敌情变化，决定将强攻娄山关改为在娄山关至板桥之间围歼黔敌。彭德怀、杨尚昆命令红十团从桐梓经洗脚溪，从娄山关西侧迂回直插黑神庙，攻击敌左翼；红十一团从娄山关东侧小道迂回直插板桥，断敌退路；红十二团攻占娄山关关口后，接替十三团阵地，担任正面主攻；十三团撤出阵地休息，总攻时从点灯山直下，攻敌右翼；干部团为正面主攻的后卫；同时，彭德怀商请红一军团由桐梓经石炭关向遵义急进，追歼逃敌。

根据彭德怀的部署，谢嵩、钟赤兵率十二团于2月26日零点从桐梓向南溪口跑步前进；其余各团按各自任务开始行动。十二团到达南溪口，以三营为先头，一、二营依序跟进，在十三团二营配合下，沿川黔公路由北向南，向敌关口阵地发起正面仰攻。此时天将拂晓。在谢嵩、钟赤兵指挥下，十二团一支小分队向娄山关小尖山一侧发起攻击，占据点灯山高地的十三团部队给予强有力的火力支援，小分队迅速占领小尖山，关口敌人阵地暴露在小尖山脚下，陷于被红军腹背攻击的地位。正面仰攻关口的十二团三营，在点灯山、小尖山火力掩护下，连续闯过几道弯道，在接近敌阵地前的第二个弯道处受阻。二营五连组成攻关突击队，分为3个梯队向关口猛攻。26日上午10时，关口守敌向南溃退，十二团攻占了娄山关关口主阵地。

十二团接替下奋战一夜的十三团，反攻为守，将敌主力压制在关南山脚至黑神庙之间的峡谷中。敌人在督战队的威逼下，一次又一次向关口反扑，十二团坚守的关口主阵地得而复失、失而复得，同敌人展开了拉锯战。正当关口阵地危急时，干部团投入战斗，萧劲光率两个连队杀入敌阵，又将敌人压下深谷。战斗一直进行到2月26日下午4时，各迂回包围敌人的部队进至预定位置，十三团团长彭雪枫下令发起总攻。十团从敌左翼，十三团从敌右翼，十二团、干部团从关口向敌正面发起攻击，从三面向敌杜肇华旅部所在地黑神庙追击。敌全线崩溃，杜肇华旅长率残兵败将由偏岩子抄小道向遵义溃逃。

红三军团攻占娄山关的战斗，不到30个小时，重创黔敌3个团，揭开了遵义战役的序幕。

2. 泗渡毛泽东宿营旧址（中央红军泗渡会议会址）

泗渡毛泽东宿营旧址位于贵州省遵义市汇川区泗渡镇泗渡居委会合众路6号，地处东经106° 56′ 4.6″，北纬27° 55′ 3.5″，海拔855.6米。坐西北向东南，现存九柱三列二间，房屋进深11米，面阔13.5米。房屋为当地居民陈汝军所有，损坏较严重。

1935年1月18日，遵义会议结束后，毛泽东率领军委纵队在遵义收拾整理一天，于次日凌晨4时半随大军离遵义北上，约于午后抵泗渡。泗渡在1935年称“泗株站”，或“泗渡站”，是川黔道上的一个歇宿站。距遵义城约30公里。当时的行旅者，一般每日行30公里必

泗渡毛泽东宿营旧址

投宿。伍云甫《长征日记》载:“一月十九日，晴。四时半由遵义经十字铺、高坪、大桥，十二时半到这泗渡营。”故泗渡是来往于川黔道上的一个投宿站。军委纵队至此即住下。中央革命军事委员会军委主席朱德在泗渡便下达“关于五军团行动的命令”。

3. 红一军团驻地石牛栏遗址

红一军团驻地石牛栏遗址位于贵州省遵义市汇川区板桥镇长田村娄山台组，地处东经106° 52′ 9.2″，北纬28° 3′ 09.4″，海拔1410.3米。石牛栏又名石门坎，红一军团1935年1月进驻此地，司令部驻地在“石牛”以西的民房内，现房屋建筑已损毁，只保存基座，距离200米东有古庙宇一座，为当时守卫北面桐梓一线的警卫连驻所，遗址总面积约1200平方米。1935年1月8日上午，红军总部进入遵义以来，为保证遵义会议的顺利召开，周恩来开始频频调动部队:“从1月15日止，北面一军团一师北抵大湾附近，司令部驻石牛栏……”

红一军团驻地石牛栏遗址

保卫会议的正常进行；1月14日，军委电令一军团：在林彪、聂荣臻未回部队之前，军团“统归左参谋长和朱主任统一指挥”。司令部从泗渡进驻石牛栏，从石牛栏至娄山关关口形成遵义北部的一道军事营盘，防止川军和黔军残余部队的袭击，成为遵义城北的安全护卫墙，具有重大的历史意义。

—— 相关链接

据《长征史事日志》记载，1935年1月1日中国工农红军第一方面军在乌江南岸瓮安县猴场附近宋家村召开会议，批评博古、李德不过乌江，要回头和二、六军团会合的错误主张。研究强渡乌江和渡后的行动方针问题，会议通过了《中央政治局关于渡江后新的行动方针的决定》，指出：“立刻准备在川黔边广大地区内转入反攻”；“建立川黔边新苏区根据地”“在遵义要召开一次扩大会议”等。1月7日，红一军团二师师长陈光，政委刘亚楼率领部队智取南门关，于凌晨2时许进驻遵义城，遵义城防向娄山关和鸭溪两个方向分别逃跑，二师追击部队追击北逃敌人，于1月9日攻占娄山关，占领了遵义北面的天然屏障。

1月8日上午，红军总部进入遵义以来，为保证遵义会议的顺利召开，周恩来开始频频调动部队：“从1月15日止，北面一军团一师北抵大湾附近，司令部驻石牛栏”，“南面三军团司令部驻南的刀靶水，东面考虑追击敌人因素，五军团司令部驻团该五军团司令部驻湄潭，西面皆无大碍，不在安排驻军，军委纵队留驻遵义”，保卫会议的正常进行。

1月14日，军委电令一军团：在林彪、聂荣臻未回部队之前，军团“统归左参谋长和朱主任统一指挥”。司令部从泗渡进驻石牛栏。

根据历史记载时间和地点，对石牛栏进行原址考察、发掘，石牛栏又名石门坎，位于汇川区板桥镇长田村娄山台村民组境内，海拔1410米，地理环境高而平，面积约10万平方米。可瞰至四周为眼底，东瞰至石炭关，西瞰至娄山关，南瞰至板桥一线，北瞰至桐梓，是冷兵战争时期的指挥部必选之地。

驻址现有古石庙宇一座，为当时守卫北面瞰至桐梓一线的警卫连驻所，司令部驻地在“石牛”以西三户人家的木屋内，木结构房屋至今已不复存在，但基石踏步尚存而保持完好，一朱姓人氏于1985年搬迁至桐梓，另两姓为娄姓和刘姓人氏无后代。据朱氏后回忆，其父亲（已故）曾说："吃过晚饭后，有两人来我家，说他们是红军部队，要借我家房屋用几天，给了我家三个银元，我家就搬到岩下边去住了。"

红军进驻石牛栏后，在左参谋长和朱主任的统一指挥下，从石牛栏至娄山关关口的梓树坪，丛杠岭一线和鹰愁涧峰口的大岩风沟，小岩风沟峰口设立军事哨所及掘壕挖沟驻兵，形成遵义北部的一道军事营盘，防此川军和黔军残余部队的袭击，同时利用天然地理优势指挥先头部队红二师继续在松坎地域侦察警戒，红一师在桐梓警戒，保证了遵义会议的顺利召开。元月17日，遵义会议召开结束，受军委电令，红一军团司令部离开石牛栏向北挺进驻松坎。

4. 飞来石红军战斗遗址

飞来石红军战斗遗址位于贵州省遵义市汇川区董公寺镇五星村石子铺组210国道旁，地处东经106° 55′ 13.7″，北纬27° 45′ 11.7″，海拔915米。是进入遵义城的一道天然屏障，左右秃峰、中通一线，历为驻军拒守要地，1935年2月27日下午，中央红军十团、十一团和一军团一部在此与黔军第一团第五团相遇，红军气势高昂，英勇杀敌，对峙约两个多时辰，全部将黔军击溃和歼灭，红军约有牺牲，葬于关口西侧，2002年崇遵高速公路修建将红军坟迁至西侧的一山坡上，飞来石战斗的胜利，再一次增长红军士气，打开了进入遵义城的最后一道关口，红军乘胜追击，攻战了遵义新城，正式拉开了遵义战役序幕。

飞来石红军战斗遗址

5. 茅草铺毛泽东塑像

茅草铺毛泽东塑像

茅草铺毛泽东塑像位于贵州省遵义市汇川区深圳路茅草铺长途客运站内，地处东经106° 55′ 56.5″，北纬27° 43′ 20.9″，海拔825米。毛泽东塑像塑于1969年1月8日，由遵义汽车修理厂所塑。塑像坐东向西，分为三个组成部分：台基、底座、塑像。台基、底座为水泥结构，白石子抹面；塑像为水泥结构。台基呈正方形，边长10米，高约1.8米，四周有护栏；台基四边中间有阶梯，北面为九级，其余为十级。底座为长方体，长3.73米，后宽3.42米，高4.88米，分为三段：第一段高0.88米，第二段高3.7米，并逐渐上收，第三段为0.3米。像高约5.5米，像为站立式，外着军大衣，右手前挥，左手握军帽背于身后。2003年12月5日，毛泽东塑像被批准为市级文物保护单位。这座塑像表达了对毛泽东主席的敬仰怀念。

6. 毛石毛主席塑像

毛石毛主席塑像位于贵州省遵义市汇川区毛石镇毛石村毛石镇医院前5米，地处东经106° 44′ 1.9″，北纬27° 49′ 29.4″，海拔888米。塑于1968年，塑像左手臂上戴有“红卫兵”字样，造型雄伟壮观，气势蔚然，该塑像坐西向东，由塔基和像身两部分组成，总高7米。塔基高0.73米，下部为正方形，边长2.1米，上部呈梯形状，向上逐渐收合，底边长1.45米，斜边高

2.07米，像身部分高3.6米。是当地人民群众纪念伟大领袖毛主席的象征。

现状：塑像总体保存尚好，局部出现风化酥碱和尘垢。

毛石毛主席塑像

7. 松林毛主席语录

松林毛主席语录位于贵州省遵义市汇川区松林镇松林居委会镇政府内，地处东经106° 43′ 11.4″，北纬27° 43′ 47″，海拔999.8米。语录写在现存的一幢木楼板壁上，房屋建造已经100多年，毛主席语录是1968年所写，原来一楼、二楼以及柱子上都有，现在由于房屋的改修和年久的原因，标语很多已经毁坏。现在能辨认出有52条，比较清楚的有30条。其中有："成千成万的先烈为着人民的利益在我们的前头英勇地牺牲了，让我们高举他们的旗帜，踏着他们的血迹前进吧！""什么叫工作？工作就是斗争。哪些地方有困难、有问题，需要我们去解决，我们是为着解决困难去工作、去斗争的，越是困难的地方，越是要去，这才是好同志！""白求恩同志毫不利己，专门利人的精神表现在他对工作的极端负责任，对同志、对人民的极端热忱，这就是一个共产党员的具体表现"等标语比较清楚。

由于房屋的改修和年久的原因，标语很多已经毁坏。现在还能辨认出有52条，现能看清楚的有30条。

松林镇政府办公场所

松林毛主席语录（一

松林毛主席语录（三）

松林毛主席语录（四）

松林毛主席语录（五）

松林毛主席语录（六）

松林毛主席语录（七）

松林毛主席语录（八）

郑家禄民居全景

8. 郑家禄民居（中央红军驻地旧址）

郑家禄民居位于贵州省遵义市汇川区泗渡镇观坝村三合组，地处东经106° 55′ 20.7″，北纬27° 57′ 02.5″，海拔904.5米。距泗渡镇府4公里。修建于清道光年间（1840年前后），迄今170余年，占地面积约700平方米。据资料记载，1935年1月，一克娄山过后，为保证遵义会议的召开，红军部队入驻观坝村农户家中，在这期间，为了

红军标语

红军标语

宣传发动群众，使人民群众了解红军，用书写标语等形式，向人民群众宣传革命道理，留下了多幅标语。观坝红军标语全部用墨汁书写，内容主要为宣传红军的革命道理。标语分别书写在郑家禄堂屋厅三柱之间的两块木质面壁上和次间二柱间的木质面壁上、吕天清家石炭壁上，红军在观坝书写标语3处，共计9幅，书写面积达7.84平方米。宝贵的红军标语，对研究当时中国工农红军的政策、思想和计划有着重大的作用。

9. 结缘山寺

结缘山寺位于贵州省遵义市汇川区毛石镇中坝村凤凰村民组，地处东经106° 39′ 26.6″，北纬27° 47′ 6.6″，海拔1167.7米。建于1914年，由下殿、两厢、正殿组成的四合院建筑。1960年“四清”时，下殿及厢房被拆除，1997年和2004年当地人集资修建了下殿、瑶池殿。整座建筑坐北向南，占地面积2980平方米，建筑面积480平方米。整座建筑依山而建，沿中轴线左右对称，正殿为阁楼式建筑，阁楼于正殿明间起柱，面阔五间21米，进深5.2米，高7.8米。厢房面阔两间10.8米，进深4.8米，高5.6米。下殿面阔五

结缘山寺全景

结缘山寺正殿

结缘山寺下殿

结缘山寺厢房

间21米，进深4.6米，高5.6米。该寺为研究当地历史文化提供了实物依据。

现状：近年来当地群众对被拆的原建筑进行了恢复，现存正殿的屋架装修保存基本较好，但屋面局部存在渗漏糟朽的情况。

10. 曾烈士墓

曾烈士墓位于贵州省遵义市汇川区板桥镇娄山关村民仓组，地处东经106° 53′ 40.8″，北纬27° 58′ 20.6″，海拔936.7米。距娄山关红军战斗遗址5公里，坐北向南，为石砌封土墓。墓地西侧立有石碑两通：一通是1964年4月11日所立，碑正中阴刻着“工农红军曾烈士之墓”，右侧阴刻“1935年被恶霸地主马文彬、陈泽光等人杀害”等经过，左侧阴刻“新小全体师生敬立”；一通是1974年四川省外语学院敬立。

曾烈士墓全景

曾烈士墓碑

2006年10月，中共遵义市委政策研究室、汇川区委员会、汇川区人民政府出资对红军烈士曾华轩墓进行修缮。占地面积为210平方米，墓南侧由6级台阶上第一平台，台阶宽2.4米，两侧为花台；再向上5级台阶为第二平台，建有四柱三间牌坊一座，正中牌匾镌刻“红军坟”。红军烈士墓由块石砌筑，水泥勾缝，墓前竖立石碑一通，碑上方刻红五星，正中刻“红军烈士曾同志墓”，两侧分别刻烈士生平及重建原因、捐建单位。碑上刻有对联“长征精神流芳千古，革命先烈永垂不朽”，横批“功昭日月”。

—— 相关链接

据《遵义市汇川区板桥镇志》记载：曾华轩，贵州省习水县回龙区郎庙乡（今习酒镇）大水井村人。1935年，红军长征四渡赤水期间，曾烈士参加娄山关战斗，后因病在马志彬家养病。红军撤离后，地主马文彬将其捆至范家湾老鸹沟，天黑后将其用马刀砍死，抛尸荒野，当地张树清之妻目睹凶手暴行。1956年，张大娘在给新红小学少先队员讲述红军故事时，揭发了凶手，并带领学校师生到曾华轩牺牲地挖出遗骨和几粒子弹，用木匣装殓安葬在娄山关脚下。

11. 董公寺红军烈士墓

董公寺红军烈士墓位于贵州省遵义市汇川区董公寺街道办事处五星村华光组，地处东经106° 54′ 43.1″，北纬27° 45′ 10.9″，海拔942.7米。墓坐西北向东南，为封土墓，墓长2.3米，宽1.7米，高0.8米。原墓葬于庙子山垭名老房子顶，2001年因修崇遵高速公路将墓迁于该地。该红军1935年2

董公寺红军烈士墓

月27日牺牲于红军攻打飞来石战斗中，由当地百姓埋葬。

现状：墓冢缺少维护，封土上长满杂草。

12. 金塘烈士陵园

金塘烈士陵园位于贵州省遵义市汇川区高坪街道办事处金塘村金塘中学后侧。地处东经106° 59′ 14.7″，北纬27° 50′ 42.5″，海拔859.4米。此陵园是为纪念中华人民共和国成立初期在剿匪中牺牲的两名烈士林风山与张金全所修建的，整个陵园占地面积为364平方米，墓坐东南向西北，设有半圆形青砖围墙，陵园正门处左右各立有石狮一个，长1.4米，高1.1米。陵园内

金塘烈士陵园全景

金塘烈士陵园墓碑

金塘烈士陵园林凤山墓碑

金塘烈士陵园张等全墓碑

金塘烈士陵园石狮

设有两根水泥灯杆，高3.5米；水泥圆桌、四个石鼓柱石等。

陵园内排列两个椭圆形墓冢，为石砌封土墓，墓冢通高1.7米，周长14.5米；墓前竖有三通青石石碑，两墓冢中间为大碑，墓前各一通。中间碑高2.08米，宽0.73米，碑正中刻有“革命烈士永垂不朽”，底座刻有“前仆后继”，背面记述革命烈士林凤山、张金全在白云寺与土匪作战的简介和陵园建设相关人员名字；两侧碑通过1.45米，宽0.5米，碑文分别刻墓主人林凤山烈士和张金全烈士简介生平（据《遵义市汇川区高坪镇志》载，碑上张等全有误，应为张金全）。

烈士墓原葬于江台村天台组（今金塘村），1971年将其搬迁于陵园内。1991年金塘乡政府出资修建此陵园，1992年元月完工。

——相关链接：人物介绍

林凤山（1923—1950），男，河北沧县人，共产党员。民国二十七年（1938）参加八路军，15岁积极投身抗日救国大业，后跟随八路军转战南北，屡立战功。1949年11月随军抵达遵义，时任中国人民解放军十六军特三连连长。

张金全（1923—1950）原热河省冯金人。民国34年参加革命。中国人民解放军十六军特三连班长。（有资料将张金全记为张金生、张等全属误记。）

1950年3月，十六军入川回师遵义，配合地方军政剿匪。当时，号称"黔北反共救国军"总司令的李训，与惯匪杨芝福等匪徒勾结，窜扰于仁江、团泽口、四面山一带，向群众派粮摊款，拦截过往行人，袭击二区政府及白云乡公所，妄图推翻新生人民政权。林凤山奉命带小分队前往侦剿，驻扎在金塘车头上。某日，获悉李、杨与雷三（名平恒，惯匪头子）合谋，正在联络其他各股匪徒，准备攻打遵义城。林凤山将计就计，佯装某部"土匪"，几经周旋，与杨芝福等挂上了钩，并和杨约定，于4月26日，在白云寺聚会，拟以"商议攻打遵义城"为由，一举歼灭匪徒。是日，林凤山带"随从"10余人，多佩长短枪，进入寺内，见杨芝福等已陆续到达，只待行动。不料，林凤山"随从"的"警戒"活动，被杨匪看出破绽，抢先开枪，林凤山中弹倒下。小分队被迫提前行动。一场激战，打死匪徒14人，伤5人。杨芝福躲藏在菩萨背后，脱掉外衫、礼帽，越墙逃跑。林凤山身负重伤，失血过多牺牲，时年27岁。张金全在激战中阵亡，年仅23岁。

两人嗣后，葬于金塘天台组地名大槽湾，1991年金塘乡给两位烈士修建了烈士陵园，将林凤山、张金全遗骸迁葬（花果山）于烈士陵园。白云乡公所命名林凤山牺牲地为凤山村，每逢清明节，常有学校师生列队陵园，敬献花圈，悼念先烈。①

13. 黄常继烈士墓

黄常继烈士墓位于贵州省遵义市汇川区高坪街道办事处高坪小区，地处

① 遵义市汇川区高坪镇编：《遵义市汇川区高坪镇志》，北京：方志出版社，2012年，第593—594页。

黄常继烈士墓

东经106° 53′ 58.2″，北纬27° 49′ 19.4″，海拔888.5米。墓坐西向东，为石砌封土墓，墓长4.6米，宽2.7米，高1.6米。墓前石碑高1.25米，宽0.6米，正中阴刻“黄常继烈士之墓”，碑面左侧记述黄常继生平及战斗牺牲简介，右为立碑时间与单位。黄常继是山东郓城县人，解放军第十六军某部指导员，在高坪水口寺召开征粮工作会时与土匪激战而牺牲。

—— 相关链接：人物介绍

黄常继，生卒不详，山东省郓城县人，中国共产党党员，中国人民解放军第十六军某连指导员。

1949年11月，随军抵达遵义，在遵义打击国民党军队，帮助接管地方政权。1950年初，为了清剿残匪，保卫新生的人民政权，他奉命率领一个排进驻一区（原大桥区），开展剿匪和征粮工作。2月，黄常继带领2名战士，在高坪水口寺（今新黔村幸福组）召开群众大会，开展征粮工作。当地大地主周梦山得知信息后，暗地纠结一股残匪从海龙方向袭来，将前来开会的群众围困于水口寺，并向到会的群众和解放军开枪。黄常继命令2名战士带领群众从寺庙后面突围，自己冲出寺庙正门，向土匪射击，不幸负伤。但他仍然坚持抗匪，保护群众撤离，后中弹牺牲。

水口寺战斗打响不久，驻遵义酒精厂的解放军迅速赶到，土匪闻讯纷纷逃离。随后，一区干部带民兵从高坪赶来，在距寺庙约100米远的小河沟边的土地庙旁找到了黄常继烈士的遗体，抬回高坪，安葬在枫香塘210国道旁。①

14. 大桥烈士墓

大桥烈士墓位于贵州省遵义市汇川区高坪街道办事处大桥村新场组内，地处东经106° 52′ 28.6″，北纬27° 50′ 31.6″，海拔935.8米。烈士墓系两位解放军战士的墓葬，一名为于克非，湖南武岗县门外渡桥头人，遵义剿匪指挥部警卫连战士，1950年元月于高坪区混子乡剿匪时牺牲；另一名无名氏，1949年解放军解放遵义北上经大桥时，因病而故。二墓冢均为封土墓，坐西北向东南，于克非墓长3米，宽2米，墓前竖有石碑一通，正中刻有“于克非烈士之墓”，两侧分别刻烈士生平简介和牺牲地、立

于克非烈士墓碑

① 遵义市汇川区高坪镇编：《遵义市汇川区高坪镇志》，北京：方志出版社，2012年，第594页。

碑单位及时间。无名氏烈士与于克非烈士墓并列，两墓相距2.5米，无墓碑，墓长2.5米，宽1.5米。

—— 相关链接：人物介绍

于克非，生卒不详，湖南省武岗县门外渡桥头人。1949年随中国人民解放军南下，编入中国人民解放军遵义剿匪指挥部警卫二连，任战士。1950年元月在遵义县高坪区混子乡与土匪作战时牺牲。葬于大桥黄泥组。①

15. 牟琳墓

牟琳墓位于贵州省遵义市汇川区董公寺街道办事处五星村沟口组水库旁一山坳上，地处东经106° 54′ 30.4″，北纬27° 44′ 49.7″，海拔911.3米。该墓为封土墓，墓坐西北向东南，占地面积50平方米。墓前竖石碑一通，碑高1.47米，宽0.67米，碑正面阴刻“故显考牟公讳琳之墓”。

牟琳墓

据《遵义文史资料》第九辑和《遵义市志》下册记载，牟

① 遵义市汇川区高坪镇编：《遵义市汇川区高坪镇志》，北京：方志出版社，2012年，第594页。

贡三先生，名牟琳，字贡三，光绪年间举人，生于1878年，因参与康、梁变法，失败后逃往日本留学，结识孙中山先生，并参加同盟会，参与推翻清政府，建立共和之举。民国成立后，任第一届国民参政会参议员，并任国民政府海陆空总部顾问，后任贵州省建设厅厅长；离任后返回故里遵义，1947年选为遵义县参议会参议长，名誉参议长等职。1949年11月，国民党残余特务计划火烧遵义城，贡三先生组织遵义县地方维持会，狠狠打击国民党残余特务的计划。中华人民共和国成立后，贡三先生选为遵义市政协副主席，其间又动员反动军阀投诚归顺，为遵义的稳定做出了一定的贡献；1950年11月病逝。

牟贡三先生是贵州省的重要政治人物和民主人士，对遵义顺利解放和动员反动军阀投诚做出了突出的贡献，其墓葬具有一定的历史人文价值。

16. 毛石红军烈士墓

毛石红军烈士墓位于贵州省遵义市汇川区毛石镇毛石村阁湾村民组，地处东经106° 43′ 53.5″，北纬27° 49′ 05.6″，海拔889.1米。由遵义县

毛石红军烈士墓全景

革命烈士简介碑

毛石红军烈士纪念碑

红军烈士纪念碑记

民政局和毛石镇政府组织修建，为纪念长征时牺牲的红军战士。陵园由石阶、纪念碑、围护栏组成，地面均用方整石铺砌，占地面积约800平方米。墓及纪念碑为一体。1935年1月21日、22日，中国工农红军三军团二部先后从遵义老城出发，经过洗马路、十字铺、牛蹄场，进入毛石坎，继续向芝麻坪、李梓关进发。部分红军伤病员与部队失去联系，流落在毛石一带，有四名红军藏于人马台何家垭口的窝棚内。遭当地恶霸残酷杀害，遗体被拖于周家巷子一土坑中掩尸灭迹。有三名红军因饥病交加不幸牺牲在关上路边对门箐石旮旯和梅子湾草丛中。1968年修坟8座，并刻碑文纪念。2004年毛石镇人民政府对烈士墓进行修葺。2006年毛石镇人民政府与遵义县民政局共同出资修建该烈士陵园。

现状：原来的红军烈士墓为1968年修建，坟为8座，并刻碑文纪念。2004年毛石镇人民政府出资对这些烈士墓进行修葺。2006年毛石镇人民政府与遵义县民政局共同出资重新选址修建该烈士陵园。

17. 蔡肖氏墓

蔡肖氏墓位于贵州省遵义市汇川区毛石镇台上村鲁家坪村民组，地处东

蔡肖氏墓全景

经106° 44′ 38.8″，北纬27° 50′ 51.5″，海拔881.6米。墓地由墓、节孝坊、建坊碑、墓垣组成。蔡肖氏为当地名门妇女，中年孀居，其子又先她而殁，遂倾其家资建墓地。墓地里3座墓，分别葬蔡肖氏公婆合葬墓、蔡肖氏夫妇墓、蔡肖氏儿子墓。3座墓均为前置牌楼式墓碑，后为封土，石砌包鱼尾状。墓地大门为“节孝贤贞”牌坊，建于民国三十年（1941），坐西北向东南，牌坊高7.36米，通面阔4.88米，为四柱三间三楼式。柱座由大块条石铺成，长0.35米，宽0.3米。中柱及边柱的宽、厚均为0.3米。柱的前后有圆形抱鼓石及阴刻楹联，中柱正面联为：“蒸当永享千秋祀，节孝流芳百代长”，边柱正面联为：“山明水秀房房发，子孝孙贤代代兴”，明间下额匾上刻有“节孝

"节孝贤贞"牌坊

墓冢（一）

贤贞"，两侧额匾上刻有"世泽长，节崇尊"，上额枋上刻有"乾山巽向"。中柱背面联为："世泽绵远世泽长，佳城永固佳城固"，边柱背面联为："龙虎蟠踞成英俊，水绕山环蔚人文"，明间下额匾上刻有《鼎建贞坊小引》，两侧额匾上刻有"流芳百代，永享蒸尝"，上额枋上刻有"长发其祥"。枋身雕有花卉、动物、人物等装饰图案，工艺精湛，具有较高的艺术价值。

现状：牌坊保存基本完好，有轻微风化现象。在牌坊两侧为墓地石围栏，上有雕刻。建坊碑位于墓地内。

墓冢（二）

墓垣局部雕刻（一）

牌坊局部

墓垣局部雕刻（二）

建坊碑

18. 沙湾革命烈士陵园

沙湾革命烈士陵园位于贵州省遵义市汇川区沙湾村贺垭组，地处东经106° 49′ 35.1″，北纬27° 52′ 23.8″，海拔912.2米。坐南向北，有墓两座，一红军烈士，一革命烈士，陵园占地面积800平方米。红军烈士名字无考，为绘图员，1935年长征牺牲于高坪镇李村坎水潮窝，后葬于混子虎头峰，2005年迁葬于此。革命烈士艾超同，山东省城伍县人，1949年12月26日在混子场剿匪时牺牲，2005年元月5日从混子虎头峰迁陵园。

现状：红军烈士墓1座，革命烈士墓1座。保存较好，设有陵园保护。石质自然风化，墓上植物茂盛。

沙湾革命烈士墓

沙湾革命烈士陵园全景

革命烈士艾超墓

红军烈士墓

——相关链接：人物介绍

艾超，又名尚公，山东省城伍县人。早年参加革命，于1949年11月26日在混子场与土匪激战中牺牲。艾超同志曾任中国人民解放军某部连指导员，中华人民共和国成立后任混子乡第一任乡长。

19. 山盆革命烈士墓

山盆革命烈士墓位于贵州省遵义市汇川区山盆镇山盆村高坪至山盆公路旁，地处东经106° 41′ 07.8″，北纬27° 56′ 12.1″，海拔976.7米。墓地依山而建，呈长方形，占地约250平方米，左右围墙高1.5米，后侧高2米，墙顶盖琉璃瓦。整个陵地按阶梯状布置，分四层，每层用梯步相连，共设27梯，除梯步外的空地建花池。顶层正中为烈士墓，墓身四周均用细磨石块砌成，墓前竖立组合式人造花岗岩纪念碑，顶上石柱刻“革命烈士永垂不朽”，顶尖镶有红色五角星，左边石柱刻“浩气长存天宇”，右边石柱刻“丹心永驻人间”，主体石碑上正中刻“革命烈士永垂不朽”，左刻文字介绍韩连长坟

山盆革命烈士墓全景

韩连长墓碑

山盆革命烈士纪念碑

墓搬迁情况，右刻文字介绍韩连长牺牲情况。雕刻内容均为阴刻，顶上石柱文字为行楷，涂红色。其余文字为魏碑体，涂黑色。

韩连长原籍四川，名已失传，系中国人民解放军剿匪部队某连连长，1950年10月（碑载有误）奉命到山盆剿匪，进驻黎明村（今茶厂村）坪田李家大院。同年11月在杨思岩酸枣坪处追剿张锡波匪部时，不幸遭巨石击中胸部，壮烈牺牲，年仅23岁，先葬于丁村老学校门口，1958年迁葬至丁村乡公社附近，1980年原山盆区公所立碑缅怀，1997年2月丁村老龄协会重新建碑致哀，2005年4月山盆镇人民政府修建烈士陵园迁葬至此，每年清明节，不少单位和个人到此扫墓，敬献花圈，表达对英烈的缅怀之情。

现状：墓区整体布局未变化，碑体上有尘垢。墓区有围墙，园内植有部分树木。墓区前为农田。

20. 江西坡烈士陵园

江西坡烈士陵园位于贵州省遵义市汇川区松林镇松林居委会江西坡，地处东经106° 43′ 26.4″，北纬27° 43′ 49.1″，海拔989.6米。有烈士墓五座，坐东向西，每座墓均高1.43米，宽1.04米，墓由北向南依次为陈光元烈士墓、黄汝良烈士墓、红军烈士墓、王刚烈士墓、张玉铭烈士墓、五墓并排，

江西坡烈士陵园烈士墓

烈士墓原碑

烈士陵园山门

正中前有一碑立于三级基座上，碑高1.5米，座高0.7米，宽0.75米，厚0.1米，刻“革命烈士永垂不朽”，陵园总宽8.9米，进深11.2米，陵园南有台阶步入山下，台阶转西出口处北侧有老碑一通，长1.53米，宽0.65米，厚0.07米。中上部阳刻有五角星，直径0.7米，中竖题“革命烈士永垂不朽”，碑下部石刻内容已经残缺。

现状：陵园内墓茔较好，陵园出口处碑刻下半部分有0.65米宽、0.55米长部分已经朽坏，封土上长满植被。

21. 芝麻烈士陵园

芝麻烈士陵园位于贵州省遵义市汇川区芝麻镇芝麻村街场口，地处东经106° 39′ 59.4″，北纬27° 53′ 34.5″，海拔1132.8米。有纪念碑一座，有烈士墓五座，土堆石围，前排三座为红军烈士墓，后排两座为革命烈士墓，陵园选址在

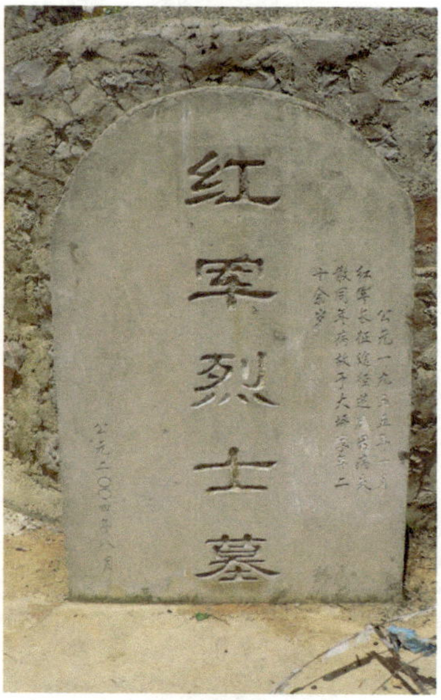

红军烈士墓碑

芝麻烈士陵园远景

山坡上，斜坡宽17米，长42米。

现状：整体布局保持较好，墓葬形制为土堆石围，有两通碑已经断裂，陵园内无植被。

革命烈士杨明海墓碑

革命烈士肖泽荣墓碑

芝麻烈士墓

七二站通讯塔

七二站原管理用房

22. 贵州省微波通信局七二站旧址

贵州省微波通信局七二站旧址位于贵州省遵义市汇川区板桥镇娄山关村笋子山顶，地处东经106° 50′ 21.6″，北纬28° 00′ 02.1″，海拔1760.7米。七二站建于1970年，由原遵义县政府全县17个区141个乡镇组织民工义务建设，主要经营微波通信。七二站现有管理用房、机房及通信塔，占地面积1993.5平方米。现七二站主要从事电信通信传输。

23. 董酒窖池

董酒窖池位于贵州省遵义市汇川区董公寺街道办事处交通村董酒厂内，地处东经106° 55′ 10.4″，北纬27° 46′ 00.8″，海拔886.4米。当地酿酒世家程氏后人程明坤，结合本地的水土、气候、原材料等条件酿造出别具一格的“董公寺窖酒”20世纪20年代成为遵义名产，20世纪40年代初更名为“董酒”。由于董酒窖池的结构特殊，加有近百味中药材做曲，香醅长期发酵，串香工艺蒸馏得酒。1957年董酒送到国务院鉴定，总理办公室在鉴定书上批示：“色香味均佳，建议当地政府给予恢复和发展。”董酒参加

董酒厂外景

董酒窖池（一）

董酒窖池（二）

董酒窖池（三）

董酒窖池（四）

国内外各种白酒的质量技术评比活动，在历届评比活动中取得了优异成绩。现共有大小窖池2000个，大窖池每个20-26立方米，小窖池6-10立方米。

24. 洪江水库

洪江水库位于贵州省遵义市汇川区团泽镇高台村3407厂南面1公里处，地处东经107° 04′ 24.3″，北纬27° 48′ 34.4″，海拔919米。距团泽镇政府500米。该水库为大坝砂壳心墙坝，集雨面积8.67平方公里，总

洪江水库简介碑

洪江水库库区

库量为196.76万立方米。坝高21米，坝顶长176.5米，坝顶宽8米，溢洪道长82米，宽4.5米。主干渠左右两条长11.7公里，大小支渠25条，总长28公里。主干道全国防渗管道，支渠18公里为防渗管道。配套电力提灌6处，装机始容量135千瓦，灌溉范围2个行政村18个村民小组，面积5500亩。该水库建于1975年，1979年秋完成，总耗资33.16万元，其中国家投资22.3万元，其余为群众和干部集资。

25. 安二炼窑炉

安二炼窑炉位于贵州省遵义市汇川区高坪街道办事处大桥村安二组210国道旁，地处东经106° 52′ 34″，北纬27° 50′ 52.9″，海拔902米。现存窑炉洞口一个、炉堂一个保存完好，洞口朝东。窑炉还氧窑田已不存在而修成通村公路。面阔7米，残高5.1米，洞口进深3.3米，宽0.58米，高1.8米，20世纪60年代修建。

安二炼窑炉局部

26. 大桥村土制砖瓦窑

大桥村土制砖瓦窑位于贵州省遵义市汇川区高坪街道办事处大桥村安二组境内，地处东经106° 52′ 36.8″，北纬27° 50′ 9.6″，海拔919米。该砖瓦窑遗址现存烟囱三根、还氧窑田、窑洞口、炉堂全部保存完好。窑址通高6.5米，其中烟囱高2.1米，面阔5.8

大桥村土制砖瓦窑

盐道修建碑

现存盐道

倪氏宗祠碑

米，窑洞口高1.7米，宽1.57米，20世纪80年代修建。

27. 盐道修建碑

盐道修建碑位于贵州省遵义市汇川区毛石镇白花村核桃组关口凼，地处东经106° 42′ 36″，北纬27° 5′ 34.2″，海拔1116.8米。碑高1.02米，宽0.68米，厚0.1米，碑刻内容记录了修路募捐人及相关记载，落款为民国二年，碑东侧2米处尚有石砌古盐道。

现状：碑基本保持完好，碑上有尘垢、微生物和风化现象，有些字迹已模糊不可辨。碑周围为田地，前为古道。

28. 倪氏宗祠碑

倪氏宗祠碑位于贵州省遵义市汇川区松林镇庙林村生基组，地处东经106° 35′ 26.9″，北纬27° 44′ 31.2″，海拔1112.4米。倪氏宗祠碑，碑高1.78米，宽0.75米，厚0.18米。面东南而立，额题横书：千乘宗祠，落款为：中华统制民国六年岁次丁巳月，小阳望一日良吉立。

现状：倪氏宗祠碑有部分字掩盖在土中，部分字迹已经模糊。

山阿摩崖全景

29. 山阿摩崖

山阿摩崖位于贵州省遵义市汇川区沙湾镇沙湾村沙湾小学后，村民胡大才宅东3米处，地处东经106° 49′ 5″，北纬27° 52′ 10.2″，海拔896.1米。“山阿”刻于离地2.5米的山岸上，落款为“甲午夏，周登学书”每字直经75×75厘米，楷书阴刻，字体端庄、有力。周登学，桐梓官仓人，民国时期在黔军第三师师长蒋丕绪部下任职，后离职到地方教书，曾先后在遵义县李梓小学任教，对当地的教育事业做出了一定的贡献，当时在官仓坝、李梓关一带很有名望。

现状：字迹清晰，保存较好。

摩崖局部“山”字

摩崖局部“阿”字

混子桥

桥上石墩文字（一）

桥上石墩文字（二）

30. 混子桥

混子桥位于贵州省遵义市汇川区沙湾镇混子村街上组，地处东经106° 46′ 29.3″，北纬27° 53′ 19.9″，海拔782.4米。桥南北跨跨在混子河上，两桥墩三桥孔，为石砌水泥黏结，桥面有条石砌成护栏高约0.75米，南侧桥上石墩雕有“雄关道，及一九六三年，虎踞龙磐，天翻地覆”等字样，桥长43.7米，宽7米，高8米。

现状：桥身数年前人为加厚为水泥面。桥身石块风化，长有植物。

31. 马大塘风雨桥

马大塘风雨桥位于贵州省遵义市汇川区沙湾镇混子村马大塘组，地处东经106° 48′ 0.7″，北纬27° 53′ 15.4″，海拔819.8米。桥横跨在东西流向的马大塘河上，桥为木结构，四列八柱，桥长7.8米，宽1.75米，桥面至水面6.4米，桥面至屋顶3.3米，桥上瓦盖屋面，在桥上可以避风雨，桥面为两根大木柱横于河两岸，木板铺成桥面，两侧有护栏，桥建于百余年前。

现状：现桥面基本完好，屋面部分瓦毁落。

马大塘风雨桥全景

马大塘风雨桥桥面

——相关链接：风雨桥

流行于湖南、湖北、贵州、广西等地。由桥、塔、亭组成，用木料筑成，桥面铺板，两旁设栏杆、长凳，桥顶盖瓦，形成长廊式走道。塔、亭建在石桥墩上，有多层，檐角飞翘，顶有宝葫芦等装饰，被称为世界十大最不可思议桥梁之一。因为行人过往能躲避风雨，故名风雨桥。

32. 建设风雨桥

建设风雨桥位于贵州省遵义市汇川区沙湾镇建设村委办公室正前方90米，地处东经106° 47′ 34″，北纬27° 55′ 31.5″，海拔876.1米。木结构，四柱四列，桥面长11米，风雨桥桥面的屋面为悬山顶，高2.8米，桥面宽2.2米，桥面下高3米，横跨在板水沟河上，大梁题记修于民国二十三年七月初

建设风雨桥全景

建设风雨桥内部

三。风雨桥又称花桥，亦叫福桥，是当地独特的建筑物。整座桥梁由木结构的桥身、长廊组合而成，没有桥墩。桥结构也是不用一钉一铁，全用卯榫嵌合。桥身以巨木为梁。从岸石墩起，用巨木结构桥梁，两旁铺设长凳，供来往行人休息。

现状：桥整体保存较好，桥体屋面多漏洞，多处木构件朽坏，现仍有人从桥上通行。

小河沟石拱桥全景

33. 小河沟石拱桥

小河沟石拱桥位于贵州省遵义市汇川区山盆镇山盆村小河沟组，地处东经106° 41′

小河沟石拱桥桥面

小河沟石拱桥石碑

16.7″，北纬27° 56′ 10.1″，海拔771.8米。当地俗称店子拱洞桥，为单孔石砌，石灰浆黏砌，桥面长4.6米，宽3.35米，桥高5.8米，夭高5米，桥长9.25米，桥面中央有碑一通，青石质，国楞碑，高1.55米，宽0.45米，碑刻上部书“永垂不朽”，从现在桥两面的古道来看，该桥为古时通往山盆的交通要道。

现状：桥基本完好，较为坚固。桥身长满植物，石质风化。

34. 大屋基风雨桥

大屋基风雨桥位于贵州省遵义市汇川区山盆镇丛坝村大屋基组，地处东经106° 38′ 27.9″，北纬27° 57′ 1.8″，海拔717.6米。桥长9米，宽2.5米，高（桥面到屋顶）3.5米，四列十六柱，桥高4.5米（桥面到水面），瓦屋面，可以避风雨。修建于20世纪70年代，大梁题记：共和国辛酉年二月初七岁

大屋基风雨桥全景

大屋基风雨桥一侧

旦，1981年修换过大梁，有“长寿桥”字，由大屋基、水井湾两组共同修建。

现状：桥结构稳固，保存较为完好，北侧保护栏部分损毁。

35. 两河口桥

两河口桥位于贵州省遵义市汇川区山盆镇丛坝村三星组，地处东经106° 37′ 53.8″，北纬27° 57′ 59.9″，海拔629米。翁光武宅北紧挨，初建于1943年，四列十六柱，桥面木板铺就，上为瓦盖。大梁题：帝星照耀中华民国三十二年癸未岁正月二十八日谷旦，

两河口桥远景

两河口桥内部

桥内大梁题记

始建领办人：饶海清、饶占堂…… 国图巩固共和国一九九九年己卯岁二月二十八日维修……

现状：桥基本完好，木质部分糟朽，屋顶部分漏，桥一侧修有房屋。

36. 排子洞

排子洞位于贵州省遵义市汇川区高坪街道办事处，排子洞高崖壁立，并建有“四十二兵工厂”。当时，国民政府在当地动员了大量的人力物力和工匠，直接在山顶的崖壁上人工凿出了24个洞穴，19间库房，与崖面壁立，万山丛中，是极难发现的目标，也不怕敌机的轰炸，隐蔽性极强。建成后的排子洞作为抗日后方的军火仓库，与兵工厂隶属当时的国家民政部兵工署，称第二枪械所第四分部；战时蓄存小炮、轻重机枪、手榴弹等军火物资，易守难攻，有专用公路与遵义、绥阳联接，车辆进出须交付九联单，管理十分严密，自建成从未有过大事故。

排子洞、兵工厂在中华人民共和国成立后由政府接管，20世纪60年代归于空军管辖，生产雷达，称“二五五二、五七〇九”；排子洞的斜对面山中有一处天然洞穴，称“穿洞”。“四十二兵工厂”是抗战时期由广西内迁的

排子洞远景

排子洞内部

排子洞外部

军工企业，专门生产军用防毒面具，以预防日军的毒气施放作战。生产出的防毒用品就贮存于“穿洞”中。1978年，五七〇九内迁洛阳，厂区、排子洞均交付五七〇七管理，现已完全荒芜。

排子洞是国民政府在贵州修建的抗日后方重要的军火仓库，为抗日救国做出了贡献。作为抗日时期的历史遗迹，在遵义具有代表性，对于传统历史教育有现实意义。为研究近代军事提供了实物证据。

37. 遵义五七〇七厂旧址

遵义五七〇七厂旧址为原国民党军政部兵工署第四十二兵工厂，位于贵州省遵义市汇川区高坪街道办事处金塘社区天台阁，1938—1946年抗日战争期间国民党军政部兵工署第四十二兵工厂设于此。占地面积384亩。

该厂前身为国民党广州面具厂，筹建于1937年5月，抗日战争爆发后，日军迅速向沿海城市进犯，广州受到威胁，1937年底，广州面具厂筹备处奉令内迁。1938年1月，迁广西柳州窑埠村建厂，更名为四十二兵工厂。1939年11月，日军侵入广西南宁，柳州告急。四十二兵工厂又奉令迁往贵州遵义金塘村天台阁，启用“绿溪林场”代名。1940年初，工厂搬迁完毕，以天台阁庙宇为基础，主要生产场所在天台阁庙宇山下穿洞内，在山体周边建面积约有1.1250万平方米的厂房，组织机构按兵工署统一规定设置，生产单位分三个制造所，1941年投产，员工兵夫745人（职员93人、工人557人、兵

国民党原址房屋

三号洞

夫95人），有各类机器设备344台，生产能力为月产防毒面具3000具、防毒眼镜7000副。还生产机枪枪衣、机枪胶垫、汽车缸套圈、榴弹炮风帽垫、风镜、军用胶鞋等产品。该厂生产的防毒面具，主要用于装备前线部队，1946年4月，根据兵工署的调整计划，四十二兵工厂撤销，设备材料大部分移交第二十三工厂。中华人民共和国成立后，1965年，空军为开展三线建设，在充分利用原国民党兵工厂的山洞及厂房基础上，从大连空军五七〇六厂分迁到此，筹建空军第五七〇七厂。

遗址主体为典型的贵州喀什特岩溶洞穴群，沿山体建86栋厂房和营房，至1965年五七〇七厂筹建时剩余63栋，经过数年的发展，目前，只保留1栋房及6个洞穴。

三号洞北入口

1939—1946年，贵州是抗战的大后方，四十二兵工厂是生产重要军需物资的保障厂，为支援前线战场，赢得抗日战争胜利发挥了重要的作用。同时也为遵义的经济营造了一定的工业基础，培养了一大批能工巧匠。

四十二兵工厂厂长陈正修（国民党元老陈诚之弟），浙江青田人，法国都普士大学毕业，化学工程师。他为方便随迁军工子弟读书，开办了四十二兵工厂职工子弟小学，本人亲任校长，同时吸收当地子弟入校就读，开办六个年级十二个班共计400余人，学校选址于天台阁山顶（现五七〇七招待所）。抗日战争胜利后，职工子弟学校随厂遣散。虽然学校只办了4年，但是为地方培养了大量的人才。

五七〇七厂遗址规模宏大，历史悠久、遗存遗迹丰富，具有一定的历史意义和教育作用，2018年7月被贵州省人民政府列为第六批省级文物保护单位。

38. 长征电器十二厂旧址

长征电器十二厂旧址，位于贵州省遵义市汇川区高桥温州路临3号，地理坐标位于东经106° 54′ 9″，北纬27° 42′ 17″，海拔高度838米。占地面积27689.8平方米，建筑面积45472.64平方米。

20世纪60年代中期，随着国际形势的演变，中共中央和毛泽东做出了“集中力量、抓紧时间、建设三线”的决策。从1964年开始，国家在中西部地区的13个省、自治区进行了一场以备战为指导思想的大规模国防、科技、工业和交通等基本设施建设。

长征电器基地是根据国家三线建设部署，于20世纪60年代中期由上海内迁遵义组建的国家大型一档企业，既是全国“五大电器基地”之一，又是国家部署在西南地区最大的电器生产企业。长征电器基地下属15个厂，其中长征电器十二厂（又名长征电器成套厂）于1971年5月由上海电器成套厂

长征电器厂旧址全景照片

落料车间正面图

长征电器十二厂旧址厂大门照片

内迁筹建，1977年建成投产，是“国家二级企业”和我国电器行业的重点骨干企业。企业主要生产高、低压成套控制设备,所生产的BSL-19、XL-21、GG-IA产品为我国潜艇水下运载火箭发射和通信卫星成功发射做出杰出贡献，多次获得过中共中央、国务院，中央军委，国防科工委的表彰。

2000年，长征电器基地随着时代的变革，完成了三线建设的历史使命，基地实施“退城进园”、“退二进三”等工业布局调整，长征电器基地下属企业基本消失，仅存长征电器十二厂基本保存原始格局，现存的长征电器十二厂由厂大门、油漆车间、供应仓库、总装车间、冷作车间、落料车间、综合楼、成品库等组成。其建筑布局、建筑形式和建筑艺术基本保存三线建设时期的原状，是我国保存最完整的三线建设工业文化遗产。

长征电器十二厂旧址，随着时代的变革，完成了三线建设的历史使命，随后通过实施“退城进园”“退二进三”等原则对其进行工业布局调整。遵义长征电器投资控股集团有限责任公司（现遵义长征产业投资有限公司）投资5亿元，将长征电器十二厂旧址打造成为全国十大特色文化园区——“遵义1964文化创意园”，完成各车间的功能布局改造、建造遵义三线建设博物馆。先后被国家教育部、中国三线建设研究会、贵州省委宣传部、中共遵义市委、遵义市人民政府授予“全国中小学生研学实践教育基地”“中国三线建设研究会研究基地”“三线建设论坛指定基地”“贵州省科普示范基地”“遵义市爱国主义教育基地”“遵义市青少年教育基地”等称号。2019年2月27日，由汇川区人民政府公布为区级文物保护单位。

六、其他

1. 整修化石出土点

整修化石出土点位于贵州省遵义市汇川区板桥镇石落垭210国道南侧52米处，地处东经106° 54′ 46.9″，北纬27° 57′ 58.6″，海拔962.7米。于20世纪70年代发现，出土化石为犀的单个牙齿及残牙皮共13件，属广义华南大熊猫——剑齿象动物群。整修化石出土点出土物为旧石器时代，地质时代为新生代。

2. 官寨化石出土点

官寨化石出土点位于贵州省遵义市汇川区泗渡镇上坝村喻家坡西麓，地处东经106° 55′ 22.2″，北纬27° 54′ 33.4″，海拔911.8米。于1987年9月发现，在喻家坡西麓挖掘整理出土化石多为动物碎骨、残肢骨和单个牙齿，所获材料有剑齿象、竹鼠和鹿等，属广义华南大熊猫——剑齿象动物群。出土化石属旧石器时代，地质年代为新生代。

整修化石出土点

官寨化石出土点

3. 大宝山化石出土点

大宝山化石出土点位于贵州省遵义市汇川区董公寺街道办事处五星村大宝山，地处东经106° 55′ 0.4″，北纬27° 44′ 52.7″，海拔901.6米。1997年上半年发现化石，化石出自大宝山石灰岩洞穴堆积中，含化石层为黄色黏土层，出土化石多为动物单个牙齿、残下颌、残肢骨和碎骨300余件，化石中有啮齿类未定种、犀、貘、鹿等种类，属广义大熊猫——剑齿象动物群。出土化石属于旧石器时代，地质年代为新生代。

4. 蔡家坝树化石出土点

蔡家坝树化石出土点位于贵州省遵义市汇川区山盆镇新华村金竹林组黄大明家屋后，地处东经106° 36′ 37.1″，北纬27° 58′ 34.1″，海拔583.5米。遗址内出土化石处为现黄大明家房屋后墙壁处。当时挖出的树化石为一棵整树化石，树约长10米左右，树径0.3米～0.5米不等。后树化石打碎后有的砌入地基，有的砌堡坎。这对于我们研究境内远古地质史和植物提供了重要的实物资料。

现状：树化石为一棵整树化石，打碎后有的砌入地基，有的砌堡坎。现为黄大明家住宅。

大宝山化石出土点

蔡家坝树化石出土点

第二节　可移动文物

1. 中寺雕刻

中寺雕刻位于贵州省遵义市汇川区板桥镇的中寺，因原寺庙毁坏，1982年年底省文管会、省文化厅拨专款将寺内石刻和部分木雕迁到杨粲墓博物馆异地保护。

现存雕刻有石雕及木雕，雕刻工艺包括透雕、圆雕、高浮雕、浅浮雕、线饰等；雕刻内容涉及花草、人物、动物、山水、塔桥、亭台楼榭、诗词等。

中寺前殿露台石栏正面上、下部分遍刻忍冬纹、连续万字纹、中夹莲花，生动富丽。石栏板上，有捕鱼图、砍樵图、象耕图、读书图、饮宴图、战阵图、读书图等大型青石高浮雕；楷书对联三副，分别为“半窗修竹满，一径白云封”“ 鸣琴幽谷里 ，洗钵古松间”“泉声清客思，山色静禅心”；楷书唐人韩偓、张泌的七言绝句《已凉》和《寄人》。

中寺雕刻（一）

中寺雕刻（二）

中寺后殿基台石栏是一排横向雕刻，十根方形望柱头上，分别为罗汉、麒麟、狮、猴、四不象等圆雕作品，望柱前部为古诗词和对联石刻。此栏共十龛，分别刻“麟凤朝阳”“金狮拜月”“白马渡江”“锦鸡花鹿”“普度众生”等大型高浮雕。刻有“石栏有尘无洗，禅门无锁云关”“自得禅林趣，而无车马喧”等。此石栏前有石雕水缸一只，缸上原有石雕“万岁牌楼”一座已损坏，水缸的现存图案为透雕“鲤鱼跃龙门”。

中寺雕刻（三）

中寺雕刻（四）

中寺雕刻（五）

木雕是中寺雕刻的重要组成部分，遍施于中寺建筑的装饰部位，如撑拱、阑额、横梁等上面，现仅存几幅“双骏奔驰”“鲤鱼跳龙门”穿枋,“文官武士人物”“唐僧取经”“凤穿牡丹”阑板,“木龙抢宝”卷枋，“雄狮戏球”撑拱。前殿檐下阑额上，有大型透雕“二龙抢宝”长卷木刻，镂刻细腻，形象生动，是省内少有的珍品。殿后明间走廊横梁上，有长卷“攻战图”木刻，雕披甲执戈武士三十五人，战马八匹，还辅以城垣、楼阁。

中寺雕刻，技艺非凡，题材丰富，精美别致。2010年，省文物专家鉴定中寺的整体雕刻为国家一级文物。

中寺雕刻

——相关链接：中寺雕刻

中寺，原名云龙庵。寺中道光碑载："永三甲云龙庵，创自明时。"该寺位于汇川区板桥镇东南12公里处一山间盆地侧小山上，坐西向东，前临平畴，古树环绕荫蔽，寺前茂林修竹，环境优美。

沿3米宽的67级石梯由山脚逶迤而上，直抵山门。寺庙由前殿、配殿组成。前殿院中左右对称排列重檐四角攒尖顶钟楼、鼓楼各一座，楼下置钟鼓。翼角下十六只木雕狮形撑拱，技艺精湛。钟鼓楼下分列道光十二年（1832）和道光十六年（1836）两次募化集资培修庙宇碑碣，其一已残。前殿檐下阑额上，有大型透雕"二龙抢宝"长卷木刻，镂刻细腻，形象生动，是省内少有的珍品。殿后明间走廊栋梁上，有长卷"攻战图"木刻，雕披甲执戈武士三十五人，战马八匹，还辅以城垣、楼阁。前殿后天井两侧砌三道垂带踏道可登后殿，天井左右两廊配殿为悬山式，与前殿等高。后殿因年久失修，于

1979年坍塌。

中寺前后二殿露台石栏正面，皆有精美石雕，数量多，而且集中展现，堪称省内石刻珍品。

前殿石栏上下部位遍刻忍冬纹、连续万字纹，中央莲花，生动富丽。石栏栏板上，有渔、樵、耕、读、饮宴、战阵六幅大型高浮雕作品，青石雕琢，技艺娴熟。石栏上有六根方形望柱，每柱前部均有刻饰和诗文石刻，有“野鹿撞钟”“蝶戏牡丹”“喜鹊闹梅”“怪兽啣啼”等内容；诗为唐人韩偓、张泌的七言绝句《已凉》和《寄人》。

其余石联内容丰富，书法亦甚精美。

后殿基台石栏杆总长14米，高1.1米。望柱头上分别为罗汉、麒麟、狮、猴、四不象等圆雕作品。望柱前部为古诗词和对联石刻。此栏共十龛，分别刻饰“麟凤朝阳”“金狮拜月”“白马渡江”“锦鸡花鹿”“普渡众生”等大型高浮雕。联语如“石槛有尘雨洗，禅门无锁云关”“自得禅林趣，而无车马喧”等，清逸淡雅，大有佛门幽趣。

石雕水缸一只，陈列在天井中，缸上原有石刻“万岁牌楼”一座，惜已毁。现在图案为巨龙虬曲盘旋于云气之中，鳞甲利爪闪现，龙头居中，下为急流奔湍，鲤鱼在水中曲身弹跳；江边镇江七级宝塔屹立，为镂空雕。据传此缸是该寺僧杨二和尚的杰作。《续遵义府志》载：“僧又凿一石盘，作鱼跳龙门山状，精巧殊绝。龙吻开张，窗窕衔珠，见者比这离朱再世。”此僧还雕制了石狮、佛像等。

这些雕工精美、构图别致的人物、鸟兽、花卉等雕刻，表现了明代工匠的高超技艺，在祖国石刻艺林中生辉放彩。

1963年，贵州省人民委员会将其列为重点文物保护单位。1982年年底，贵州省文管会、省文化局拨专款将寺内石刻搬迁到皇坟嘴杨粲墓地集中保护，庙宇木结构建筑仍原地保存。①

2. 杨文神道碑

杨文神道碑为宋代刻石。1972年3月，贵州省博物馆在原遵义县高坪镇

① 遵义地区文物管理委员会、遵义地区文化局编：《遵义地区文物志》，1984年，第145—146页。

（现汇川区高坪街道办事处）考古发掘杨文墓时，从填土中出土碑的中段和下段。1978年冬考古调查，专家们又从附近农民家中将上段找到。碑三段残石基本上可以衔接，上段、下段和中右侧均有少量残缺，但主要文字仍可顺读。楷书，横37行，按横竖行距计算（含缺字在内）应有2500字。内容为：

……予尝考禹贡，播州及荆□之域，在春秋，则隶巴子国，为翼轸分野。唐□□□□□□□□□□□□其奉朝贡为刺使，则先在武德也。其奉特命袭爵，其开元也。宣宗末年，大理举兵……播州鼻祖端奉命平定，其功使着。五季乱，天日离隔，杨氏世守此土。……宋庆历间，十一世祖实，平邕广之侬智高。十世祖昭，被旨讨泸，□□□□□□□□□□□归职方。圣天子嘉之，授礼宾使，许以世守。自祖入播，以迄于君，凡十有五世。□□□□□□□□□□□□□□□以恩结诸蛮，积聚已久。绍定间，赵公制垣彦呐建捆，蜀事正棘，忠显奏闻于朝，欲□……其子文承□□土，身□将士，移阃效驰驱，得旨旌其忠而许之，特□□□□□□□□□□□转中亮大夫、御使、抚使、开国上将军。解青原之围，剿白水之溃，多赖忠显之力。方叔屏□……山樊□□士大大自巴蜀相过者，皆言杨君文十数年权蜀之功。□家□□□□□□□□□□□正音问阻隔，忽播州吏卒踵门，则云："都统、御使、抚使、上将军已为古人，今其子见知播州。"状□□实求予言，以铭其墓。予以其累世忠孝，护我巴蜀边陲，杨君文□□□□□□□□□□巴蜀吾乡国也，杨君勋在吾乡，义不得辞，乃掇其行实以书之，君讳文，字全斌。本系出唐虞之后，伯侨食粟于□，子孙因氏焉。汉以来聚族会稽，至鼻祖端，始入□□□□□□□□□□于巴蜀之南鄙，近接珍、涪、南平、施黔，远通湖北之沅、靖及广右之邕、宜等处。播乃我国家藩屏也。予家青□下，号天下大岷山，尚羁贯。时杨播州间，岁必□□□□□□□□□□荐□福皆□其惠。当忠烈御郡都，士类羽流，皆称其东善而种德，喜儒而好礼，最是寓兵于农，(且)耕且战，得富国强(兵)之策，有古规模。自忠烈至忠显，世守疆场，久□□□□□□君为人也□伟，其生也，和□郡夫人得异梦，殆与释氏抱送之祥相符。其祖忠烈钟爱，常抱置膝□□□□□自入小学，性资敏慧，记诵即了其义。其师为诵诸侯章及保社稷和□□□□曰："诸侯之孝自有大体，初不存乎三牲之养。"上侍忠烈暨忠显，以至两世慈六亲，惟以色难养忠为孝。奉旨甘。问安寝，背得其心。忠烈及忠显尝面命之曰："吾家自唐守播，至□□□□以及于今日，杨氏累世恪守。吾老矣！勉继吾志，勿堕家声，世世子孙，不离忠孝二字。"君领郡式遵家法，□□□于农隙之时，作新政，教以坐作进退，无事则耕，有事则战，军民两利，□乐为之用。嘉熙间，虏酋达罕举兵饮江，制使彭君大雅调播军戍江面，君即禀命忠显，委总管赵暹领步骑三千，拒虏于石硐峡。帅宣叶力剿遏。寻□武德郎、门门祗侯。岁癸卯，忠□即世，君哀慕摧毁，有诏夺情，强起授职。淳祐六年，以累次功赏转武功大夫、阖门宣赞舍人。纶词褒扬，甚□□□宠。制使□君王介□命建阃，时蜀事转亟，君条陈保蜀三策，献之制使曰："连年虏寇如蹈无人之境，由不能御敌于门户故也。莫若进司得阆之间，节次经理三关，为久驻计，此为上策。今纵未能□，莫若于诸路险要去处，众□筑城以为根柢，此为中策。至于保一江以自守，敌去敌来，纵其所之，此为下策。若夫意外之忧，近年西蕃部落为贼所诱，势必绕雪外以（图云南），以并吞蛮部，阚我邕广，窥我沅清，则后户斡腹为患。"不□数十语，实切于今日料敌之奇策。蜀相前后连筑诸城，若兵若民，始有驻足之地，君发明之力居多。淳佑戊申，制□□威，步骑三千，由硐门出雪外，遇虏于□州之马鞍山。□三战三捷，擒贼酋秃懑于大渡河。捷闻，升职环卫。淳佑辛亥，制使余君欲捣汉中，君承门令，选锐卒五千，命总管赵寅领□□□于罗村，再战于梢子头，三战于□县，皆我军贾勇先□，俘获颇众。余帅当时亲书"忠勇赵寅之旗"以旌之。天朝□君不□□功，以口授祖刘封通安郡夫人。训词略曰："文之有功□也，其诸孝也。"君谓吾家有敌忾之勋，皆忠显基之。遂□于 …… 觐覃 …… 恩霈光前，（恩诏）奖谕，赐庙忠显，领（两）□节度使，开府仪同三司。加封威灵侯。又照四戎司例，升□威为御前军，给五军统制印。边围之得升为御前军者，（始）此。淳佑壬子，虏酋铁骑火鲁赤寇蜀，嘉定为四川巨镇，顺势□□帅急调其军赴援，君选马步五千，委总管田万部□从间道攻凌云，播军周夜杀贼过江。嘉定一城，唯万山、必胜两堡最要，专以播军任责。我军以强弩射中□青一大酋应弦□□□诸军相继，贾勇获胜，重围遂解。特授右武大夫。盖自累年以来，谍者屡报鞑虏有斡腹之谋，先攻大理，由善阐、特磨以寇邕筦。十余年间□□□朝□议，欲设备广西□□□□□者不一□□门□道取沅靖之说。岁甲寅，谍者又报："鞑虏已破大理，将□道□攻南播，以捣我沅靖。"予正居军席，谓此路无瘴，心甚忧之。犹幸有杨君父子，忠孝夙着，必能护此一方。遂亲作御鞑皿□，一曰待敌，不可劲战；二曰保山险，不可散居平地；三曰用夜劫，不可昼战；四曰收聚粮食，毋以资敌。其□则以诸国唇齿相依，利害相关，平日不可各分彼此，缓急必须相为之救援。□阃镂此榜文，首以达之思、播二郡，又遍及诸蛮部。□杨君智识过人，深以此说为□，见之施行。且用心结约诸蛮部，使不为鞑用。宝祐乙卯，大宝李公曾佑宣（威）蜀道，贼酋买住解□分道入寇，自乌蒙渡马湖、入宣化，宣阃札调我军助□。君委其弟大声，提步骑五千赴□，出奇九战九捷，立获阿狸等人。捷闻于朝，特转左武大夫。是时鞑入大理，迫近乌琐、罗鬼，距播不远。制阃移书勉其□，君复书曰："此虏势必遣一溜出特磨，以窥我邕筦；遣一溜出罗鬼，以窥我南鄙。虏势得合，非特蜀事岌岌，而湖广亦凛凛矣。"君之此言，可谓精于料敌，切中事机。制使蒲君以其事闻。被□□中使宣谕，押赐凤樽、金钟、金盏、凌锦等物。令漕宪赵定应、幕参冉从周，深入诸蛮宣布上意，兼授以杀贼方略，始得贼虏盘泊大理情状。自是置定北诸仓，以储军□，创安南诸寨，以扼贼冲。申儆军实，遴选人材，除械器，明间谍，护斥堠、常如虏至。宝祐丁巳，虏酋（根）浪解出大理，由卜卤、乌琐以攻罗鬼。杨君具以实闻，上忧之，乃□命今节使两府吕公文德驻黄坪。既而播军于阆中生致贼之头□胡撒（拉）者。御笔："杨文□之藩篱，斡腹之防，正赖其力。□爰转尔官，可特与转符节使。"吕公与杨君相会，面言当为申进行，行下□阃，置一城以为播州根本，我且驻黄坪以蔽沅靖。于是□龙岩新城。既而两府御使吕公偕杨君深□□□□酋勃□率诸酋跪马□□□□□□来，南蛮不复□矣。两府节使吕公谕以朝廷恩意，勃先□□赐以金帛袍□□笏有差，贳其从前附□□□。未儿，蒙酋□□□入冠，蜀□□□□□□□投□而起。□……

3. 骠骑将军示谕龙岩囤严禁碑

碑原立于海龙屯飞凤关内，今移至囤内海潮寺中，镶嵌于佛龛下。碑宽1.8米，高0.85米，厚0.15米。碑文较完整，正文387字，每字2.5厘米，颜体楷书，自右而左读，共25行，从文字内容看此碑为明万历年间所立，推测为播州土司杨应龙手书。碑文中，“骠骑将军”是明王朝对土司杨应龙的封号，反映了杨应龙掌管播州前期与中央王朝的良好关系。从碑文中“先侯”“处夷陬”等表述，可看出作为少数民族“僚人”（今仡佬先民）的杨氏土司以汉族自居对中原文化的仰慕，反映了土司精神上的中华民族认同。碑文中记述的“总管、总领、把总、提调、书吏、守衙小童、守仓户、打扫户、总旗、小旗、军士、苗军并住囤医生、匠作、主持人”等职位，体现了土司社会庞大的政治和军事组织及社会秩序，对于进出海龙屯的查验手续的记述反映了土司社会严格的管理制度，从侧面反映了土司社会复杂的社会结构和文明发展水平。碑文中提到的“总管厅、书房”等，在海龙屯“新王宫”遗址内都发现了与之相关的遗迹。

骠骑将军示谕龙岩囤严禁碑

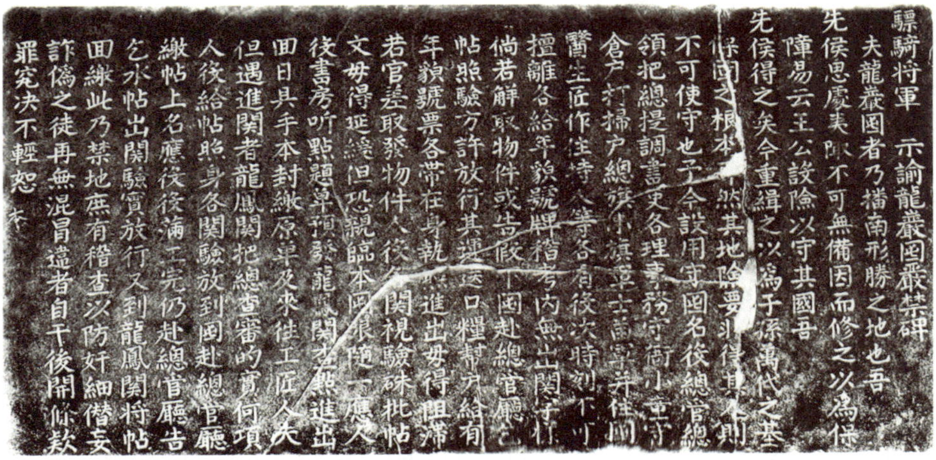

“骠骑将军示谕龙岩囤严禁　　碑”拓片

碑文内容为：

夫龙岩囤者，乃播南形胜之地也。吾先侯思处夷陬，不可无备，因而修之以为保障。《易》云：王公设险以守其国。吾先侯得之矣。今重缉之，以为子孙万代之基，保固之根本耳。然其地势险要，非得其人则不可使守也。予今设用守囤名役：总管、总领、把总、提调、书吏，各理事务；守衙小童、守仓户、打扫户、总旗、小旗、军士、苗军并住囤医生、匠作、主持人等，各有役次时刻，不可擅离；各给年貌号牌稽考。内无出关字样。倘若解取物件，或告假下囤，赴总管厅乞帖照验，方许放行。其运送口粮邦户，给有年貌号票，各带在身，执照进出，毋得阻滞。若官差取发物件、人役，各关视验硃批帖文，毋得延缓。但恐亲临本囤，跟随一应人役，书房听点题单，预发龙凤关查点进出。回日，其手本封缴原单。及来往工匠人夫，但遇进关者，龙凤关把总查审的实何项人役，给帖照身，各关验放，到囤赴总管厅缴牒、上名、应役。役满工完，仍赴总管厅告乞水帖出关，验实放行，又到龙凤关将帖回缴。此乃禁地，庶有稽查，以防奸细佞妄诈伪之徒，再无混冒。违者，自干后开条款罪究，决不轻恕。

4. 王鸣鹤碑

碑现存于海龙屯飞凤关内，碑高1.36米，宽0.86米，厚0.17米，碑文系草书。石碑上侧左右两角缺损，其余较完整，碑文因年代久远导致风化较严重，可辨认部分文字：“……潮涌人呼地……皆贼……夏季六月平播先登海龙……阴王鸣鹤书”。据《遵义府志》记载此碑早已“残断不可读”，仅“末款犹存‘淮阴王鸣内鹤’字，有印文曰‘羽卿’”。

王鸣鹤碑

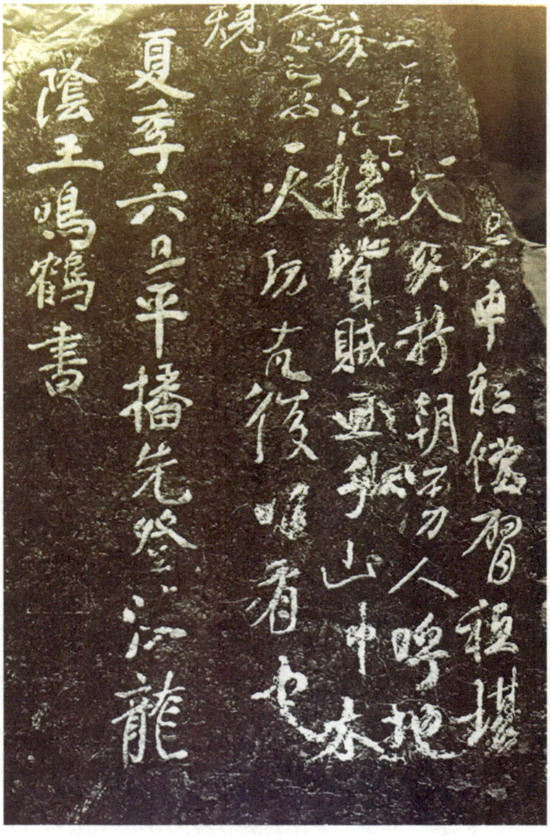

“王鸣鹤碑”拓片

—— 相关链接

据明黄虞稷所撰《千顷堂书目》：王鸣鹤，“字羽卿，淮安人，会试武举，镇守广西总兵官兼都督同知，挂征蛮将军印。”他一生从戎，但“手未尝一日废书”，是一位笔耕不辍的武将，其著述见载于史册者有《跕远集》四卷、《登坛必究》四十卷等。目前所能查到的文献，仅明杨寅秋所撰《林皋文集》有王鸣鹤参与平播之役的相关记载。

5. 题王羽卿诗碑

此碑于2012年进行海龙屯“新王宫”考古发掘时于海潮寺前掘出，已断作四截。碑通高1.74米，宽0.98米，厚0.14米，两面均刻有文字。一面所刻内容为明万历三十二年（1604）初秋，出仕播中的林桐凭吊海龙屯时，见其友人、攻囤时率先登顶战功赫赫却史志无载的副将王鸣鹤（字羽卿）题于斯的诗（碑今仍在飞凤关内，仅王鸣鹤三字可辨），有感而作的《题王羽卿诗后》碑，碑文记载于《遵义府志・宦绩传》中；另一面因被村民利用过，碑面被水泥覆盖，后经海龙屯考古队铲除清理，显出碑文，为41年后的明弘光元年（1645），记载重修海潮寺及寺庙田产的诉讼等所刻的碑文。

正面碑文内容：

题王羽卿诗后

淮阴王羽卿，帅狼册师讨□□之，寻进都督京营……汾……六师堂一自倾。盖誓心以进□尽忠，毋负□夫事业；退则……予当时与数大将军进讨，围囤时，鸣鹤独当山右一路，为……之急，贼备之益力。周旋山溪，日自熟筹之□，至六月五日午夜，起将士……上囤方略；誓师以破贼而后朝食。遂自横桀先登，漏下五鼓，直透山颠，挺身□□，将校勇奋齐至，喊杀之声振撼山谷，贼众披靡，一时俱尽。乃羽卿遂屏树以□诸大将军搜元凶尸、擒逆子女妻妾以献。予壮其功而与之评曰：“大兵日仰面□攻，贼凭险，俯为之备。攻难，守者易也，故弗举。羽卿密乘人之不及，夜登，出人之不意，□身大呼，声若疾雷之不及掩耳。羽卿其得于法而不囿于法者乎！”羽卿曰：“友凤知言哉。”遂抵掌大笑。①

居无何，主上嘉羽卿功，命佩征蛮将军印，出镇粤西。人臣受知登坛，古□奇遘。予尝谂尽忠之说，以别羽卿。予寻亦拜，命出镇□□，所驻节政播中。秋初，吊海龙山战场，观形势，问父老，咸能指往迹而名之；若山□右，则曰，王将军首登路也，适当贼进退死生之地尔。尔石壁间有羽卿诗，

① （清）郑珍、莫友芝纂：《遵义府志 下册》，遵义市志编纂委员会办公室，1986年，第898页。

朗吟，东向□羽卿！羽卿！往闻开拓勋宏，今幸居守善后，慨碧水苍山之颠，然喜燕山海龙之炳□。《易》曰：“师贞丈人”，其羽卿哉？议彤卢者，不知其孰谁。因服羽卿不伐名高，重各天离析之感。乃寄羽卿曰：吾弟兄躬承圣天子临轩授钺而屏翰粤蜀，勉旃□地，在今日五岳之盟，幸毋忘于异日。□人林桐附题于诗后时。大明万历甲辰秋七月之既望。

背面碑文内容：

海龙山为天开胜地

神宗朝，狐鼠盗弄干戈，此间遂为腥血之野。削平后，僧人建茅椽于其上，终草□弗堪也。主宾相待，炤月始来，遂举故迹，昌大□颜。其寺曰龙

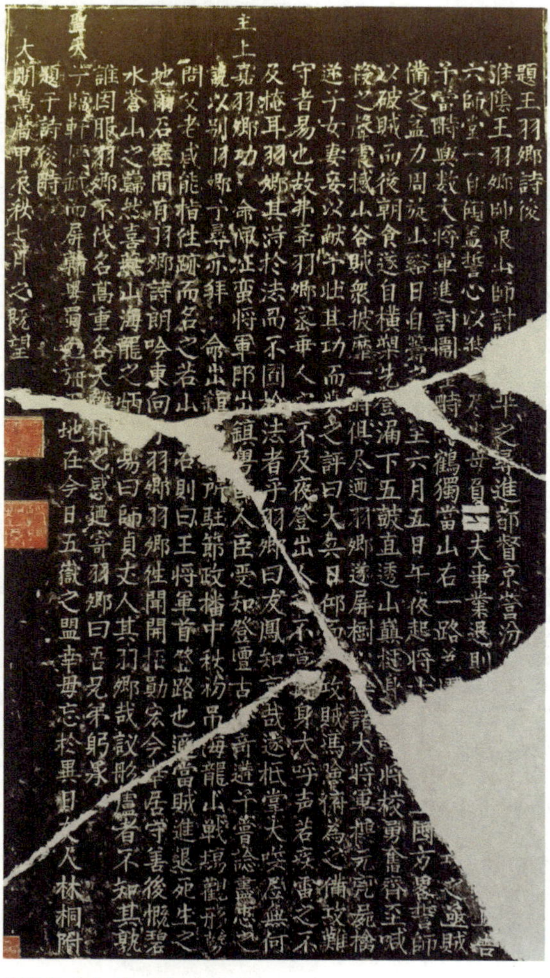

“题王羽卿诗后”碑拓片

崇祯重修庙碑拓片

崖，盖亦亲本之意也。檀越主刘继文、雷有升、张祚□ 、王应奎等以为□献无资，尚是缺典，遂发愿上助城□银三十八两六钱八分，得买正法叛逆喻志贤没官田三十六亩五分，以□五亩捨给本寺，乃立僧户耕种输差。山河大地，虽属幻景，然在捨者之意。“直欲置此一抔土，与幽谷一灯，般若甘露，共成不朽，□ 此语寿诸后，并次告后炤月而来者。”

弘光元年七月中元日奉政大夫同知遵义府事豫章罗应□ 题。

遵义府理刑厅黄为领状事：蒙“钦差整饬遵义兵巡道四川布政司参议李批，据本厅呈□□ 僧人炤月诉领前事，蒙批：仰刑厅察明回报，□此：该本厅察得喻志”贤叛田，先该本府常准给焦添禄领种上价，突出志 …… 玄召争领，本府常两叱，而给寺僧上价为常住，诚为定议矣。今“海龙山寺僧炤月遵谕，赴县库上价，而喻宅亦出族僧，复 …… 宗把持，不思叛逆，原有累族之条且□□ ，则避事息辙，争将令府县为赘疣乎？今奉批察相应呈请，伏乞”宪台批定，准给何人以便行县炤册追价，出给遵炤以断后 ……察事理，本厅未敢擅便等因□详本道，蒙批：“该府既准炤月，炤月亦已上价，自应本僧领之矣。此缴蒙此合行给 …… 炤批详繇，语及该县出 ，上价库收，遵炤以册立户，炤喻志贤田地，炤原界 业输差，倘奸豪人等再行□端 …… 告理施行，须至帖者。”

崇祯十六年八月初三日给钦差整饬遵义兵巡道李为五两 施助田价银姓名 ……（以下为各府捐款者姓名及银两数）

6. 海龙屯庙产碑

此碑2013年发现于海龙屯飞凤关前，碑身通高2.77米，宽1.35米，厚0.25米。因年代久远，碑身已断作数截，设有“回”字形碑座。

此碑被两次利用，第一次碑文刻于明万历二十八年（1600）播后，是平播八路军中偏桥的记功文字，绝大部分碑文已被破坏。据《海龙屯与播州土司综合研究中》对碑文的分析，该碑文应系明将陈璘所为（《海龙屯与播州土司综合研究》第七章）。

海龙屯庙产碑拓片

庙产碑

庙产碑底座

第二次碑文与第一次碑文的字体不同，且“奉”字打破“巡”字，根据碑文壬午年应为明崇祯十五年（1642），因此碑文早晚有别。碑文意为道厅府县均下文将海龙屯开垦后供龙岩寺僧众使用。

第一次碑文（隶书，字略小）：

钦差巡抚偏沅等处地方□□□□□□□□□（提督军务兼理粮饷、都察）院右佥都御使江□（铎）

……

□（万）历二十八……

第二次碑文（楷书，字较大）

奉

道厅府县铭文将海龙地

土开垦永充龙岩常住

壬午岁季冬吉日立①

7. 东岳庙碑记

东岳庙碑记碑现存于东岳庙内，碑高1.28米，宽0.77米，厚0.12米，碑文为行书阴刻。碑文记述东岳庙自崇祯八年至乾隆年间的发展及庙四至界线等内容。碑顶横刻有“永垂万古”四字，下侧竖刻正文。

碑文内容：

东岳庙碑记

缘此庙乃系古刹，不知刱自何时，始於何代。幸昔有住持僧性融勤修苦绩，置买大田甲弥勒庵（奄），性量田土一幅，坐落紫霞山之坎下，载粮二钱一分一厘，又于崇祯八年重修殿宇，四维乐助，□□成功有施主王风岗捨常住水田一分，载粮二钱四厘八毛；施主刘武臣捨常住水田一分，载粮二钱四厘八分，并修东岳聖像，斯时地灵人杰，庙宇辉煌，历有数十余年，风雨

① 王兴骥、周必素等著：《海龙屯与播州土司综合研究》，北京：社会科学文献出版社，2014年，第208—209页。

久损，应合补修。有性融之徒孙普会，请同寺邻郑惠也募化修补，自雍正元年，亡前三年补毕，外有东岳后殿五间及普会之徒侄孙寂沉捐银修以为报恩之所，迄今已□无，何□世道沧桑，即有飞锡、临兹者不过，仅为衣食计，一任败瓦颓垣，目不一瞬，以致庙宇倾颓，舍白买契尽失无存。于乾隆壬辰岁，净先师徒奉县沈公委住焚献，师徒其自甘淡薄，勤俭苦积，力行修庙宇，森严焕然。维新有寺鄰鄭懞，始将昔年掌管会遗嘱一纸，凭众交僧，方知常住原由地界。僧恐后世远年湮，故照遗嘱原由□众勒石，并书地界，永远焚献为记耳。

一、住持僧性融於崇祯三年置买大四甲弥勒奄，性量田土一幅，载粮二钱一分乙厘，坐落地名紫霞山之下，其界上抵紫霞山之顶下、抵龙神堂水沟横过大土蒿坎直上中山顶为界，左抵水沟直上当漕至紫霞山大□、三倒拐达叶坪为界，右抵□□坪上白虎响山顶，下抵郑家水源岭岗直上中山顶交界。

一、施主刘武臣捨水田乙分载粮二钱八分，坐落地名大三甲高坪场侧，田共式坵，永为烧香田。

一、施主王凤岗捨水田乙分载粮贰钱四厘八毛，地名青枫坝田大小七坵，永为东岳田。

一、奉委住持僧净先、号普度，从道馗道毋，建立其粮，原僧自□东岳众户同单。

乾隆四十三岁次戊戌季秋月吉旦。

遵义府学庠生刘大有书

8. 重修东岳庙碑记

碑现存于东岳庙内，碑高1.46米，宽0.77米，厚0.12米，碑文为正楷阴刻，石碑因风化部分文字残缺。碑立于清光绪五年（1879）文记述东岳庙庙产变化发展过程等内容。

碑文内容：

大四甲有古刹，焉不知刱自何代，始于何人，有呼为报恩寺，有曰为东岳庙者，桑田沧海，屡废屡兴。世远年湮，无从深考。独存乾隆戊戌年石碣一座，上书始于住持性融，置买弥勒庵性量田土一幅，载粮贰钱弍分弍厘，崇祯八年王凤岗出捨水田弍分，载粮贰钱四厘捌毛，又刘武臣出捨水田弍分，载粮贰钱八分，雍正元年，性融徒孙普惠请仝邻人郑惠也募化培修三年，功竣至乾隆壬辰。寺中争界搆讼，沈县主清查，昭雪绅耆有邻，老郑公名懁始将昔年老僧普惠遗嘱当官凭众交僧，方知寺中田土界置原粮数目，以此了案，并勒石永久计。

嘉庆年间，寺僧负债庙宇几颓，甲邻等清伦师徒接理勤积苦余，开清前债，齿积多年，于道光己丑年置买马南坝何国应水田贰坵，曲尺阑一，一名棕树田原粮贰钱贰分，买价纹银二百伍拾两，水在小沟六日六夜一班轮放，另立买田大碑为准。同治乙丑年号匪蹂躏庙毁碑亡，不留片瓦，只存乾隆戊戌古碑弍座。寺僧净广、净荣、辛勤苦积，于同治乙丑始置上殿，同治甲戌道芳及道奎德禅又立下殿及两廊神所，陆续竖造神佛，金容将禾木者至复大震，马亨谊□桑梓意欲为古刹留永久计爰，命主持道芳、道奎及道福、缘寿等另立八尺丰碑，将寺中田土界置條粮数目并古碣所垂护持沙门，耆苟刱建辛苦，沙弥逐一纂而辑之，不没前人善举，不令异日无征，后有同心者立为护持，禅门衹肃佛荫，菩提庶鹫岭之，觉路宏开，鶏园之□灯永续矣，特此纂集前后扼要，要泐于后以垂不朽，云尔，谨将寺中施主及自置水田山土并护持檀越刱建沙弥，條粮界畔节录于左：

● 先僧性融崇祯八年置买弥勒庵，性量田土弍业载粮贰钱弍分弍厘坐落地名紫霞山之下。

● 施主刘武臣捨水田弍分，载粮二钱八分，地名大三甲高坪场侧，大小共弍坵，永为烧香田。

● 王凤岗捨水田弍分，载粮二钱四厘八毛，地名青桐坝，大小七城坵为东岳田，前碑系遵义府学庠生刘大有书撰。

● 伦于道光己丑年凭何国治、库生何起凤置买马南坝何国应水田贰坵，一名曲尺阑，一名棕树田，载粮二钱二分，永为本寺焚献，原中系何国俊、何正刚、杨秀、黄应魁买田碑，系县学庠生黄钦书撰。

● 前碑悉行殿败，幸存乾隆戊戌一座，上载前后颠末，甚悉原立下殿门外，住持须善为护惜，以为古据。

● 何应国田碑原在左廊被贼毁，其今照前契书禄，并无增损。

● 此碑均照下殿古石节要纂成，昭兹来许非擅为减也，下择其要者禄之以俟后之考古者不忘自出耳。

● 寺粮原立僧清伦在大四甲本户自行轮纳。并无外入内出。

石工刘正谦、张世祥沐手敬镌。

戊辰岁进士己巳补行己未末举人候选知县何贞亨敬撰并书，大清光绪五年岁轮己卯又三月中浣之吉，住持道奎、道芳、道福、缘寿合什敬建誌不朽。

9. 张氏祭田记石碑

2002年9月18日，原遵义县文物管理所在遵义县高坪街上白岩沟发现一明代碑刻。碑刻现存播州区文物管理所。该碑刻断为四段，反扑在高坪镇紫荆村白龙村民组通往后庄的一乡间公路的涵洞之上。其碑由碑首和碑身两部分相联组成，由于是

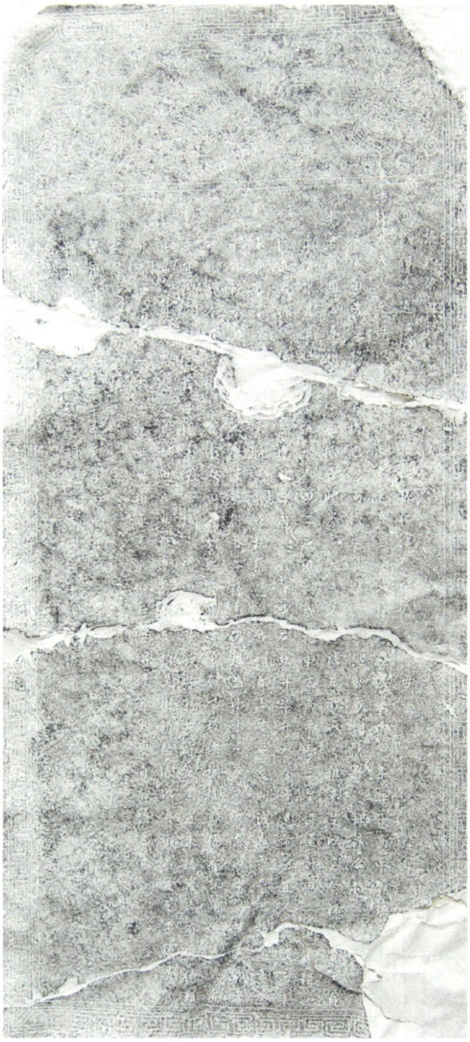

“张氏祭田记”碑拓片

异地发现，故碑座不存。碑宽0.71米，厚0.13米，高1.56米。

碑首和碑身四周边沿为0.05米宽相连回环纹。碑首高0.22米，为浅阴刻闲云、野鹤、繁花组成吉祥图案。碑首和碑身用阴刻横线分开。碑身文字为行草阴刻。竖行排列，满行36字，共计16行。

碑文内容：

张氏祭田记

宜人何氏，適汉天师 □ 十九世孙。松溪张公 …… 母 …… 诰封太夫人之母以嘉 □（靖）丁未年送吾母入 …… 隆庆丙寅年葬于高平竹垭庄 …… 系官田。先是松溪 …… 公捐银两代 …… 勘结地方，谢仪吾母请命于 …… 先君镇国公，遂将竹垭庄抵 □ 坟券。太夫人 …… 以庄所入之租不足以祭扫 □ 费，又自出价银置买任 …… 跳水人田 …… 礼田去高平二三里许，通计田二白 □ 涝地。于是岁时扫祭。…… 告 …… 庄 …… 石玖斗七升三合当遗命云。宜人为我而来，遂身葬□里，历时几多扶柩送□，我谓葬之安妥，迁则泄露灵气，况路途远险，不可轻举。且 …… 人庆泽繁衍□子孙，□仍茂盛水木之念，不可忌也。当流落吾乡者，孝可比哉。令买 □ 村 □ 跳水人田，葬竹垭庄。 □遂复能事极价谢仪。即系吾父用价置买者矣。宜将人 …… 记载碑记，永作祭扫之。…… 张氏子孙世守之业。庶来播者，有所依赖。此吾母太夫人之遗命也，应龙敢不敬 □ 之。于是树勒坚□以传永久。我之子孙居官司者，其尚念一本之亲，世世相承宜加优厚，毋得侵夺更变，自取薄恶之咎，神灵鉴之，不可不慎。

万历十年岁在壬午季夏月丙申日。

播州宣慰使司宣慰使嗣唐太师三十代孙 杨应龙

10. 元代生墓券

元代镇墓券出土于遵义市汇川区高坪街道办事处双狮村，保存较好的一方（券一）出于右侧墓室（女室）的右壁龛内，较差的一方（券二）出于左侧墓室（男室）的左壁龛内。均为砂石质，长方形，大小相仿，一面阴刻铭文及图案，一面光素，图、文内容大同小异。

券一，长31–31.4厘米，宽24.2–24.6厘米、厚3–3.5厘米。保存较好，图文清晰，出自女墓右壁龛。券之正面外围依券石形状阴线刻出两个相套的长方形框，框之四角有短线相连。两框之间的梯形带上，分别饰以圆圈和线条相连的内外两重图案，是为河图洛书。依圆圈数，下端内为1、外为6，上端内为2、外为7，左侧（以读图者之左右为左右）内为3、外为8，右侧内为4、外为9。券之正中，亦有图案，上为5、下亦为5，其间空白处右书"元亨"，左书"利贞"。圈或虚或实（虚其中而成圆圈，实其中而成圆点），似无一定之规。

内侧长方形框内从右至左阴刻铭文为：

大元播州高平大道弟子黄氏大娘，乙巳四月十五日丑时生，今于本傍丑山之原建立寿堂，为己身凭用，俾使元亨、利贞来显，大安大荣者，一如女青诏书盟文律令。乙酉至元二十二年九月十三日壬午直吉时告下。（标点新加）

元代生墓券券一

元代生墓券券二

券二，长31–31.5厘米，宽24.3–24.5厘米，厚3.1–3.5厘米（图四）。出自男室左壁龛。券之正面下半部覆盖有一层钙化胶结物，致使部分文字模糊难辨，或已磨泐不清。券四周及中央的河图洛书，与券一同，仅铭文的墓主及其生年稍异。铭文为：

大元播州高平大道弟子杨……庚子正月十五日巳时生，今于本傍丑山之……立寿堂，为己身凭用，俾使元亨、利贞来显，大安大荣者，一如女青诏书盟文律令。乙酉至元二十二年九月十三日壬午直吉时告下。（标点新加）

11. 嵌宝石五翟金冠

1953年，因遵义高坪一组古墓被盗，出土的遗物中发现2件金凤冠。1972年，贵州省考古队对该墓地进行考古发掘，确认其为杨氏土司墓地。据贵州省博物馆副馆长李飞在《凤凰于飞——高坪土司墓出土的金凤冠》中提到，出土金凤冠的小墓确认其为二十八世土司杨相夫妇合葬墓，两件凤冠属于土司夫人。

两件金凤冠，其中一件重1075克，“正面中央偏下，为博山形宝钿花；其上金翟5只弧形排列，繁缛者居中俯冲向下。顶部正中，八瓣重台宝钿花，其左右为扇形重台宝钿花。背后中央，宝钿大牡丹，上之左右蝴蝶2只。冠之左右两侧，上端为长茎带叶宝钿花（此或即金‘穰花鬓’）。下端龙衔博鬓。其余环状饰件置帽檐附近。叶形宝钿花或置于背后下端”。另一件重1338.8克，通高29.1厘米，宽38厘米，“较前者大且重。其形制，其形制与前述金冠上所见者相同，唯多出金龙。该冠上的相当一部分饰件与前述金冠相同，表明其形制大体一致。其复原样式应为：正面居中博山形宝钿花，其上大凤5只，尾嵌9宝者居中，余列其左右，弧形排开，口中杂宝串饰摇曳而下，宛如珠帘。顶为宝莲形宝钿花，其左右及正前，各置带金龙的扇形宝钿花1朵。背面居中为大牡丹宝钿花，上端饰蝴蝶2只（仅存1只）。冠之左右两侧，最上端为侧立小金凤，其下为宝钿穰花鬓，再下为龙衔博

嵌宝石五翟金冠

鬓。帽檐处则有金口圈及帽帘等”①。

两件金凤冠经过重新修复，于2017年在贵州省博物馆正式展出。

12. 海龙屯出土器物

2012年4月至2013年1月，贵州省文物考古研究所联合汇川区文体广播

① 李飞：《凤凰于飞——高坪土司墓出土的金凤冠》，载《当代贵州》2018年第24期。

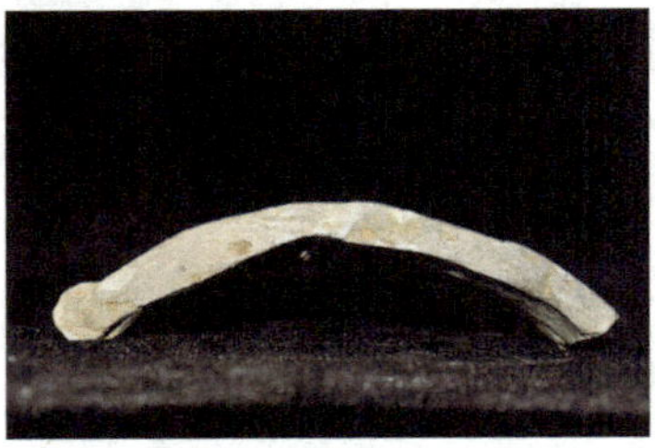

板瓦 A

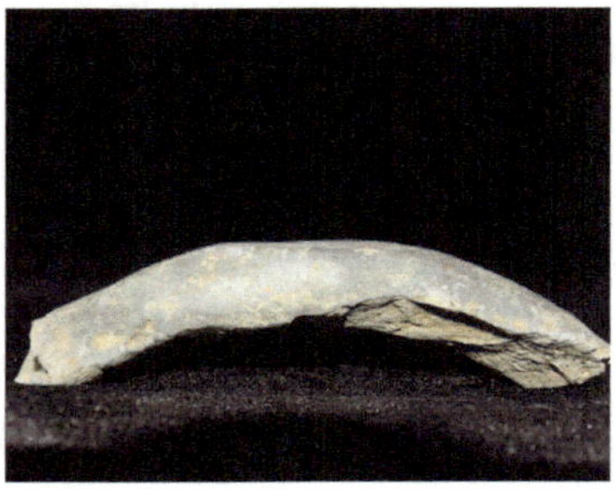

板瓦 B

电视局对海龙屯展开首次大规模科学发掘，本次发掘出土的遗物有建筑构件、瓷器、钱币、砚台、兵器等，部分出土遗物通过修复后展陈于海龙屯展示中心。

（1）板瓦

板瓦A：2012年，出土于海龙屯“新王宫”遗址L2②:1，长26.5厘米，弓径18厘米，厚1.6厘米，质地为陶，呈灰白色，带有弧度。

板瓦B：2012年，出土于海龙屯“新王宫”遗址G 2:1，长34厘米，弓径26.5厘米，厚3厘米，质地为陶，呈浅灰色，略有弧度，存在残缺，中部稍近边沿有一圆形钉子孔，直径0.5厘米。

（2）莲花纹筒瓦

莲花纹筒瓦A：2012年，出土于海龙屯“新王宫”遗址F1②：15，长30厘米，直径12厘米，质地为陶，呈浅灰色，较完整，圆形瓦当，面饰莲花纹，后端带瓦唇。

莲花纹筒瓦A

莲花纹筒瓦B：2012年，出土于海龙屯“新王宫”遗址F1②：13，长26厘米，直径12厘米，质地为陶，呈浅灰色，较完整，圆形瓦当，面饰莲花纹，后端带阴沟。

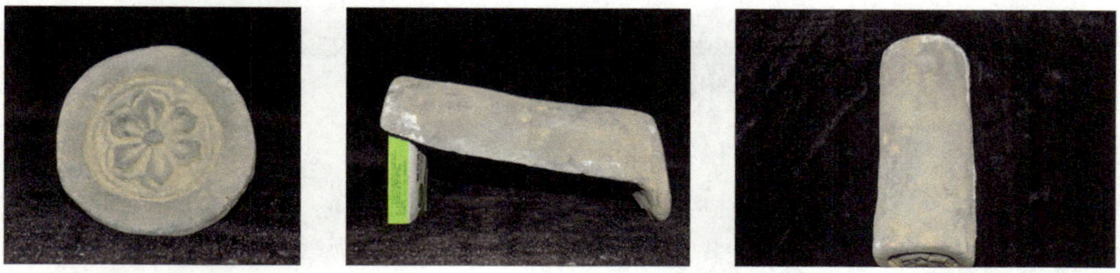

莲花纹筒瓦B

（3）“甸磗”铭文砖

2012年，出土于海龙屯“新王宫”遗址F10②:1，残长12厘米，残高6.5厘米，残宽11厘米，质地为陶，呈浅灰色，砖厚长边上有铭文“甸磗”。

“甸磗”铭文砖

（4）小字“十六”铭文砖

2012年，出土于海龙屯“新王宫”遗址F5:36，长29厘米，宽15厘米，厚7.5厘米，质地为陶，呈浅灰色，砖厚长边上有铭文“十六砖”。

小字“十六”铭文砖

（5）“初一号”铭文砖

2012年，出土于海龙屯“新王宫”遗址F6:215，长29厘米，宽15厘米，厚7.5厘米，质地为陶，呈浅灰色，砖厚长边上有铭文“初一号”。

“初一号”铭文砖

（6）大字“十六”铭文砖

2012年，出土于海龙屯“新王宫”遗址F5:28，长31厘米，宽15.5厘米，厚7.5厘米，质地为陶，浅灰色，砖厚长边上有铭文“十六”。

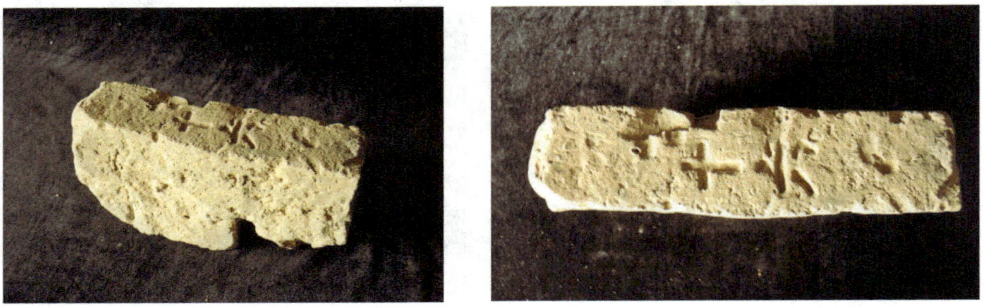

大字“十六”铭文砖

（7）铺地砖

2012年，出土于海龙屯“新王宫”遗址F1①:56，长36.5厘米，宽36.5厘米，厚6厘米，质地为陶，一端打磨成斜角，一面较光滑，相对另一面较粗糙。

铺地砖

（8）弧形砖

2012年，出土于海龙屯“新王宫”遗址F5①:1，长29厘米，宽12.5厘米、厚6厘米，质地为陶，呈浅灰色，一角向里凹成圆弧形。

弧形砖

（9）楔形砖

2012年，出土于海龙屯“新王宫”遗址F1①:1，长36.5厘米，宽12厘米，厚7厘米，质地为陶，呈浅灰色，土坯的一端削有斜角。

楔形砖

抹角砖

（10）抹角砖

2012年，出土于海龙屯“新王宫”遗址F8①:2，长35厘米，宽12厘米，厚7厘米，质地为陶，呈浅灰色，一端端头呈弧形。

（11）单弧棱形砖

2012年，出土于海龙屯“新王宫”遗址F8①:1，长28.5厘米，宽14厘米，厚6厘米，质地为陶，呈浅灰色，一长边人工打磨成弧形角，角部残缺。

单弧棱形砖

（12）包柱砖

2012年，出土于海龙屯“新王宫”遗址F8②:2，残长18厘米，宽16厘米，厚7.5厘米，质地为陶，呈浅灰色，一端向里凹成弧形，另一端残缺。

单弧棱形砖

（13）双弧棱形砖

2012年，出土于海龙屯“新王宫”遗址F3①:2，残长20厘米，宽15厘米，厚6厘米，质地为陶，呈浅灰色，一长边打磨形成弓形，两端残缺较严重。

双弧棱形砖

（14）斜头砖

2012年，出土于海龙屯“新王宫”遗址F3①:1，长31.5厘米，宽15.5厘米，厚7.5厘米，质地为陶，呈浅灰色，斜头为人工加工形成，较完整。

斜头砖

（15）长方形瓢砖

2012年，出土于海龙屯“新王宫”遗址F8②:1，长29厘米，宽20厘米，厚4厘米，质地为陶，呈浅褐色，角部稍残。

长方形瓢砖

（16）长方形砖

2012年，出土于海龙屯“新王宫”遗址G2④:10，长31.5厘米，宽15厘米，厚7厘米，质地为陶，呈浅灰色，较完整。

长方形砖

（17）垂兽一

2012年，出土于海龙屯“新王宫”遗址F9②:1，底座长25厘米，宽15厘米，高42.5厘米，质地为陶，呈灰黑色，部分残缺。

垂兽作用是防止垂脊上的瓦件下滑，加固屋脊相交位置的结合部。

垂兽一

垂兽二

（18）垂兽二

2012年，出土于海龙屯“新王宫”遗址F2②:1，底座长23厘米，宽13.5厘米，高38.5厘米，质地为陶，呈灰黑色、浅黄色两种颜色，部分残缺。头部有两角，其中一角残。

（19）望兽

2012年，出土于海龙屯“新王宫”遗址F5①:22，残长30厘米，残高

垂兽

34厘米，质地为陶，呈灰黑色，除头部较完整外其余大部分已残，无法复原。

望兽是传统建筑的一种屋脊饰件，位于房屋正脊的顶端。望兽的等级不如吻兽。

望兽

（20）戗兽

2012年，出土于海龙屯“新王宫”遗址L2①:4，长45厘米，残高38.5厘米，质地为陶，呈灰色、浅灰色两种颜色，除兽面较完整外，其余残损严重，无法复原。

戗兽是兽头形状，将戗脊分为兽前和兽后，兽头前方安放蹲兽，其作用和垂兽相同，起到固定屋脊的作用，同时也有严格的等级限制。

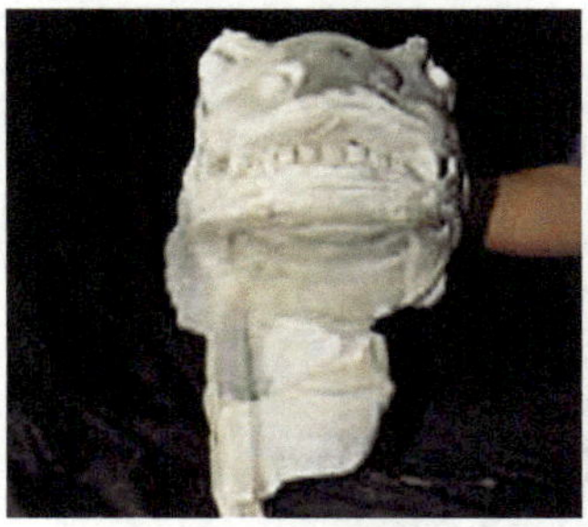

戗兽

（21）合角兽2个

2012年，分别出土于海龙屯“新王宫”遗址F1③:1、F1③:2，底座长32.8～21.5厘米，通高51厘米，质地为陶，呈黑褐色，上唇上扬，凸眼，尖鼻，鼓额，卷尾。其中一个合角兽底座一角修复。

合角兽2个

（22）正吻兽

2012年，出土于海龙屯“新王宫”遗址F1③:3，最大通长44厘米，宽23～16厘米，残高40厘米，质地为陶，呈黑褐色，上部和后部均残，兽面圆嘴直径7厘米，上唇上扬，凸眼，尖鼻，额鼓。

吻兽通常置于古代大型建筑的屋脊上的“避邪物”，传说可以驱逐来犯的厉鬼，守护家宅的平安，并可冀求丰衣足食、人丁兴旺。

正吻兽

（23）思州砚

2012年，出土于海龙屯“新王宫”遗址F8③:1，最大残长17.5厘米，宽17.4 ~ 13厘米，高3.5厘米，质地为石，呈黑色，形状为圆角梯形，背面为自然河石比较圆滑，正面大部分外边和前端破损，未残部分边沿饰荷叶形刻划纹，边沿内侧为花瓣形，正面均被打磨。

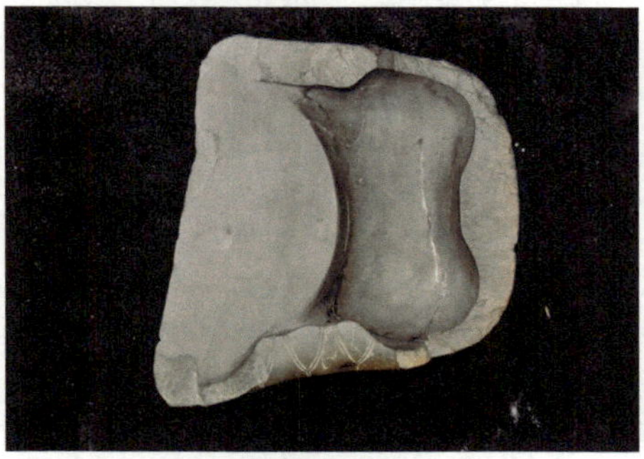

思州砚

（24）铅弹

2012年，出土于海龙屯“新王宫”遗址F9C4③:3，直径4.7厘米，质地为铅，呈青灰色，较圆形，表面部分光滑，部分有凹窝。

铅弹

礌石

（25）礌石

2012年，出土于海龙屯“新王宫”遗址L①:6，直径7厘米，质地为石，呈黄灰色，较偏圆形，表面粗糙。

（26）陶钵

2012年，出土于海龙屯“新王宫”遗址F9②:20，口径18.5厘米，高8厘米，厚0.6厘米，底径10.5厘米，质地为陶，呈灰色，方唇，敞口，斜腹，平底，外饰瓦棱纹，通过修复较完整。

（27）酱釉色盘口土瓷罐

2012年，出土于海龙屯“新王宫”遗址K4①：20，口径10厘米，高32厘米，底径10厘米，腹径23厘米，质地为土瓷，呈酱釉色，圆唇，盘口，束径，鼓腹，平底，底部3厘米以下无釉。

陶钵

酱釉色盘口土瓷罐

（28）莲花纹滴水

2012年，出土于海龙屯“新王宫”遗址L2②：57，弓径17厘米，高12.5厘米，厚1.5厘米，质地为陶，呈浅灰色，滴水与板瓦连接，滴水面饰莲花纹，板瓦一角残。

莲花纹滴水

（29）莲花纹勾头

2012年，出土于海龙屯“新王宫”遗址G4③：25，长28厘米，高17厘米，厚1.5厘米，质地为陶，呈浅灰色，勾头与板瓦连接，勾头面饰莲花纹。

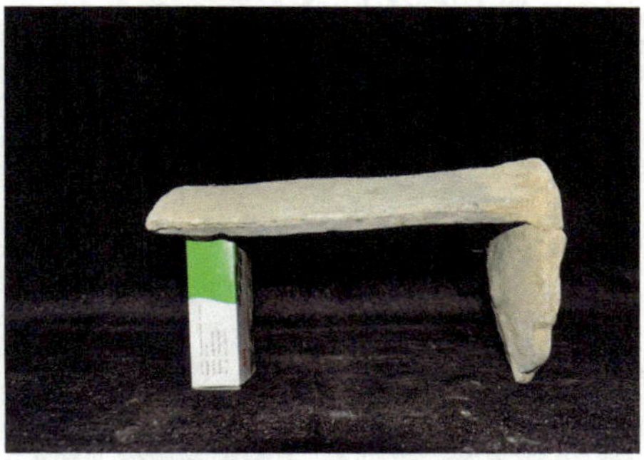

莲花纹勾头

（30）青花瓷杯

青花瓷杯

2012年，出土于海龙屯“新王宫”遗址F9②:1，口径6.8厘米，圈足径2.6厘米，高3.7厘米，质地为瓷，外通体饰荷叶纹，内底荷叶纹，修复约一半口部里外两圈，白底蓝花，圆唇敞口，圆足其内饰年款“大明宣德年制”。

（31）青花瓷盘

2012年，出土于海龙屯“新王宫”遗址F9②：73、77，口径14厘米，圈足径8厘米，高3厘米，质地为瓷，口沿、底部残缺，用石膏进行修复过，外饰莲花纹，内低枝叶纹及炫纹。

青花瓷盘

（32）青花瓷碗

2012年，出土于海龙屯“新王宫”遗址F9①:1，口径17.2厘米，圈足径2.8厘米，高8厘米，质地为瓷，圆唇，敞口，斜腹，圈足其内年款为“大明万历年制”，口沿、碗身残缺，经石膏修复过。外饰炫纹和八仙过海图案，内饰五龙纹。

青花瓷碗

（33）青花瓷罐

2012年，出土于海龙屯“新王宫”遗址F8①:130，口径4.5厘米，圈足径6厘米，高9.6厘米，质地为瓷，圆唇，直口弧肩鼓腹，矮圈足，外饰云纹，口沿、肩、腹部残缺，支叶纹经石膏修复部分约一半。

青花瓷罐

（34）陶水管

2012年，出土于海龙屯“新王宫”遗址C3:1，长50厘米，宽31厘米，高14.3厘米，壁厚3.2厘米，质地为陶，呈浅黄色，长方形凹槽，经石膏修复，两端为姊妹扣。

（35）青花“寿”字碗

青花“寿”字碗A：2012年，出土于海龙屯“新王宫”遗址TG10③：45，高5.8厘米，口径14.5厘米，足径5.4厘米，质地为瓷，敞口，曲壁，深腹，圈足。内底心双勾填色楷书“寿”字，内壁应绘三组折枝果枝纹。外壁

陶水管

青花“寿”字碗A

素面无纹饰。口沿、碗身存在残缺，经石膏修复过。

青花“寿”字碗B：2012年，出土于海龙屯“新王宫”遗址TG10③：17，高5.4厘米，口径12厘米，足径4.8厘米，质地为瓷，敞口，曲壁，深腹，圈足。内底青花双圈内实笔书写“寿”字内外壁近口沿处均饰弦纹一道。经复原较完整。

青花“寿”字碗B

青花“寿”字碗C：2012年，出土于海龙屯“新王宫”遗址TG47③：10，高4厘米，口径12.4厘米，足径5厘米，质地为瓷，敞口，曲壁，深腹，圈足。内底青花双圈内实笔书写“寿”字，内外壁近口沿处均饰弦纹一道。口沿、碗身存在残缺，经石膏修复过。

青花“寿”字碗C

青花“寿”字碗D：2012年，出土于海龙屯“新王宫”遗址T0305①：9，高4.1厘米，口径6.9厘米，足径2.6厘米，质地为瓷，侈口，曲壁，腹较深，圈足。内底单圈内黑彩实笔书写“寿”字，近口沿处饰弦纹一道。外壁素面无纹饰。口沿、碗身存在残缺，经石膏修复过。

青花“寿”字杯D

青花蟠螭纹盘 A

(36)青花蟠螭纹盘

青花蟠螭纹盘A：2012年，出土于海龙屯“新王宫”遗址TG47③：14，高2.5厘米，口径13.5厘米，足径8.4厘米，质地为瓷，侈口，曲壁，浅腹，圈足，内底青花单圈内饰蟠螭纹，近口沿处饰锦纹一周。外壁近口沿处饰弦纹一道。口沿、碗身存在残缺，经石膏修复过。

青花螭龙纹碗 B

青花蟠螭纹盘B：2012年，出土于海龙屯“新王宫”遗址TG10②:20，高5.6厘米，口径12.2厘米，足径4.6厘米，质地为瓷，侈口，曲壁，深腹，圈足。青花单圈内饰折枝花卉，外壁饰两组螭龙间饰折枝花卉。仅口沿处一小块残缺，经石膏修复后较完整。

青花团螭纹碗 C

青花蟠螭纹盘C：2012年，出土于海龙屯“新王宫”遗址TG10②:22，高3.9厘米，口径12.5厘米，足径5.6厘米，质地为瓷，敞口，曲壁，浅腹，圈足。内底青花双圈内饰团螭纹，内壁近口沿处饰锦纹一周。外壁为素面。口沿处有缺损，经石膏修复过。

（37）青花莲池水禽纹盘

2012年，出土于海龙屯“新王宫”遗址IVT0506①：15，高4.3厘米，复原口径18.8厘米，复原足径11.4厘米，质地为瓷，敞口，曲壁，浅腹，圈足。内底青花双圈内饰莲池水禽纹，近口沿处饰锦纹一周。外壁近口沿处饰弦纹一道。口沿及盘身处有缺损，经石膏修复过。

青花莲池水禽纹盘

（38）青花麒麟纹菱花口盘

2012年，出土于海龙屯“新王宫”遗址TG2④：2，高2.7 ~ 3厘米，复原口径17.4厘米，复原足径9厘米，质地为瓷，花口，宽折沿，浅腹，圈足。内底青花双圈内饰麒麟纹，口沿处残见开光内实笔书写“玉”字。外壁近口沿近饰勾连云纹，胫部饰简笔莲瓣纹。盘身缺损较严重，经石膏修复过。

青花麒麟纹菱花口盘

（39）青花山水船帆纹碗

2012年，出土于海龙屯“新王宫”遗址IVT0405④：2，高6厘米，口径11.4厘米，足径4.6厘米，质地为瓷，侈口，曲壁，深腹，圈足。内底青花双圈内及外壁饰山水船帆纹。内外壁近口沿处饰双弦纹，足底心饰双弦纹。口沿、碗身缺损较严重，经石膏修复过。

青花山水船帆纹碗

青花缠枝银杏叶纹碗

（40）青花缠枝银杏叶纹碗

2012年，出土于海龙屯“新王宫”遗址F3①：69，复原高8.9厘米，复原口径16.6厘米，复原足径7厘米，质地为瓷，直口，曲壁，深腹，高圈足。内底青花双圈内饰束莲纹，近口沿处饰弦纹一道。外壁近口沿处饰回纹一周，腹部饰缠枝银杏叶纹，接近碗底处饰变形莲瓣纹。口沿、碗身缺损较严重，经石膏修复过。

青花“寿”字盘

（41）青花“寿”字盘

2012年，出土于海龙屯“新王宫”遗址ⅢT2613③：1，高3.4厘米，口径11.2厘米，足径6.7厘米，质地为瓷，内底青花双圈内双勾填色楷体“寿”字，口沿处饰锦纹一周。外壁口沿下饰弦纹一道，足底心绘有花押款。经修复较完整。

单耳带流罐A

（42）单耳带流罐

单耳带流罐A：2012年，出土于海龙屯“新王宫”遗址K4①：9，高18厘米，口径10厘米，底径11厘米，质地为土瓷，尖唇，鼓腹，平底，带流，单耳。缸胎器，腹部饰凸弦纹，底部采用绳切法，旋削痕迹明显。罐身缺损，经石膏修复过。

单耳带流罐B：2012年，出土于海龙屯“新王宫”遗址K4①：19，高9.6厘米，口径5.6厘米，底径6.8厘米，质地为土瓷，尖唇，鼓腹，平底，带流，单耳。器内及外壁施酱釉，底部无釉，腹部饰凸弦纹，底部采用绳切法，旋削痕迹明显。罐身及口沿有缺损，经石膏修复过。

单耳带流罐B

单耳带流罐C：2012年，出土于海龙屯“新王宫”遗址K4①：17，高12.5厘米，口径9.3厘米，底径9厘米，质地为土瓷，圆唇，直口，鼓腹，平底，带流，单耳。器内及外壁施酱釉，施釉不及底。腹部饰凸弦纹，底部采用绳切法，旋削痕迹明显。罐身有缺损，经石膏修复过。

单耳带流罐C

（43）公道杯

2012年，出土于海龙屯“新王宫”遗址L7：1，复原高9.1厘米，口径8.6厘米，复原足径4厘米，质地为土瓷，侈口，深腹，上腹微弧，下腹圆收，圈足。器内塑一人物，体内有倒置“U”形管，一孔作于内底，一孔连于外器底。外腹壁饰有铭文“漏其卮，实以酒，半则弗漏，满则弗受。岂唯弗受，并丧厥有。庶几哉宥坐之

公道杯

戒，可以长守。损斋居士铭。”杯身及口沿有缺损，经石膏修复过。现存于贵州省文物考古研究所。

13.“娄山关”碑

1926年，国民党原贵州省主席周西成组织民工，在娄山关凿岩劈关于1928年修通贵阳至桐梓的公路，称“贵北路”。周西成属僚、师长黄道彬书刻了娄山关石碑，竖立在关北两县交界处，后移至关南公路右侧。石碑高1.7米，宽1.2米，正中阴刻行书“娄山关”三个字。“文化大革命”中，碑上左款“遵桐交界处”一行小字被剔掉，右款“古珍州丕谟黄道彬书”还依稀可见。

14. 红军标语

（1）观坝红军标语

位于汇川区泗渡镇观坝三合村民组郑家大院和王家大院。

郑家大院为四合庄院，正面除堂屋外，左右各配有房屋二间，连缀成三间，坐北向南，木板木壁。正屋左肩厢房现有2间，木板木壁，配1间。右边厢房2间，青砖封壁，构架为道光年间状貌。堂屋前有一天井，保存完好，青石铺就，低于屋基约1.5尺左右，属整幢房屋的采光与排水之所。在郑家大院堂屋左右木壁上红军留下的标语较多。

右壁内容：

白军弟兄们拖枪到红军中来抗日救国去/打倒强迫士兵□□（字迹模糊不清）做工事的王家烈

左壁内容：

白军士兵□□开饷□□王家烈/清算欠饷/白军弟兄组织士兵会要求言论集社集会的自由/红军优待白军俘护（虏）欢迎白军弟兄当红军/武装保护苏维埃/红军不拉兵反对白军拉夫/反对王家烈强迫民众修路

王家大院为三合院，现有青石院坝和正屋三间。堂屋神龛下面的木壁上从右至左一行字：打倒卖国贼国民党

堂屋右木壁内容：

打倒抽收苛捐杂税的王家烈/打到贵阳去活捉王家烈/勇敢的工农当红军去，首先消灭王家烈的军队

左木壁内容：

…… 取消一切苛捐杂税/创造云贵川新苏区

（2）高坪红军标语

2001年2月27日，高坪镇新街范西林、王正义家民房改建时，在旧房三柱之间两块木质板壁上发现两块民谣式的红军标语，主要采用对比的手法，形象、生动、准确地将红军对人民的好处与白军给人民带来的灾难，“干人”与“绅粮”生活的悬殊表现出来，这两幅红军标语长1.86米，宽0.81米，无署名，横向墨汁书写，现存播州区文物管理所。

第二章 非物质文化遗产

汇川区拥有的非物质文化遗产共有17项，其中国家级非物质文化遗产项目1项，省级非物质文化遗产项目2项，市级非物质文化遗产项目10项，区级非物质文化遗产项目4项，内容涵盖民间文学、民间风俗、民间技艺等。

第一节 民间文学

杨应龙传说（省级）

杨应龙传说在汇川区境内农村传承的广泛性比城区传承要广泛得多，一般40多岁以上的农村男女或多或少都知道一些杨应龙的传说，年纪在60岁以上的农村男子，知道杨应龙传说故事的较多。杨应龙传说是杨应龙被平叛后当地遗存人和平叛后领照为业的居民向后代传承的，杨应龙传说由关于修海龙屯、大水田、杨应龙倒栽杉、杨应龙的赶山鞭、杨应龙生世之说，哭夫岩与打眼岩、杨二小姐殉情绣花楼等20多则故事组成，这些传说有的是对杨应龙的神话，有的是对他的暴行的描述及他一生所做的事迹。过去这些传说一直都是在民间广泛传播，使播州的民间历史文化形成了自己的特色，反映了播州人民的精神世界。

杨应龙传说，是播州人民在长期的土司制度和宗教思想的影响下，形成的一个具有地方特色的民间文艺，具有广泛的群众性和民间传承性；具有

“播州杨应龙传说”传承到海龙屯进行传承活动

地方文学艺术特色。它传承了地方各族人民深远的历史文化信息，是研究播州历史文化、土司制度和宗教思想，有不可代替的重要作用；杨应龙传说是播州传统文化的传承平台，杨应龙传说在长期的传承发展中，它的传承方式形成了自己特有的固定模式，在播州老年人中有广泛的影响，形成播州民众文学艺术传承的平台。2015年1月15日被列入第四批省级非物质文化遗产代表作名录。

“播州杨应龙传说”传承活动现场

第二节　传统技艺

一、董酒酿造工艺（省级）

董酒原名“董公寺窖酒”，20世纪40年代初将其名改为董酒。董酒始创于董公寺酿造世家程氏家族。程氏后人程明坤汇聚前人技艺汲人所长，结合本地的水土、气候、原材料等，酿造出别具一格的“董公寺窖酒”。他精益求精，收集民间酿酒技艺，制取配方，改进酿造工艺技术，自成一套完整的酿造工艺，掌握了制小曲的“蜈蚣单”和制大曲的“产香单”，形成了董酒的酸、酯、醇、酚等微量元素的酿造工艺。

20世纪20年代董公寺窖酒成为遵义名产，中华人民共和国成立初期董酒停产，1957年在国务院挖掘民族遗产精神的指导下，恢复生产。董酒于1959年评为贵州名酒；1963年、1979年、1984年、1989年连续四届在全国评酒会上评为中国名酒，荣获金质奖；1987年荣获轻工业部优秀新产品称号；1988年荣获中国食品博览会金奖。厂规模从1957年在原程氏小作坊的基地上修灶建窖恢复生产，1958年起市财政部门开始投资，到1983年省、市累计投资800万元，年产量从80吨到500吨。1988年起产量大增，年产量达到3000吨。1991年，年产各类酒产品达到11610吨，实现税收8000多万元，销售额达到2亿元。1989年董酒厂被授予国家二级企业称号。1994年成立了遵义董酒股份有限公司，职工达到2370余人。2004年9月董酒公司改制，公司实行股权重组，安置职工2000余人，注册资金1000万元。2007年4月4日成立贵州董酒股份有限公司，公司现有职工350余人，公司现生产董酒产

品分为:38°、46°、54°、59°；陈窖10年、20年、30年几类不同产品，年产量8000吨。

1983年、1996年、2006年国家轻工业部、国家科技部、国家保密局先后三次将“董酒工艺”“董酒配方”列为科学技术保密项目，严禁对外泄露，保密期限为长期。2007年5月29日贵州省人民政府公布为第二批省级非物质文化遗产；2008年8月国家主管部门正式确认为“董香型”标准，是国内唯一的“董香型”白酒。

董酒是董公寺的地理环境和独特的手工艺酿造的“其他香型”白酒

（2008年8月称为“董香型”），具有特殊的口感和香味。以独特的传统工艺在世界称为“三独特”：一是用130多味中草药入曲，大曲、大窖制香醅；小曲小窖制酒醅。二是将小曲酒醅串蒸大曲香醅。三是董酒大小窖池筑法独特，与其他知名白酒迥然不同。独特技艺造就了董酒的酯香、醇香、药香、微微的爽口酸味的董酒香型，与酱、浓、清、米香型酒都有别，有舒适药香、爽口、微酸特征独具一格。

二、珍酒酿制技艺（市级）

珍酒，又称为“易地茅台”“茅台姊妹酒”。20世纪70年代，为实现毛泽东主席以及周恩来总理等老一辈国家领导人“要把茅台酒搞到一万吨”的宏伟夙愿，1975年在遵义市北郊十字铺建立“贵州茅台酒易地试验厂”。1975年10月，贵州茅台酒易地试验厂正式投料进行探索性生产。为保证试验的顺利进行，从茅台酒厂选派专家、技术人员、生产骨干等参与试验工作，“茅台酒易地试制”研究工作异常艰辛，经9个周期、63轮次、3000多次分析试验、10余年的试验的努力探索，“易地茅台酒”于1985年10月通过国家科委鉴定：“该酒色清、透明、微黄，酱香突出，味悠长，空杯留香持久。香味及微量元素成分与茅台酒相同，具有茅台酒基本风格……”方毅副总理为此欣然题词：“酒中珍品——祝贺贵州茅台酒易地生产试验鉴定成功”。根据方毅同志题词，试制茅台酒定名为“珍酒”，厂名更改为“贵州珍酒厂”。

珍酒始终坚守传统酱香型白酒酿造工艺：“端午制曲、重阳下沙、一年一期、两次投料、九次蒸煮、八次发酵、七次取酒”，主要工艺流程为：制曲→酿酒→盘勾储存→勾调→包装和瓶储→成品。珍酒传统酿造技艺已于2013年申请发明专利并授权保护，专利号：ZL201310254953.6。

珍酒微黄透明，酱香柔雅，陈味舒适，细腻圆润，谐调爽净，回味悠长，空杯留香持久。饮时甘甜爽口，感觉激情满怀，饮后神清气爽。

珍酒几十年如一日始终坚守这一传统酱香型白酒酿造工艺“12987”：一年一个生产周期，二次投料，九次蒸煮，八次发酵，七次取酒；其中三、四、五次酒的质量最好，称为“大回酒”。

珍酒始终坚守工匠精神，坚持使用陶坛储存基酒，产品灌装后再瓶储半年到一年后才出厂销售。瓶储珍藏的工艺，形成了珍酒独特口感和极致体验，饮用时甘甜爽口，感觉激情满怀，饮后神清气爽。珍酒的主打产品，珍酒·珍十五其甘柔的特点在市场上广受消费者好评，同时也得到业内专家的高度评价：“微黄透明，酱香柔雅，陈味舒适，细腻圆润，谐调爽净，回味悠长，空杯留香持久。”

雷安亮 摄

20世纪80年代至今，珍酒获奖无数。其中较为突出的有：1989年获国家优质酒，2012年、2013年获国家评委感官质量奖、酒体设计奖，2012年至今获贵州省名牌产品、贵州省白酒名片，2015年获布鲁塞尔国际烈性酒金奖，2016年获贵州省第二届十大名酒称号，2017年获遵义市十大名酒称号。2018年2月被列入遵义市第四批市级非物质文化遗产代表作名录。

雷安亮 摄

三、遵义“八大碗”烹饪技艺（市级）

遵义“八大碗”是贵州各地宴席菜系的总称，是百姓年节、庆典、迎送、嫁娶等传统宴席固定菜肴。各地根据不同的烹饪手法对不同的材质进行加工，形成宴席的基本菜式。遵义“八大碗”起源于晚清时期，在黔北菜系中有“官府菜”、民间“宴席菜”之分。分硬八大碗，中八大碗，水八大碗。硬八大碗的主要菜肴有鸡、鸭、鱼、猪肉、鱼翅、燕窝、海参等，以各种肉类和珍宝为主，属于官府宴席菜肴；中八大碗主要菜肴有扣肉、甑肉、鲊肉等，以猪肉为主，属于中上层人家宴席菜肴；水八大碗菜肴主要以豆腐等豆类产品为上等食材，间以少量的猪肉，以为时蔬主打，是一般平民百姓宴席菜肴。三类菜肴食材皆取于黔北，经过扒、焖、酱、烧、炖、炒、蒸、熘等烹饪手法，形成独具特色的黔北口味。遵义“八大碗”沈氏菜系继承了传统三类八大碗的食材选取、配料及烹调工艺，在民国时期，经李吉安、雷长林、沈远华等两代师傅并对之进行综合提升，更加注重色、香、味的调和，形成富有特色的八大碗沈氏菜系，深受百姓喜爱。

“遵义八大碗菜系”具有主要特征：

一是属宴席菜系。从清民以来，八大碗就是遵义各种场合的宴席菜系，已有近两百年历史，至今任是遵义人民宴席的基本菜肴。

二是菜品的主要材料均为遵义人民沿习食用的土特产品，但不排斥外来食材，如鱼翅、海参等，能将外来食材做出本地口味。

三是口味综合。将川菜、黔菜、鲁菜、粤菜、江浙菜融为一体，具有包容性。

四是配料独特，采用本地所产花椒、木姜、甜酱、糟辣椒等原生态调料；火候关键，火的大小、时间的长短，全凭厨师经验把握。

20世纪80年代以来，随着科技的发展，交通运输的逐步改变，人民生活水平不断提高，口味也逐步多元化，遵义“八大碗”菜系受到严重的冲击。厨师沈四春继承伯父沈远华、父亲沈远明的遵义“八大碗”烹调艺术，坚持做老遵义味道，不仅重现老遵义民俗，让人们在日益变化的味蕾中，获得浓郁的乡愁，而且可以让人们对清代以来黔北经济条件、农业生态等各方面进行考察时提供佐证。2018年2月被列入遵义市第四批市级非物质文化遗产代表作名录。

沈四春 摄

四、黔北菜烹饪技艺（市级）

黔北菜，又称“杨氏家传菜”，其主要经营范围在遵义市三城区，即现遵义市汇川区、红花岗区、播州区，但其口味因融合了民间菜系的一些特征，实际分布区域应包含遵义市各县市。

遵义市地处贵州高原北部，北邻重庆，南依贵阳，为中亚热带季风湿润性气候，有利于黔北土司菜原材料方竹笋、竹荪、折耳根、蕨台、野生菌的

杨明芳 摄

生长。

遵义历史悠久，远在20万年以前就有“桐梓人”繁衍生息。秦汉时期，唐蒙开五尺道，打通了西南与中央王朝的通道，遵义纳入中央郡县管理，分别设置“黔中郡”“犍为郡”。唐乾符三年杨端入播以后，遵义进入土司统领时期。杨氏作为播州统治者，对播州文化的形成和播州风俗的变迁有着较大的影响。而清代以前一直属于四川疆域的播州，其文化风俗打上了浓郁的巴蜀色彩。同时，从万历二十八年平播战争后，各地移民纷纷迁入，带入了各地的饮食风俗和口味，因此，杨氏家常菜口味是将川味与本地少数民族口味相互交融，形成了带有大众口味的独特的遵义菜系。

黔北菜属于宴席系列菜，大都是在家宴或接待贵客时制作，后发展为酒店特制宴席菜；多利用本地食材，不管是肉类还是蔬菜、山珍，皆选用贵州本地土产；肉类以猪肉为主，有腊肉、香肠、腊排、腊猪脚、腊猪腿等传统贮藏方式的腊味，也有新鲜猪肉，宴席只间以少量羊肉、牛肉、鱼肉；菜品荤、素、汤搭配合理，营养价值高，适合各类群体人员食用。制作工艺主要以蒸、炒、烧、炖等传统手法。口味大众化，在川菜的基础上融合黔味，又调和了多种复合口味，具有麻辣适中、酸咸共处的特点，同时色、香、味、形俱全。2018年2月被列入遵义市第四批市级非物质文化遗产代表作名录。

五、遵义谢氏鸡蛋糕制作技艺（市级）

“遵义鸡蛋糕”有近150年的历史，尤以20世纪30年代谢九成创造的“老谢氏鸡蛋糕”最为出名，后逐渐成为“遵义鸡蛋糕”的代表。

老谢氏鸡蛋糕制作工艺独特、精致，流程如下：

1.选料和配料。老谢氏鸡蛋糕所需原料主要是鸡蛋、面粉、白糖和芝麻油。选料讲究，鸡蛋要用新鲜的土鸡蛋（本地），面粉要好的标准粉，白糖要云南优质白糖，麻油要小磨芝麻油。鸡蛋、面粉、白糖的配料比例要精确，为1：1：0.4（冬天）0.5（夏天）。

2.打蛋。打蛋时要把蛋白和蛋黄分开，先用竹桠枝扎成一把刷把，把蛋白与蛋黄，分别打取。蛋白打成雪花泡沫状，以甩在墙壁上不流不散为度。然后将蛋白、蛋黄混合，调匀。加入白糖，搅打至白糖全部溶化。再放入面粉，充分搅匀。

3.焙烤。上火烤前，先用香油涂抹蛋糕模具盘，再注入搅拌均匀的糕浆。注入模具盘后，移锅至火上烤至发泡冲起。盖上预热好的锅盖，上下加热烘烤至成熟。

4.收糕。去掉锅盖，在蛋糕上涂布香油，逐个挑出蛋糕，剪除糕耳，放于盘中即成。这时，蛋糕表面，油光闪亮。

老谢氏生产的鸡蛋糕，小巧玲珑，形如扁鼓，一斤在35～40个之间，整个过程独具匠心。产品令人望而垂延，柔软，香甜，嚼不腻口，色泽深黄，压扁能复原，入口蛋香，回味悠长，容易消化。据科研部门检测，老谢氏蛋糕含蛋白质9.1%，植物脂肪7.6%，总糖38%，含有磷、钙等微量元素，适宜老中青和儿童的一种特产食品。“老谢氏”鸡蛋糕保质期长达一周，这是其

“老谢氏蛋糕”官网下载

他蛋糕不能相比的。

遵义老谢氏鸡蛋糕制作工艺的关键技术，像打蛋技巧，“锅”的使用技术，燃料“白炭”和无烟煤的区别使用技术，蛋糕烘烤时间等，均为家庭式口头传承，外界鲜为人知。

老谢氏鸡蛋糕，现在品种日益增多，包装进行了革新，大大提高了老谢氏鸡蛋糕的品味和知名度，屡获“遵义名点”“贵州名点”“中国名点”“红色旅游食品”的称号。2018年2月被列入遵义市第四批市级非物质文化遗产代表作名录扩展项目。

六、黔北民间小作酒酿制技艺（市级）

唐宋时松林镇就开始了小作酒的制作，盛行于清朝。松林刘家小作酒制作传承至今已有170多年历史，经久不衰。松林镇气候属于中亚热带湿润季风区，由于大娄山山脉的调剂，松林一带局部小气候稳定。冬无严寒，夏无酷暑，夏季雨量充沛，年降雨量1200毫升左右，年平均气温16℃。该地域绿色成荫，清泉漫流，环境幽静，很适宜酿造微生物生长繁殖，构成酿酒的特殊环境。

清代，松林小作酒第一代传承人刘炳才，把家传酿制小作酒技艺改进为一套完整的酿造工艺，酿制香味极佳的小作酒，深受当地群众喜爱。刘家小作酒酿制技术，遵照“传男不传女”的家训由其曾祖刘炳才传至高祖刘在位，再由刘在位传给其祖父刘尚达，现今由刘永江从其父亲手中继承这项制作工艺。一百多年来，刘家的小作酒一直密不外传，独家经营，在松林及周边均有口碑，到刘永江父亲时期，我国实行计划经济，限制私营发展。小作酒的制作工艺频临失传。改革开放后，刘永江抓住这一机遇，继承祖业，开办了刘家酒坊，再次将小作酒酿制技术发展起来。

小作酒制作工艺第一步：选取籽粒饱满、无霉、无虫蛀、精选过的当

刘永江摄

年本地产新鲜玉米。第二步：准备辅料，辅料可以是玉米秸秆，也可以是稻壳、谷壳、高粱壳（主要用于装甑时让原材料更加疏散）。第三步：润粮，玉米加入水，100斤玉米加40斤水润粮1小时以上。第四步：润粮后的玉米加入稻壳 100斤玉米加37~45斤稻壳，拌匀（最好稻壳清蒸30分钟）。第五步：蒸粮糊化，糊化时间1小时，装甑时候见汽撒料。上汽均匀后盖好盘盖。第六步：出甑冷却、补水。100斤玉米加水，然后冷却，当温度30度时候加入酵母、糖化酶、大曲粉。拌匀 。第七步：控制好入池条件，入池温度17度至20度，入池水分56%至58%，就可以入池发酵了。第八步：窖池封口，粮醅入池后，铺平，踩实，用塑料布封严实。之后观察发酵情况，当发酵顶温下降后大约在7~10天就可以出池蒸酒。后将头子酒、中堂酒、尾子酒按比例勾兑制出酒味纯香的小作酒。

将头子酒、中堂酒、尾子酒按比例勾兑制出酒味纯香的小作酒，口感柔和，酒味醇香回甜，小作酒醉性斯文，醉意绵长无色液体。加之刘永江取其住宅旁边千年古井泉水酿制，酒质颇具特色，更是深得群众喜爱。2018年2月被列入遵义市第四批市级非物质文化遗产代表作名录扩展项目。

七、板桥豆腐干制作技艺（市级）

板桥镇，据《遵义府志》记载，即板桥塘。1921年当地烹饪名人庞学贤家通过多年考究后开始做豆腐干在本地销售，其制作方法虽然原始，但工艺考究，其工艺是：将浸泡的黄豆用小的石磨推碾成糊状，用白布包着挤压过滤而得浆，加入酸汤或明矾形成豆腐干后进行十分考究的烘烤，用小竹竿绑成间距5公分长宽方格的竹筛，架在灶上，竹筛上铺一层清洁而薄薄的稻草，将豆腐干放在其上，下面用微火慢慢烘烤，待豆腐干表面烘成金黄色后，用食盐水蒸煮、晾干、再蒸煮、晾干，反复三至四次而成，色鲜、肉嫩、清香可口并富有营养，成为饭桌上不可多得的佳肴。由于板桥镇为黔北重镇，战略位置十分重要，历来就是兵家必争之地，军队驻扎、路过，豆腐干就很受欢迎。1932年，原国民党贵州绥靖公署上校军法处长杨子湘老先生在青年时候与我国原外交部副部长后任巴基斯坦大使的韩念龙是知交，两人一同赴上海国工大学求学时路过板桥，将豆腐干带到外地，使板桥豆腐干走出大山，名扬中外。

20世纪60年代末期，李氏在得到豆腐干制作工艺真谛的基础上，进一步研究调味，放入香料卤水中反复卤制而成，形成五香味豆腐干。其香味回味无穷，逐渐受到人们的喜爱，成为人们日常生活及休闲旅游的特色地方小吃，且声名远扬。原国家林业部副部长雍文涛（板桥镇人）老先生在1995年离休回家探亲，返回北京时，携带的地方特产板桥豆腐干回京赠送亲朋好友，使板桥豆腐干再一次走出山门。

工艺流程:原料选择（黄豆饱满、无腐烂、无渣滓）→浸泡（水位超过豆子25厘米，时间为5～25分钟，至外表呈金黄色）→打浆（滤过水倒入打浆机内）→烧浆（110℃以上高温蒸煮）→过滤压制成型（加入氯化钙、搅拌、冷却、压制25分钟、切分成正方形）→烘烤（微火反复三次烘烤呈橘黄色，时间为14分钟）→清洗冷却→卤制（放入卤水中，加入白糖、猪大骨、香果、桂皮等十多味中草药熬制，时间为10分钟）→过油（呈油亮色）→高温灭菌（高压蒸汽煮30分钟）→制冷（时间为40～50分钟）→晾干→包装入库。

2014年7月被列入遵义市第三批市非物质文化遗产代表作名录。

八、大娄山藤编技艺（市级）

大娄山藤编产于汇川区板桥镇，是一种民间手工技艺。

大娄山下的板桥镇，山高林多水长，岩土丰厚肥沃，气候湿润适宜，利于方竹和青藤生长。绵亘的大娄山上，青藤漫山遍野，质地柔韧茎长，方

竹满坡满岭，秆长笋多。藤竹都是藤编的好材料，乡民们就地取材，搞起了藤编工艺。经过40余年的发展，逐步形成板桥古镇藤编一条街。

藤编主要原料为青藤和方竹。制作工具主要有:刀、锯、喷灯、钻子等。制作流程:（1）青藤加工。将采割的青藤，用沸水煮3个小时后去皮，晾干去毛修整，按粗细、大小筛选分类。（2）产品骨架加工。根据所编的产品，选用方竹，按比例下锯尺寸，做好弯曲标记，用喷灯烧竹，使竹软化，扳成产品骨架。骨架是藤编的基础，有才艺的工匠，不愿循规蹈矩，就在骨架上创新，创作新的样式和产品。（3）编织产品。按同类大小的青藤，在骨架上编织，有平编，有编各种几何图案，有编各种花鸟等，以工匠的技艺才干，尽情发挥，是表现工匠工艺水平的最终平台。

大娄山藤编的产品有:藤床、藤椅、藤沙发、藤几、藤桌、藤篮、藤包等20多种。藤编作品具有工艺精美、造型精美、式样高雅、色泽别致、舒适凉爽、透气吸汗、轻巧耐用等特性。可作装饰用品、礼具及休闲用品，也是家居、宾馆、酒店和茶楼的环保用具。2006年12月被列入遵义市第一批市级非物质文化遗产代表作名录。

九、汇川区古琴制作技艺（市级）

汇川区古琴由晚清川派斫琴大师杨天益始创。至第三代彭瑞夫，于1977年定居赤水，将此技艺带入贵州并传给外孙王兵。

王兵系贵州省“播州古琴研究会”会员、贵州古琴学会理事，职业斫琴师，专业制作收藏级古琴。王兵的斫琴技艺，立于传统，师古而不泥古，大量参考中西方乐器制作中海量的学术资料与严苛的原料加工工艺，不断优化改良古琴的制作技术，工序严谨、制作精良。所制古琴型制优美、漆艺精湛、音色一流，具有极高的艺术价值与收藏价值。多年来广为北京等多个城市及美国、加拿大众多琴家琴友好评并收藏，在国内古琴界有着良好口碑。在2017年“全国古琴研修班暨全国古琴制作交流展示大会”上，王兵的作品“伏羲式古琴”荣获银斫奖，为西南片区唯一获奖斫琴师，引起琴界广泛关注，新华网、腾讯网、光明网、贵州电视台等媒体相继报道，对贵州本土文化的推介展示起到了重大促进作用。2017年受聘于遵义市职业技术学院，担任古琴社团指导老师，并在学院成立大师工作室，与自己的“隐堂”斫琴工作室目标一致，致力于培养新一代古琴制作人才。

付敏 摄

古琴是世界上最古老的弹拨乐器之一，在中国有着悠久的历史，主要由弦与木质共鸣腔发音。以传统工艺制作一张能够胜任演奏并且值得传世收藏的古琴，需要以下流程，共十二个环节一百多道工序，历时2年以上。古琴制作以“蜀桐”及“峨眉松”为主要材料，是上好的传音木材，在音量和音高上，能够有效地区分音区；音色上，古琴以老料逆向掏出共鸣腔，更利于琴体发音，所制古琴音色洪亮通透，沉韵婉转。古琴形制秀丽饱满，线条流畅，其槽腹设计独树一帜，明显有别于其他区域，具有蜀派古琴文化的标识性符号特征。

王兵的斫琴技艺，立于传统，师古而不泥古，大量参考西方乐器制作中海量的学术资料与严苛的原料加工工艺，不断优化改良古琴的制作技术，工序严谨、制作精良。兼之自小接受过系统的西画培训与传统书画教育，美学造诣深厚。所制古琴型制优美、漆艺精湛、音色一流，具有极高的艺术价值与收藏价值。2018年2月被列入遵义市第四批市级非物质文化遗产代表作名录。

第三节　传统医药

一、遵义廖元和堂化风丹制作技艺（国家级）

遵义廖元和堂化风丹源于板桥镇廖氏祖传秘方。清康熙四十九年（1710）廖家正式采用廖元和堂招牌，“岩瓢”“二仙”商标。民国时期，在遵义、贵阳等地开设仁和堂、元和堂、元其堂、乾元堂、兄弟药房等药号。增用“葫芦”注册商标。1953年公私合营，1985年并入遵义市制药厂。1983年遵义市制药厂改制，廖氏第十代传人廖可华向政府申请获准成立廖元和堂药厂。2003年，成立廖元和堂药业有限公司。

化风丹，以天麻、僵蚕、全蝎、天南星、雄黄、苍术、檀香、荆芥、冰片、巴豆霜、白附子、郁金等21味传统中草药，经严格制作工艺而制成中成药。功效止咳化痰、止痛镇痉。主治癫痫、中风、口眼歪斜、湿痰中阻、高热惊风等症。现代药理研究，化风丹治疗脑萎缩、老年痴呆、中风偏瘫及其后遗症、脑炎脑膜炎、脑外伤、脑手术及其他脑部疾病后遗症、高血压、冠心病、动脉硬化、高血脂症等有独特的疗效。清末时，云、贵、川一带誉为“居家旅行之必备良药”。名医张觉人收入《外科十三方考》和宫道仁所著的《血祸医案》。1957年列入中华人民共和国四大古方名药之一。1989年获贵州省优质产品称号。2004年通过GMP生产质量认证。

为了全面系统地保护好化风丹制作工艺，推进中医药继承发展，2007年3月3日，廖元和堂药业有限公司向贵州省文化厅提出“申遗”申请报告，是年7月9日贵州省人民政府同意将其列入第二批贵州省非物质文化遗产代表作名录。2008年6月被列入第一批国家级非物质文化遗产扩展项目名录。

制作工艺：

药母发酵工艺：生半夏、生川乌、生白附子、生天南星、生郁金，粉碎后按比例混合，加入严格比例的牛胆水，然后装入发酵缸内在常温下密闭发酵3～4个月，此时药母尝之苦、涩中回甜，颜色变为深棕色。然后将药母由缸内取出，捏成团状，放入棕叶袋中在自然通风的状态下自然风干2～3个月，待药母团的表面呈蜂窝状即可。经过大约6个月的发酵过程，药母中各味药材的化学性质发生了根本的变化。

化风丹制作工艺：将天麻、僵蚕、全蝎、天南星（制）、荆芥、雄黄、苍术、檀香、药母（包括生川乌、白附子、郁金、生半夏、生南星）、硼砂、巴豆霜、冰片等21味，粉碎过100目筛后按比例混合，加水制丸，制成素丸后干燥至含水4%左右，上衣（朱砂水飞后过120目筛与麝香混合后成研磨粉）后再二次干燥后至含水5%左右，灌装瓶后即得。这个二次干燥过程也是化风丹独有的。

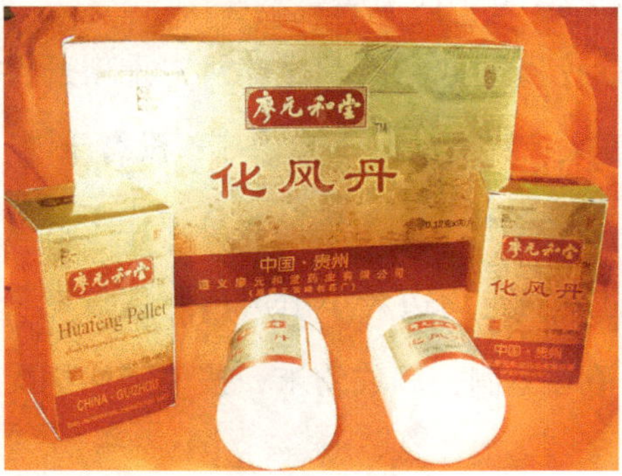

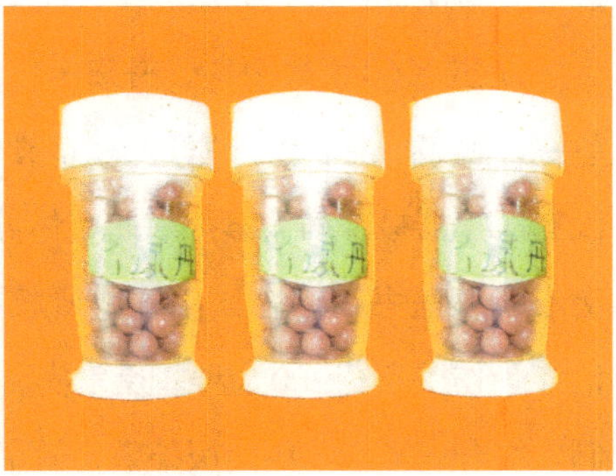

二、刘端芳骨伤医药技艺（市级）

刘端方，男，汉族，1921年出生于高坪（小地名：白果树）的名门之家，兄妹4人，排行老四，殁于1993年8月，享年73岁。

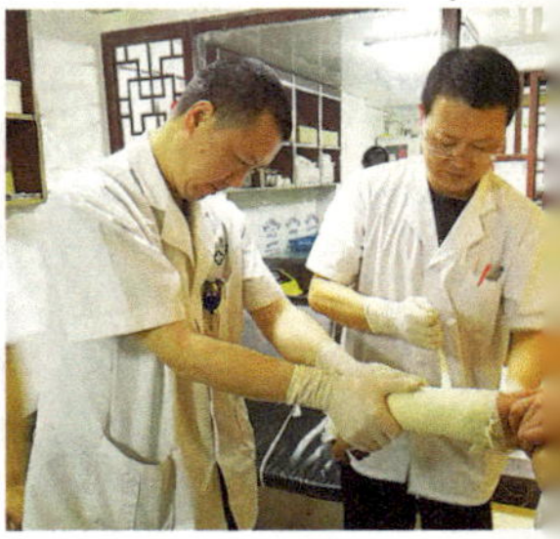

刘文焱 摄

20世纪40年代，在高坪白果树家中开设医诊。后因战乱和自身成分的影响，房屋被拆烧，无法医诊，直到20世纪60年代初期。

20世纪60年代中期，将白果树的诊疗残铺搬到新黔檬梓桥，重新开设诊室，取名“骨科治疗室”，接诊骨伤病人，只有一间小屋诊疗，没有床铺，没有医疗器械，病人诊疗后回家休养。日接诊病人8人至15人。工作之余就潜心研读医书和综合试用师傅所教配方，遍走周边大小山川，前后归集了治疗骨伤中草药200余种。反复实验，精心炮制，制成粉末，按一定比例配制，结合病情，采用内服外敷，效果明显。

20世纪80年代，当地政府重视和支持，扩大规模，添置器具，有病床20张，医护人员4人，日接诊病人15人至30人。在接诊的同时培养传承人，通过反复实验和诊疗经验的积累，遵循“手摸心会、运用巧力”的方法，将药物效力与正骨术相结合，减轻了骨伤病人的痛苦和压力。相继研制出了对骨伤有独特疗效的伤科特、一、二、三号粉，伤科正骨粉，固骨筋丹，活络散，消炎散和伤科药酒。骨伤医药给老百姓和传统医学界的影响很大。

1993年后，骨伤科药研创人刘端方逝世，由第二代传人刘文焱主持经营。日接诊病人基本保持，无明显变化。之后第二代传人刘文淼转至红花岗沙坝开设伤科门诊部。由第三代传人刘仕祥在檬梓桥主持经营并更名为“新黔骨伤卫生室”，增置了X光机和一些医疗设备，并进一步学习现代医疗技术，在继承和发扬传统医疗的基础上结合现代医疗，为老百姓减轻病痛和压力。2018年2月被列入遵义市第四批市级非物质文化遗产代表作名录。